주제와 쟁점으로 읽는
20세기 한일관계사

주제와 쟁점으로 읽는 20세기 한일관계사

초판 4쇄 발행 2020년 11월 30일
초판 1쇄 발행 2014년 3월 3일

지은이 정재정
기획 역사문제연구소
펴낸이 정순구
책임편집 정윤경
기획편집 조수정 조원식
마케팅 황주영

출력 블루엔
용지 한서지업사
인쇄 한영문화사
제본 한영제책사

펴낸곳 (주) 역사비평사
등록 제300-2007-139호 (2007. 9. 20)
주소 10497 경기도 고양시 덕양구 화중로 100, 506호(화정동 비전타워21)
전화 02-741-6123~5
팩스 02-741-6126
홈페이지 www.yukbi.com
이메일 yukbi88@naver.com

주제와 쟁점으로 읽는
20세기 한일관계사

정재정 지음 | 역사문제연구소 기획

20世紀
韓國史
SERIES

'20세기 한국사'를 펴내며

'20세기 한국사' 시리즈는 지난 한 세기 동안 한국사회가 겪었던 다양한 경험을 독자들에게 정확하게 전달하는 데 일차적인 목적을 둔 역사 교양서이다. 이 시리즈는 식민지, 해방과 분단, 전쟁, 독재와 경제성장, 민주화로 요약되는 20세기 한국사의 큰 흐름을 시기별, 주제별로 나누어 해당 분야에 탁월한 연구성과를 남긴 전문 연구자들이 집필했다.

시리즈 각권은 필자 자신의 관점을 내세우기보다는 학계의 연구성과를 바탕으로 역사적 사실을 대중의 눈높이에 맞춰 서술하는 데 중점을 두었다. 역사적 사실을 객관적이고 공정하게 기술하여 가장 믿을 만한 역사책을 만들기 위해 노력했고, 역사적 사실을 해석하고 평가하는 일은 독자의 몫으로 남겨두었다. 이 시리즈가 왜곡된 역사적 사실을 바로잡아 있는 그대로 전달함으로써, 독자 스스로 20세기 한국사를 해석하고, 이를 통해 건강한 역사의식을 가진 시민사회를 만들어가는 데 조금이나마 이바지하기를 기대한다.

역사문제연구소가 역사 교양서 '20세기 한국사' 시리즈를 발간할 수 있었던 것은 전적으로 김남홍 선생의 후원 덕분이다. 본인이 원치 않아 아쉽게도 선생에 대한 소개를 할 수 없지만, "우리 후손들에게 과거의 역사가 사실대로 알려지기를 바라는 나의 평소 소망을 담은 책"을 써달라는 선생의 간곡한 부탁만은 발간사를 빌려 밝혀둔다. 이 시리즈 발간을 통해 선생의 뜻 깊은 소망이 이루어지길 기원한다.

더불어 시리즈 발간 작업을 총괄해온 역사문제연구소 연구원 배경식, 은정태 선생과 시리즈 간행을 흔쾌히 허락해주신 역사비평사에도 깊은 사의를 표한다. 끝으로 '20세기 한국사' 시리즈 출간에 애써주셨던 고 방기중 소장께 고마움과 그리운 마음을 전한다.

역사문제연구소 소장
정태헌

공생공영의 지혜, 역사에서 배운다

'냉전'의 위기에 처한 한일관계

2012년 8월 이래 나빠진 한일관계가 2014년 초에 들어서도 개선될 기미가 보이지 않는다. 양국 정부 사이의 충돌이 민간 부문에까지 나쁜 영향을 미쳐서 국민들 간의 감정도 회복하기 어려울 정도로 악화되었다.

2012년 11월 말 일본의 내각부가 발표한 '외교에 관한 여론조사'(2012. 9. 27~10. 7) 결과에 따르면, 한국에 대해 '친하다고 느낀다'는 일본인은 39.2%로 작년(62.2%)에 비해 23.0%나 줄어들었다. 1999년 이후 처음으로 한국에 대해 '친하다고 느끼지 않는다'는 응답이 '친하다고 느낀다'를 웃돌았다. 한일관계에 대해서도 '좋지 않다'는 응답이 78.8%로, 작년보다 42.8%나 급증했다.

『한국일보』와 『요미우리신문』이 공동실시한 '2013 한일 국민의식 여론조사'(2013. 3. 22~24)의 결과는 더욱 나쁘다. 일본 국민 중에서 '한국을 신뢰할 수 있다'고 응답한 사람은 31.6%, '한국에 친밀감을 느낀다'는 사람은 40.9%였다. 한국 국민 중 '일본을 신뢰할 수 있다'고 답변한 사람은 19.0%, '일본에 친밀감을 느낀다'는 사람은 17.3%에 불과했다. '한국과 일본 관계가 좋다'는 답변은 한국이 18.2%(2007년 37%, 2010년 24.2%), 일본이 17.2%(2007년 72.3%, 2010년 57%)였다. 양국 모두 다섯 명 중 한 명도 되지 않는다.

설상가상으로 일본의 아베 수상은 2013년 12월 26일, 집권 1주년을 맞아 전격적으로 야스쿠니신사를 참배했다. 한국과 중국은 물론 미국 정부와 언론까지도 그의 폭주를 신랄하게 비판하고 우려를 표명했다. 따라서 한국과 일본 국민들에게 다시 위와 같은 여론조사를 한다면, 그 결과는 더욱 참담한 상황을 보여줄 것이다.

한국과 일본의 전문가와 매스컴은 양국의 정부·민간관계가 이렇게 급전직하로 나빠진 가장 가까운 원인으로 2012년 8월 이명박 대통령의 독도방문, 천황에 대한 사죄요구 발언, 일본의 지위하락에 관한 언급 등을 꼽는 게 보통이다. 실제로 양국 정부와 국민들은 그 후 이 대통령의 행동과 발언으로 인해 야기된 문제를 처리하는 과정에서 격렬하게 대립했고, 그 여진은 양국에서 정부가 바뀐(한나라당의 이명박 정부에서 새누리당의 박근혜 정부로, 민주당의 노다 정부에서 자민당의 아베 정부로) 이후에도 계속 이어지고 있다.

그렇지만 좀 더 깊은 안목에서 본다면 이번 사태는 잠재된 위기가 표출된 데 지나지 않는다. 한일관계는 원래부터 잘못 관리하면 언제든지 깨질 수 있는 유리그릇처럼 불안한 상태에 놓여 있었다. 좀 더 과장하면 사소한 부주의로 불이 붙으면 언제든지 폭발할 수 있는 가스탱크와 비슷한 꼴이었다. 다만 이번에는 종래와 달리 한국이 원인을 제공한 데다가 관리의 최고책임자인 대통령이 오히려 문제를 일으킨 셈이 되어 파열의 충격과 여파가 더욱 클 수밖에 없었다.

한일관계가 만성적 불안상태에 놓이게 된 배경에는 일본의 한국 침략과 지배에 대한 성격규정과 배상 등의 문제(이른바 역사인식과 '과거사' 처리)를 둘러싼 갈등이 있다. 양자가 현안으로 부상하면 한일관계는 긴장국면에 접어들고, 그 현안을 잘못 다루면 한일관계는 급속히 냉각되는 게 정해진 패턴이었다.

이번에도 이명박 대통령이 독도를 방문하기 전 한국과 일본의 수뇌들은 일본군 '위안부' 문제의 해결을 둘러싸고 공방을 벌이고 있었다. 그리고 그로 인해 형성된 서먹서먹한 관계는 양국에서 정부가 바뀐 뒤에도 나아지지 않고 있다. 오히려 박근혜 대통령과 아베 신조 수상은 언론이나 국회 등을 통해 일본군 '위안부', 침략전쟁, 독도 영유권 등의 문제를 둘러싸고 정면으로 부딪치는 소신을 피력함으로써 정상회담조차 열지 못하고 있는 형편이다.

한일 양국 수뇌의 역사인식과 '과거사' 처리에 대한 신념은 자국 국민의 상당한 지지를 받고 있기 때문에 쉽게 바꿀 수도 없는 상황이다. 앞의 '2013 한일 국민의식 여론조사'에 따르면, 한국 국민의 82.1%는 '일본의 식민지 지배가 지금도 한일관계 발전에 지장을 주고 있다'고 답했는데, 일본 국민은 64.7%가 '그렇지 않다'고 응답했다. 일본 수상의 야스쿠니신사 참배에 대해 한국 국민은 84.7%가 '적절하지 않다'고 답했고, 일본 국민은 65.7%가 '적절하다'고 응답했다. 이명박 대통령의 독도 방문에 대해 한국 국민은 67%가 '적절하다'고 답한 반면, 일본 국민은 85.8%가 '적절하지 않다'고 응답했다. 역사와 영토 등의 문제를 둘러싼 한일 양국 국민의 틈은 이처럼 넓게 벌어져 있는 것이다. 따라서 양국 지도자의 선도적 노력과 국민의 적극적인 호응이 없는 한 한일관계의 위기는 앞으로도 상당히 오랫동안 지속될 것으로 보인다.

한일 국교재개 50년에 즈음한 소회

한국과 일본은 1965년 '기본조약'과 이에 관련된 '부속협정'을 체결함으로써 1910년 '한국병합'(대한제국의 폐멸)으로 단절된 국교를 재개했다. 그 사이 35년 동안 한국은 일본의 식민지 지배를 받았다. 그리고 일본의 패전과 한국의 해방 이후 20년 동안 두 나라는 정식 외교관계를 맺지 않았다. 반면에 두 나라는 미국과 각각 안보동맹을 맺음으로써 동아시아에서 반공 보루의 역할을 담당했다.

한국과 일본은 곧 국교재개 50주년을 맞이한다. 어느덧 국교단절의 기간(1910~1965)과 맞먹는 세월이 흐른 셈이다. 이렇게 반세기가 지나는 동안 한국과 일본은 자유민주주의와 시장경제체제를 공유하면서 정치·경제·사회·문화 등에서 아주 밀접한 관계를 형성해왔다. 제3자의 시각에서 보면 한국과 일본만큼 인종이나 문화 등이 서로 닮아 있는 나라도 드물다. 웅장한 스케일로 세계문명의 흥망성쇠를 탐구한 재레드 다이아몬드 교수는 자신의 명저 『총·균·쇠』에서 한국과 일본을 '쌍둥이 형제'와 같다고 비유했을 정도이다.

한국과 일본이 세계사의 수준에서 보면 '쌍둥이 형제'와 같이 밀접한 관계임에도, 두 나라는 왜 정상회담을 열지 못할 정도로 불편한 관계인가? 그리고 두 나라 국민은 왜 서로를 믿지 못하고 싫어하는가? 그렇다면 월드컵 축구대회를 공동으로 개최하고, 한류와 일류 붐을 통해 대중문화를 함께 즐긴 우호와 친선의 물결은 허상이었단 말인가? 또 기술과 자본의 협력으로 포항제철을 건설하고, 학자와 시민의 운동으로 일본의 왜곡된 역사 교과서 서술을 바로잡은 교류와 연대의 실적은 아무것도 아니란 말인가? 한일 국교재개 50주년이라는 역사의 마디를 앞두고 두 나라 관계를 지탱해온 '1965년 체제'가 더욱 공고해지기는커녕 오히려 무너져가는 소리가 여기저기서 들리는 듯하다.

지난 20여 년 동안 한국과 일본의 역사대화를 추진해온 필자로서는, 한일관계의 '위기'를 목도하면서 다음과 같은 의문과 회한, 그리고 반성과 다짐에 사로잡히지 않을 수 없었다. 한국과 일본의 국민들은 어떤 선입관과 편향성을 가지고 현대 한일관계의 역사를 바라본 것은 아닌가? 또 그 과정에서 모르는 것을 아는 것처럼, 틀린 것을 맞는 것처럼 확신하고 떠들어온 것은 아닌가?

일본의 패전과 한국의 해방 이래 한일관계는 우여곡절과 다사다난으로 점철되어 있기 때문에 어느 한 면만 도드라지게 보아서는 전체상을 파악할 수 없는 게 아닐까? 장기적·종합적 관점에서 현대 한일관계의 역사를 균형감각을 가지고 거시적으로 재구성할 때만이 위기상황에 처한 작금의 한일관계를 개선하는 데 필요한 지혜를 얻을 수 있지 않을까?

현대 한일관계사를 집필하는 문제의식

이 책은 필자의 위와 같은 불음에 스스로 답하기 위해 쓴 것이다. 때문에 집필하면서 나 자신이 경계한 잘못에 빠지지 않도록 나름대로 세심한 주의를 기울였다. 그렇지만 현대 한일관계사를 다룬 모범적인 통사가 거의 없는 학계의 현실에서, 필자의 시도가 한일관계의 실상을 얼마나 충실하게 그려냈는지는 장담할 수 없다. 다만 필자는 이 책을 집필하면서 아래와 같은 몇 가지 사항에 대해 특별히 유념했다는 점을 밝힘으로써 독자 여러분이 이 책의 행간에 스며 있는 필자의 문제의식을 좀 더 깊이 이해해주기를 바랄 뿐이다.

첫째, 장기사적·문명사적 관점을 염두에 두었다. 역사 속의 한일관계는 2,500여 년에 걸칠 정도로 길고 깊다. 그 과정에서 한국과 일본은 서로 영향을 주고받으며 문명을 형성해왔다. 문명의 전파와 수용은 폭력과 강제에 의해 이루어진 적도 있었고, 평화와 교류에 의해 이루어진 적도 있었다. 현대 한일관계 70년(1945~현재), 아니 근현대 한일관계 140년(1873~현재)은 그중 어떤 경우에 해당할까? 이처럼 이 책은 한일관계의 긴 역사 속에서 근현대사의 특징을 파악할 수 있도록 배려했다.

둘째, 복합적·중층적 관계를 중시했다. 보통 한일관계를 운위할 때는 정치나 경제 또는 문화 등의 어느 한 측면에 치우치기 쉽다. 그러나 한일관계는 여러 문제가 복잡하게 얽혀 있기 때문에 어느 한 면만 보고 전체를 재단할 수 없다. 그런 생각에서 이 책은 한일의 인간이동과 문화접변, 전쟁의 충격과 사회변동, 물자의 교역과 생활변화 등의 다양한 측면을 염두에 두고 기술했다. 때문에 장절의 구성이 분류사처럼 보일 수도 있다. 그렇지만 이는 한일관계를 복합적·중층적으로 파악하기 위해 마련한 장치일 뿐이라는 점을 양해해주기 바란다.

셋째, 현재적·모색적 관점을 견지했다. 한일 양국 사이에는 오래되고 새로운 현안이 끊임없이 발생한다. 100년 전, 70년 전, 50년 전에 양국이 치열하게 논쟁했던 역사인식이나 '과거사' 처리 문제가 오늘날 여전히 새로운 과제로 부상하는 것이 좋은 사례이다. 따라서 이 책은 이런 문제들에 대해 현재의 관점에서 내력을 추적하고, 또 극복을 모색하는 자세로 진실을 기술하는 데 치중했다. '모든 역사는 현대사이다'라는 말이 한일관계사만큼 잘 들어맞는 경우도 드물다.

넷째, 교류협력과 상호의존의 관점도 중시했다. 겉으로 보면 현대 한일관계는 오로지 반목과 대립으로만 가득한 것 같다. 그렇지만 실제로 대부분의 시기에는 교류와 협력의 길을 걸어왔다. 그 결과 오늘날 두 나라는 각 분야에서 깊은 상호의존관계를 맺고 있다. 한국과 일본에서 이에 대한 평가가 아주 인색했기 때문에 양국 국민들이 그 사실을 잘 모르고 있을 뿐이다. 중국의 강대국화, 남북한의 통일 등을 감안하면 한일의 교류와 협력은 앞으로 더욱 필요해질 것이다. 그런 미래를 전망하면서 이 책은 정부 차원뿐만 아니라 시민들 사이의 교류와 협력에도 주의를 기울여 기술했다.

한일관계 이해의 길잡이가 되기를

2015년은 한일 국교재개 50주년이 되는 해이다. 이 역사의 마디를 앞두고 한국과 일본에서는 한일회담과 한일조약을 재조명하는 발표와 토론이 붐을 이룰 것이다. 학계는 물론이고 신문과 방송도 수많은 프로젝트와 특집 프로그램을 만들 것이다.

필자는 그런 사업이 적어도 70년 내지 140년의 근현대 한일관계사 전체를 시야에 넣고 다양한 각도에서 균형 있게 이루어지기를 바라마지 않는다. 예상되는 모든 사업에 앞서 세상에 나온 이 책이, 뜻 있는 사람들에게 조그만 길잡이라도 될 수 있다면 다행이라고 생각한다. 한국과 일본의 학계와 매스컴은 두 나라 국민의 상호인식을 형성하는 데 지대한 영향을 미치기 때문에, 어떤 시각과 자세에서 한일관계를 다루는지가 대단히 중요하다.

또 하나, 학교교육에서 현대 한일관계사를 거의 배우지 못한 채 성장한 어른들, 그리고 지금 자라는 청소년들에게 이 책이 바람직한 한일관계의 상을 그릴 수 있게 해주는 친근한 안내서가 되기를 바란다. 중고등학교 한국사 교과서는 근대 한일관계사(1873~1945)에 대해서는 50여 쪽이나 기술하고 있지만, 거의 같은 기간에 해당하는 현대 한일관계사(1945~현재)에는 채 한 쪽도 할애하지 않는다. 현대 한일관계사를 소홀히 취급하는 것은 일본의 학교교육도 마찬가지이다. 그렇기 때문에 양국 국민은 현대의 상호관계에 대한 무지와 오해, 편견과 왜곡의 늪에서 벗어나기 힘든 구조 속에 갇혀 있다. 이 책이 현대 한일관계사에 대한 학교교육의 한계를 극복하고 위기에 처한 한일관계를 개선하는 데 가느다란 실마리라도 제공할 수 있다면 더 바랄 것이 없다.

끝으로 현대 한일관계사 수업에 참가한 서울시립대학교 대학원의 손용석 군 등 원생들과 난삽한 졸고를 꼼꼼하게 손보아 아담하고 깔끔한 책으로 만들어준 역사비평사 편집부 정윤경 씨에게 깊은 감사를 드리면서 이 글을 마치겠다.

－2014년 1월
눈발이 휘날리는 밤, 배봉산 기슭의 고즈넉한 연구실에서
정재정

차례

01

대한제국을 폐멸시킨 일본제국은 조약과 법률을 내세워 침략과 지배가 합법임을 가장했지만, 한민족은 이것의 불법과 무효를 주장하며 독립운동을 전개했다. 일제는 한민족을 전쟁에 동원하고 황국신민으로 개조하는 프로젝트를 강력히 추진

일본제국의 유산과
남북 분단국가

했다. 일제의 뒤늦은 패망은 한반도가 미·소의 점령 아래 분단되는 화근
이 되었고, 남북에 수립된 대한민국과 조선민주주의인민공화국의 향방에
도 짙은 그림자를 드리웠다. 그리하여 해방 이후 한일관계의 역사는 일제
의 업보와 격투하는 성격을 띠며 전개되었다.

현대 한일관계의 원점, 일제의 '한국강점'

　현재의 공식적인 한일관계는 1965년 양국이 체결한 '대한민국과 일본국 간의 기본관계에 관한 조약'과 '부속협정'에서 출발한다. 그런데 '기본관계조약'은 제2조에 "1910년 8월 22일 및 그 이전에 대한제국과 대일본제국 간에 체결된 모든 조약 및 협정이 이미 무효임을 확인한다"고 규정한 것을 전제로 성립했다. 한국과 일본은 한일회담을 통해 이 문구를 고안하고 합의하는 데 장장 14년의 세월을 소비했다. 그러면서도 결국 '이미'라는 시점에 대해서는 의견일치를 보지 못하고, 서로 편리하게 해석할 여지를 남긴 채 봉합했다.

　한국과 일본은 대한제국과 대일본제국이 체결한 '한국병합에 관한 조약'(1910. 8. 22)의 성격, 곧 이 조약이 합법이냐 불법이냐, 정당한가 부당한가, 무효인가 유효인가 등을 둘러싸고 오늘날까지도 견해의 일치를 보지 못하고 있다. 지금도 한일 간에 현안으로 부각되고 있는 역사인식과 '과거사' 처리, 곧 식민지 지배의 평가와 사죄·보상 등의 문제는 바로 여기에 기인하는 것이다.

　역사인식과 '과거사' 처리를 둘러싼 한·일의 갈등과 대립은 그 골이 넓고 깊어서, 이대로 방치한다면 국교재개 50주년(2015)을 맞아 한일관계가 공고해지기는커녕 오히려 최악으로 떨어질 가능성도 없지 않다. 이렇듯, 오늘날의 한일관계는 1910년에 체결한 '한국병합조약'의 굴레에서 아직 완전히 벗어나지 못하고 있다. 현대 한일관계사를 다루면서 백 년 전 일제의 '한국강점'으로부터 시작할 수밖에 없는 까닭이 바로 거기에 있다.

한국병합조약 원본

한국과 일본은 1910년 대한제국과 대일본제국이 체결한 '한국병합조약'의 성격을 둘러싸고 오늘날까지도 일치된 견해를 얻지 못하고 있다. 지금도 한일 간의 현안으로 부각되어 있는 역사인식과 식민지 지배에 대한 평가와 사죄, 보상 등의 문제는 바로 여기에서 비롯되고 있다. 이 책이 현대의 한일관계사를 다루면서도 100년 전 일제의 '한국강점'으로부터 시작할 수밖에 없는 까닭을 짐작할 수 있을 것이다.

한국강점의 이유와 목적

일제는 대한제국을 강점하기 전에 통감부를 설치하고 통감을 파견하여 간접통치를 했다. 이른바 '보호국'으로 지배한 것이다. 그런데 왜 5년도 안 되어 강점으로 선회했을까? 통감 이토 히로부미^{伊藤博文}가 '병합론'으로 소신을 바꾼 것은 1908년 11월경이고, 이를 표명한 것은 1909년 4월이었다. 그리고 실제로 '강점'을 단행한 것은 1910년 8월이었다. 그 이유로는 다음과 같은 몇 가지를 들 수 있다.

첫째, 일제의 '보호국' 통치가 목적을 달성하지 못했다. 일제는 통감정치를 구사하며 한국인으로부터 마음에서 우러나는 복종을 얻고자 했다. 그러나 한국인은 외교와 내정에 대한 일제의 노골적인 간섭을 국권침탈로 보고 여러 가지 저항운동을 전개했다. 항일의병투쟁이나 애국계몽운동이 그것이다. 일제는 한국인의 저항을 억누르기 위해 군사력을 동원했다. 그것이 헌병경찰에 의한 탄압이었고, 그 귀결이 바로 '병합'이었다.

둘째, 간도^{間島}의 영유권 문제가 불거져 한국 문제와 만주 문제가 서로 얽히게 되었다. 거기에다 국내에서도 대한제국의 저항과 개혁이 만만치 않았다. 이런 상황을 방치하면 구미열강이 한일, 한중, 중일관계에 개입할 위험성이 있었다. 일제는 한국을 보호국으로 놔두는 것은 불안하다고 여겼다. 그렇기 때문에 일제는 '보호국' 통치를 포기하고 대한제국을 폐멸^{廢滅}하는 쪽으로 방향을 틀었던 것이다.

마침내 일제는 강제·기만·범법을 동원하여 각종 조약을 체결하고 무력으로 의병들을 제압해 대한제국을 폐멸시켰다. 그리고 조선총독부를 설치하고 식민지 지배를 감행했다. 이를 가능케 한 것은 물론 경찰과 군대의 위압이었다. 그렇지만 무력으로 식민지 지배의 외적인 틀인 법률적 질서와 정치적 기구를 마련했다고 해서 이민족 통치의 정당성을 확보할 수는 없었다. 그렇게 하기 위해서는 대한제국의 황제와 국민들로부터 마음에서 우러나는 복종을 얻어야 했다. 일제가 '한국강점'을 실현하는 과정에서 합법을 가장하기 위해 그토록 애쓴 것은, 정당성의 결여라는 태생적 한계를 극복해보려는 술책이었다.

그런데 한국인은 '강점' 당시부터 합법성을 부인하고 내면적 복종을 거부했다. 따라서 일제의 침략과 지배는 애초부터 정당성을 갖지 못했다. 이를 숙지하고 있던 일제는 '한국강점'과 식민지 지배의 정당성을 마련하기 위해 구호로나마 문명화 정책을 추진했다. 그리고 나중에는 내선일체·황국신민화 등의 동화 정책을 구사하여 민족 간의 모순을 관념적으로 은폐하고, 지배와 복종의 합의, 곧 정당성을 획득하기 위해 노력했다. 일본의 이런 의도는 '한국강점'과 동시에 메이지 천황이 공포한 「병합조칙」(혹은 조서)에 잘 드러나 있다. '병합조서'에서 밝힌 병합의 목적은 대체로 다음과 같았다.

① 조선과 일본은 그 지리적 관계가 밀접하게 붙어 있고 조선의 안녕 행복은 곧 일본의 안녕에 다름 아니다. 조선이 어떤 상태에 있는가 하는 것은 일본으로서 그 존립상 방관할 수 없는 입장에 있다.

② 일본의 생존에 위협을 주지 않고 동양의 평화를 영원히 확보하는 것이 지상명령이고, 그를 위해서는 먼저 반도半島 민심民心의 개명, 강내치안疆內治安의 유지가 불가결의 조건이다.

③ 오랫동안 가난과 곤경에 처해온 반도 인민을 구하여 정신적·물질적으로 문명국인으로서 줄 서기에 부끄럽지 않은 교양 훈련을 쌓고 경제의 진보와 문화의 향상을 기한다.

④ 이를 뒤집어 말하면, 병합은 조선을 당시의 선진국이 착착 실행해온 소위 식민지로 만든다는 의향 아래 행해진 것은 아니다. 일본의 과잉인구를 이 땅에 대량이주시켜 일본의 인구 문제 해결에 도움을 주거나, 또는 자본을 투자하여 반도로부터 이익을 흡수하려는 의도로 합병이 기획된 것은 아니다.

⑤ 합병은 소극적으로는 재래의 소위 '식민지'를 만든다는 의향으로 행해진 것이 아닐 뿐만 아니라, 적극적으로는 신구동포^{新舊同胞}를 합쳐 혼연한 일가 ─ ※를 형성하고 천황폐하의 어진 보살핌 아래 건전한 발달을 이룩하여 종국에는 신구동포가 같은 수준으로, 반도가 마치 규슈^{九州}와 같은 모습을 보여주는 지경에 이르는 것을 궁극의 목적으로 한다.

일제는 한국을 강점한 뒤 "조선 통치의 근본 방침"은 "내선^{內鮮}의 일체화이고, 구극^{究極}의 목표는 조선의 시코쿠^{四國}·규슈화^{九州化}"(일본 본토는 홋카이도, 혼슈, 규슈, 시코쿠 등 4개의 섬으로 이루어져 있다)이며, 이를 달성하기까지 "통치자의 마음가짐은 일시동인^{一視同仁}이고 취해야 할 정책은 그들을 일본 국민과 똑같게 하는 것, 곧 반도 민중의 일본 동화에 도움이 되는 것"이라고 선전했다. "신구동포를 합쳐 혼연한 일가를 형성한다"는 것은, 원래부터 일본과 한국이 하나였던 상태, 곧 '일선동조^{日鮮同祖}'의 역사를 재현하겠다는 것이었다. 그야말로 '한국강점'의 정당성 결여를 은폐하기 위한 민심조작이었다. 이를 위해 식민통치자들은 스스로 "조선반도의 운명을 근대화의 방향으로 전환시킬 역할을 담당한" 책임자라는 식으로 자기세뇌를 반복했다. 그리고 "정치적으로도, 경제적으로도 조선은 일본의 생명선"이라는 믿음을 굳건히 지켜 나갔다.

새삼스럽게 메이지 천황의 「병합조칙」을 거론하는 것은, 그것이 일제 통치 시기는 물론이고 한일 국교 수립 과정이나 국교재개 이래 오늘날까지도 일본인의 역사인식 속에 살아 있기 때문이다. 일본 통치 시대에 좋은 일도 많이 했다, 민둥산에 나무를 심었다, 한글을 보급했다 등의 언설이 일본의 정치지도자뿐만 아니라 일반인들 사이에서도 끊임없이 유포되고 있는 게 그 증거이다. '한국병합'의 이유와 목적을 어떻게 볼 것인가는 아직도 한일관계의 원점을 규정하는 요인으로 남아 있다.

'한국 통치'의 성격

일제의 한국 지배는 천황제 절대주의에 기초한 군국주의적 성격이 강했다. 그 까닭은 일본의 '한국강점'이 육군 군벌의 주도로 이루어진 데다, 지정학적으로 한국이 대륙침략의 교두보였기 때문이다. 일제의 한국 지배는 경제적 동인動因을 본질로 하면서도 군사적 성격을 강하게 지녔다. 일제는 일시동인·내선일체 등을 표방하면서 한국인의 일본인화와 한국 국토의 일본국 국토화를 강력하게 추진했다. 이를 달성하기 위해서는 한국인의 민족성을 철저히 말살해야 했다.

일본의 한국 민족성 말살 정책은 민족공동체로서의 한국사회를 파괴·해체하는 과정을 수반했다. 그리하여 일본의 식민지 지배구조가 심화되는 가운데 한국 민족과 한국사회는 인간관계부터 사회구조에 이르기까지 통합성·정체성·정합성을 상실하여 파편화·파쇄화되어갔다.

한편 일본의 식민통치를 받으면서 한국의 사회경제는 커다란 변화를 겪게 되었다. 그 변화는 식민지적 '근대화'와 일본식 '서구화'라는 말로 압축될 수 있을 것이다. 이는 근대문명으로의 전환에는 기여했을지 몰라도 한국 문명의 자주적 발전이라는 면에서는 매우 불리한 것이었다. 또 식민지적 '근대화'와 일본식 '서구화'는 일제의 원활한 수탈을 가능케 하는 합리성은 가지고 있었을지 몰라도, 조선 후기 이래 축적해온 개혁역량을 억누르고 왜곡시켰다는 점에서 한국 역사의 정합적 진전을 방해하는 것이었다. 그렇다 하더라도 이는 식민지하의 한국사회를 지배하는 질서였고, 한국인들이 생존을 위해 모방하고 배울 수밖에 없는 규범이었다. 그 결과 한국의 근대는 일본의 근대와 상당히 닮은꼴이 되고 말았다.

총체적으로 볼 때, 일제가 양두구육羊頭狗肉으로 내세운 '한국병합의 목적'은 결국 실현될 수 없는 꿈이었다. 정당성이 결여된 식민통치에 대다수 한국인이 내면적으로 복종하거나 자발적으로 협조할 까닭이 없었다. 거꾸로 정당성은 한민족에게 있었고, 한국인은 그 정당성에 확신을 가지고 항일민족해방투쟁을 전개했다.

일제의 '한국강점'과 식민지 지배는 해방 이후 한반도의 역사에 심각한 영향을 미쳤다. 무엇보다도 남북분단이라는 한민족사의 비극이 가장 큰 재앙이었다. 한국과 북한에는 긍정적이든 부정적이든 아직도 일제의 유산이 현실의 힘으로서 기능하고 있는 부분이 많다. 그중에는 일제가 강요한 것도 있지만, 한국인이 생존을 위해 의식적·무의식적으로 수용한 것도 있다. 이 모든 것들은 스스로의 힘으로 근대국가를 만들지 못한 채 일제에 의해 강점당한 한국 근대사의 원죄라고 할 수 있다. 독자들은 앞으로 이 책을 통해 지난 백여 년 동안 한국인들이 근대 한일관계의 원죄를 극복하고 새로운 차원의 현대 한일관계를 구축하기 위해 얼마나 힘들게 몸부림쳐왔는가를 확인하게 될 것이다.

한국 거주 일본인의 추세와 식민자로서의 역할

일제의 한국침략과 지배를 관철한 사람들은 누구였을까? 일본은 서구의 어느 식민지와도 비교할 수 없을 정도로 강력하고 촘촘한 지배망을 구축하여 한국을 직접통치했다. 그 첨병 역할을 수행한 것이 바로 한국에 건너온 일본인들이었다. 일본인의 한국 이주는 개항과 더불어 시작되었다. 그리고 한국에 대한 일본의 침략과 지배가 확산됨에 따라 그 수가 급격히 늘어나 전국 방방곡곡으로 퍼져 나갔다. 식민통치기구의 말단이나 시골 구석구석까지 일본인이 포진하여 한국인의 일상조차 하나하나 지배한 것은 근대의 다른 식민지에서는 찾아볼 수 없는 특징이었다. 「병합조칙」에서 한국을 식민지가 아닌 완전한 일본으로 만들겠다고 호언한 것은, 결국 일본인을 입식하여 한국인을 일본인으로 만들고, 한국 땅을 일본 땅으로 만들겠다는 언설에 불과했다. 따라서 일본인의 한국 이주와 그 역할을 특별히 주목할 필요가 있는 것이다.

1876년 조일수호조규와 부속장정 등이 체결됨으로써 부산·인천·원산의 3항이 개항되었다. 개항장에서는 일본인의 치외법권이 인정되고 무관세 무역이 허용되었다. 불평등조약을 이용해 한밑천 잡으려는 일본인들이 개항장으로 몰려들었다. 조선시대 부산에 설치되었던 왜관 부지는 그

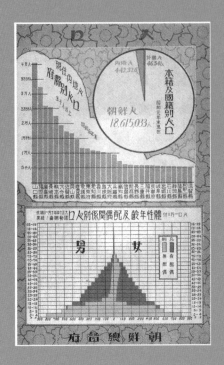

조선총독부 발행 인구조사 엽서
러일전쟁 직후 4만 명에 불과하던 한국 거주 일본인은 한국강점 이후 빠르게 증가해 1942년에 75만 명을 넘어섰다. 한국 전체 인구의 약 3%에 불과한 한국의 일본인사회는 한국인사회 위에 군림하는 '식민자사회'이자 식민지 지배를 지탱하는 기둥이었다. 동시에 그들은 한국인과 끊임없이 민족모순을 만들어내는 가시적 존재로서, '내선일체'의 허구성을 스스로 폭로하는 경계인들이기도 했다.

대로 일본인 거류지가 되었고, 그 중심에는 영사관 등이 설치되었다. 일본인은 그 주변에 광대한 매립지를 조성하여 세관이나 철도용지로 삼았다.

러일전쟁(1904) 직전에 이미 한국에 거주하는 일본인은 4만여 명이나 되었다. 거류지에 사는 일본인을 '거류민'이라고 불렀는데, 한국과 가까운 야마구치현, 후쿠오카현 출신자가 많았다. 거류민이 증가하고 거류지가 확대되자 각지에 거류민단과 거류민회, 혹은 일본인회가 설립되었다. 한국에 체류한 일본인의 40~50%는 경기도(서울 포함)와 경상남도(부산 포함)에 살았다. 거류민은 관리, 무역상 또는 일용품·식료품 상인이나 목수 등의 직업이 많았고, 여성도 상당한 비율을 차지했다. 거류지에는 일본인 거리가 형성되어 한국인과 거의 접촉하지 않고도 생활할 수 있었다. 그곳에는 일본식 지명이 붙었다. 서울의 혼마치本町, 고가네마치黃金町, 아사히초旭町, 메이지초明治町, 부산의 고토히라초琴平町, 벤텐초辨天町 등이 그것이다. 거류민단은 각지에 신사를 지었다. 신사는 식민지 도시에서 일본인사회의 정신통합을 지탱하는 핵심으로 없어서는 안 될 존재였다.

한국에 거주하는 일본인은 일본이 러일전쟁에서 승리한 뒤 급속히 증가했다. 일본 정부는 한반도에서 독점적 지위와 확고한 지배체제를 확립하고자 일본인의 이주를 적극 장려했다. 한국으로의 농업이민을 제창하고, 황무지 개척과 이주 어촌 건설을 장려했다. 1908년에 설립된 동양척식주식회사는 그 첨병 역할을 맡았다. 일본인의 한국 이주는 과잉인구를 배출하고 세력을 이식하는 데 안성맞춤이었다. 그리하여 1910년 한국강점 당시 한국에 거주하는 일본인의 수는 17만 명을 넘었다.

한국강점 이후 서울·부산·평양·대구·인천 등의 도시뿐만 아니라 전국 방방곡곡에 일본인 이주가 계속 증가했다. 그 수는 1936년에 60만 명, 1942년에 75만 명을 넘어섰다. 한국의 전체 인구와 비교하면, 약 3%에 불과한 일본인이 2,500만 명의 한국인을 지배한 셈이었다.

한국에 거주하는 일본인은 관리·경찰 등의 공직(40%), 공업(19%), 상업(18%), 교통(7%) 등에 종사했다. 농업은 4%, 광업은 3%에 불과했다. 중일전쟁 이후 대륙병참기지화 정책의 추진으로 광공업자가 급증했다. 상업과 교통업 종사자가 많은 것은 한반도가 일본과 대륙을 연결하는 결절 지역이었음을 보여준다. 한국에 거주하는 일본인들은 '지배자'라는 의식을 가지고 있었기 때문에, 한국인을 멸시하는 언행을 서슴지 않았다. 그들은 한국인의 심각한 빈곤, 열악한 생활 등이 일본의 식민지 지배에서 유래했다는 것은 생각지도 않았다. 또한 천황의 '어진 보살핌'은 구호와는 달리 음으로 양으로 일본인에게만 쏠리고 있었다. 그리하여 한국 거주 일본인이 많아지면 많아질수록, 그들의 위상이 높아지면 높아질수록 한국인과의 갈등과 마찰도 심해졌다.

행정 말단에서 한국인과 접하던 일본인들은 경찰관으로서 주요 읍·면 등에 배속되어 농민생활을 통제했다. 한국인이 일본으로 도항할 때는 주거지 관할 경찰서나 주재 경찰소가 발행하는 도항증명서를 받아야만 했고, 한국인이 국내의 다른 지역을 오갈 때도 그와 비슷한 허락을 받아야만 했으므로 경찰관은 막강한 존재였다. 학교의 교장·교원도 대부분 일본인이었다. 이들은 한국인을 일본인으로 개조하거나 육성하는 데 큰 역할을 했다. 요컨대 한국의 일본인사회는 조선총독부를 정점으로 하여 한국인사회 위에 군림하는 '식민자사회'였다고 할 수 있다. 그리고 한국에 거주하는 일본인들은 식민지 지배를 지탱하는 기둥이었다. 동시에 그들은 한국인과 끊임없이 민족모순을 만들어내는 가시적 존재로서, '내선일체'의 허구성을 스스로 폭로하는 경계인들이기도 했다.

강점인가 병합인가? 불법인가 합법인가?

'한국병합에 관한 조약'의 체결 과정을 어떻게 볼 것인가? 당시는 물론이고 지금도 한일관계의 기본과 관련된 물음이다. 이 조약의 체결과 그로인한 식민지 지배를 지칭하는 명칭에서부터 한일 양국 인식의 편차가 극명하게 드러난다.

한국에서는 일제가 대한제국의 국권을 침탈하는 과정에서 맺은 각종 조약이 강압과 사기로 점철된 것은 물론이고 절차상·형식상 하자가 많아 원천적으로 무효라고 본다. 따라서 그로 인한 지배는 군사력에 의한 불법적 점령에 해당하기 때문에 '한국강점'이라는 용어를 사용한다. 역사 교과서를 비롯한 대부분의 역사서가 '한국강점', '국권피탈', '국권강탈' 등으로 표기하는 것만 봐도, 이는 한국인의 보편적 인식이라 할 수 있다. '군사강점'이라는 표현은 이미 박은식朴殷植이 1910년대에 저술한 『한국통사韓國痛史』나 『한국독립운동지혈사韓國獨立運動之血史』 등에도 나타난다.

반면에 일본에서는 대개 '한국병합'이라는 호칭을 사용한다. 조약의 정식 명칭이 '한국병합에 관한 조약'이었고, 당시의 신문도 '한국병합'이라

표현했으며, 패전 전의 국정교과서가 기본적으로 '한국병합'이라고 표기했다는 점 등을 이유로 내세운다.

그런데 '병합'은 당시 일본 외무성 정무국장 구라치 데쓰키치倉知鐵吉가 치밀한 계산 아래 채택한 용어였다. 그가 보건대, 당시 한국과 일본에는 한국강점을 '일한 양국이 대등하게 합일'하는 것처럼 이해하여 '합방'이나 '합병' 등의 용어를 사용하는 자가 있었다. 이는 일본으로서 받아들이기 어려운 일이었다. 한국인이 정말로 일본인과 동일한 대접을 해달라고 달려들면 곤란하기 때문이다. 따라서 일본으로서는 '한국이 완전히 폐멸로 돌아가 제국 영토의 일부가 된다는 점'을 분명히 해둘 필요가 있었다. 그렇다고 '폐멸'이나 '식민지' 같은 노골적인 용어를 사용할 수도 없었다. 한국이 일본에 대해 말과 행동이 다르지 않냐고 항의한다거나, 외국이 일본에 대해 한국을 침략하는 것 아니냐고 비판해도 곤란했기 때문이다. 그리하여 일본은 '폐멸'이라는 실질적 의미를 포함하면서도 '그 어조가 너무 과격하지 않은 문자'를 선택하여 '병합'이라는 용어를 사용하기로 한 것이었다. '양두구육'이라는 고사성어가 딱 어울리는 작태였다.

이렇게 눈 가리고 아웅하는 식으로 탄생한 '병합'이라는 용어는 그 후 일본 공문서의 정식 호칭이 되었다. 그리고 역사서술은 물론이고 일반인들에게도 정착되었다. 그렇지만 '병합'이라는 용어를 고심 끝에 찾아내 일부러 사용한 일본의 본심, 곧 한국을 강제로 '폐멸'하고 지배하겠다는 음흉한 속셈이 감춰질 수는 없었다. 이후 많은 한국인들이 '한국병합조약'과 그에 이르는 과정에서 맺은 각종 주권침해 조약이 무효임을 끈질기게 주장했기 때문이다. 고종 황제는 '을사조약'(1905. 11)의 무효를 선언하기 위해 미국 등에 특사를 파견했고, 순종 황제는 붕어 직전에 '한국병합조약'을 파기해야 한다는 조서詔書를 남겼다(1926). 이런 사정과 결합하여 '조약 무효론'은 한국인들에게 항일민족해방투쟁을 뒷받침하는 사상적 기반이 되었다. 그리고 오늘날까지도 일본에게 침략과 지배에 대한 사죄와 배상을 요구하는 이론적 근거가 되고 있다. 따라서 '한국강점'과 관련된 조약의 합법성과 정당성을 원천적으로 부정하는 것은 한국인들의 체질화된 역사인식이라 해도 과언이 아니다.

최근 한국과 일본의 역사학계에서 '한국강점'에 이르는 과정에 체결된 여러 조약의 성격을 둘러싸고 치열한 논쟁이 벌어져 주목을 끌었다. 양측의 논쟁은 한국과 일본의 역사인식을 대변하는 데 그치지 않고 '과거사' 처리 등 역사현안의 극복 향방에도 큰 영향을 미칠 만한 내용을 포함하고 있으므로 그 골자를 약간 자세하게 살펴보자.

한국 측의 연구자들은 '한일의정서'로부터 '한국병합조약'에 이르는 주요 조약 5개가 모두 강제·기만·범법으로 점철되어 있다고 주장한다. 각 조약은 법적으로 하나도 온전한 것이 없기 때문에, 여러 조약의 마지막 종착점인 '한국병합' 역시 당연히 성립한 것으로 볼 수 없다. '한일의정서'는 조인된 날짜가 1904년 2월 23일인데, 25일에 도쿄의 외무대신으로부터 완성된 협정문이 전문으로 하달되었으므로, 그 과정에서 음모·조작이 개입할 수 있는 여지가 있었다. '제1차 한일협약'(용빙조약, 1904. 8. 23)은 한국 정부의 완강한 저항에 부딪쳐 본래 '각서' 형식으로 추진되었다. 그런데 일본이 한국 대표의 서명을 받은 뒤 미국·영국 등 열강에 통보하는 과정에서 '협약'으로 둔갑시켰다. 기만을 부린 것이다. '을사조약'(1905. 11.

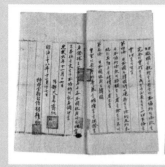
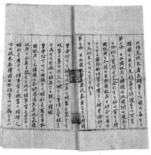

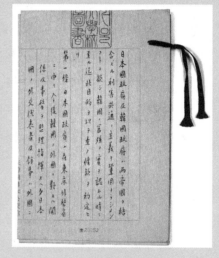

조약 명칭이 없는 을사조약 원본
'을사조약'은 조약 대표 위임장, 조약문 작성과 각 대표의 서명 날인, 이에 대한 국가원수의 비준 절차 등을 갖추지 않았다. 고종 황제도 이를 승인한 적이 없으며 명칭조차 사후에 임의적으로 붙였다. '을사조약'은 이처럼 정당한 절차를 밟지 않았기 때문에 원천적으로 무효라는 주장이 당시부터 제기되어왔다.

17)은 한국 측 조약 대표에게 강박을 가한 것만으로도 당시부터 무효라는 주장이 제기되어왔다. 외교권 이양을 규정한 '을사조약'과 같은 주요 조약은 조약에 임하는 대표의 위임장, 조약문 작성과 각 대표의 서명날인, 이에 대한 국가원수의 비준절차 등을 갖추어야 하는데, 대표위임장과 비준서는 확인되지 않는다. 또 고종 황제도 이를 승인한 적이 없다. 그뿐만 아니라 이 조약은 명칭조차 사후에 임의적으로 붙였다. '을사조약'은 이처럼 절차상 하자를 안고 있기 때문에 원천적 무효이다. 그 후 통감부는 순종 황제의 서명을 위조하는 범법행위를 통해 '정미조약'(1907. 7. 23)을 체결했다. 그리고 한국 군대를 해산하는 조칙(1907. 7. 31)도 이토 히로부미가 불법적으로 작성했다. 일본은 '한국병합조약'만큼은 '화합적', '합의적'인 것으로 만들려고 애썼다. 그렇지만 순종 황제가 이를 재가하는 조칙(칙유, 1910. 8. 29)에 이름자 서명을 빠트리자 일본은 결국 비준을 날조해버렸다.

한국 측 연구자들은 이상의 사실구명을 바탕으로 일제가 대한제국을 침략하는 과정에서 맺은 각 조약이 무효라고 주장한다. 그 이유를 간결하게 종합하면, 첫째 강폭·협박에 의해 강제로 맺어졌고, 둘째 조약 정본에 황제의 서명날인이 없고, 셋째 조약에 대한 비준서가 없기 때문이다. 그러므로 일제의 식민지 지배는 합법적 근거가 없는 불법·부당한 강점(군사점령)이었다. 한국 측 주장은 지난 100여 년간 보지해온 한국인의 '조약 무효론'을 근대 역사학의 성과를 빌려 보강한 것이라고 평가할 수 있다.

'조약 무효론'에 대해서는 북한도 대체로 남한과 비슷한 견해를 가지고 있다. 북한은 종래 일본이 구^舊조선에 강요한 조약·협정 등이 철두철미

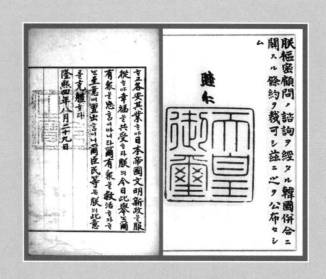

한국병합조약을 공포한 일본 천황의 조서와 순종 황제의 칙유
일본 천황의 조서(오른쪽)에는 천황어새와 함께 무쓰히토(睦仁)라는 메이지 천황의 이름이 서명되어 있는 반면, 순종 황제의 칙유(왼쪽)에는 자필 서명 없이 행정적 결재에 사용하는 어새만 날인되어 있다.

무력행사에 의해 강제적으로 만들어진 것이라고 주장했다. 곧 총검의 위협 아래 맺어진 각 조약은 일본이 조선 점령을 외교적으로 합법화하기 위해 강요한 위장물에 지나지 않는다. '무력강제 조약 무효론'인 셈이다. 최근 북한은 조약 무효의 원인으로 '을사조약'을 조인하는 과정에서 발생한 수속상의 결함과 형식상의 하자를 덧붙이고 있다.

일본 측 연구자들은 한국과 북한 측의 주장에 조목조목 반론을 제시한다. 첫째, 강폭·협박에 의해 강제로 맺어졌다는 주장에 대해서는, 조약 체결 시의 강제행위를 금지하는 것이 1905년 당시 이미 정착되어 있던 국제법상의 상식이기 때문에 한국 측의 주장을 받아들일 수도 있다. 다만 강제행위가 국가 대표자에 대한 협박인지, 국가 자체에 대한 협박인지는 국제법상 판단 기준이 반드시 확실하지는 않다. 따라서 '을사조약'이 유효인지 무효인지에 대해 명확히 판단할 수는 없다. 둘째, 조약 정본에 황제의 서명날인이 없다는 이유에 대해서는, 한국 측이 조약 체결의 관례를 잘못 파악하고 있기 때문에 받아들일 수 없다. 조약서 정본에 기명 조인하는 자는 국가원수가 아니고 특명전권대사, 공사, 또는 외무대신인 경우가 통례이다. 셋째, 조약에 대한 비준서가 없기 때문에 무효라는 것도 납득할 수 없다. 모든 국제협정에 비준서가 있는 것은 아니므로 무효론의 근거가 될 수 없다. 요컨대 일본 측은 일본의 '한국병합'과 지배는 '형식적 적법성'을 가지고 있었고, '국제적으로 승인된' '합법적 식민지'였다는 것이다.

그런데 한국 측과의 논전에 참여한 일본 측 연구자가 조약을 '합법'이라고 주장한다고 해서 그것이 곧 일본의 한국병합과 식민지 지배가 정당하다는 의미인 것은 아니다. 어디까지나 학문적으로 볼 때 당시 제국주의 여러 나라가 합의하여 표현한 국제법과 관습에 비추어 합법이라는 것이다. 따라서 '문제의 본질은 병합에 이르는 과정의 합법성 여하가 아니라, 이웃 나라(隣國)에 대한 일본과 일본인의 도의성'이라고 보는 연구자도 있다. 그들은 합법성과 정당성, 불법성과 부당성은 서로 다른 차원이라고 파악하고, 각 조약은 합법적으로 맺어지기는 했으나 그 내용은 부당했다고 본다. 그들은 합법을 주장함으로써 부당함을 은폐해서도 안 되고, 정당함을 강조함으로써 합법적 실현을 관념적으로 부인해서도 안 된다고 주장한다. 요컨대 각 조약이 합법적으로 맺어지기는 했지만 이웃 나라를 침략하는 내용을 담고 있기 때문에 부당하다는 견해이다.

양측의 주장은 역사연구상의 논쟁이었지만, '한국강점'과 식민지 지배에 대한 한국인과 일본인의 역사인식을 어느 정도 반영한다고 볼 수 있다. 여기에는 물론 양국 정부의 견해도 일정 부분 포함된다. 다만 일본 정부는 아직도 '합법론'과 '유효론'을 강력히 지지하고 있고, '부당론'에 대해서는 확실한 태도를 밝히지 않고 있다. 따라서 '한국강점'의 성격에 관련된 위와 같은 논쟁을 미리 알아두는 것은, 앞으로 살펴볼 현대 한일 관계사의 기본 틀을 이해하는 데도 도움이 될 것이다.

일제의 식민지 지배와 항일독립운동

지배기반 구축을 위한 무단통치와 3·1 독립운동

일제가 한국을 강점한 1910년부터 3·1 독립운동이 일어난 1919년까지의 식민지 지배를 흔히 '무단통치'라 부른다. 일제는 한국을 강점하자마자 조선총독부를 설치하고 헌병경찰을 동원하여 일종의 군사통치를 실시했다. 의병항쟁을 진압하는 과정에서 이미 일제는 현역 육군대장을 조선총독으로 파견하여 식민지 지배기반을 정비하려고 획책했다. 조선총독부는 국가에 준하는 방대한 조직을 가지고 있었는데, 중앙의 핵심요직은 물론이고 지방의 말단관직에까지 일본인을 파견했다. 한국인 관리는 주로 하위직에 배치되었고, 진급과 월급 등에서 일본인보다 못한 차별대우를 받았다.

한국에는 한국인의 의사를 반영할 만한 의회가 설치되어 있지 않았기 때문에, 식민통치에 관한 각종 법률과 명령은 조선총독의 이름하에 일본인 관료의 의지대로 제정되고 시행되었다. 조선총독의 자문기관인 중추원은 일제에 협력하는 한국인으로 구성되었는데, 1919년까지 한 번도 열리지 않았다. 따라서 같은 식민지라 해도 일본의 한국에 대한 직접지배는 영국의 인도에 대한 간접지배와 확연히 달랐다. 전자가 철저히 억압적이고 조직적이었다면 후자는 상대적으로 자율적이고 유화적이었다.

일제는 한국인의 민족의식과 독립운동을 근절하기 위해 군대와 경찰을 통해 물샐 틈 없는 지배망을 구축했다. 헌병이 경찰을 지휘하여 일반인의 생활까지 통제하는 삼엄한 분위기를 만들었다. 헌병경찰은 일정한 범죄에 대해서는 재판 없이 한국인을 구금하거나 즉결처분할 수 있는 권한을 가지고 있었다. 심지어 전근대사회에나 존재했던 태형제도까지 운용했다. 이른바 '무단통치'라 불리는 이런 강압적 지배는 일제가 무력을 통하지 않고서는 도저히 한국을 점령할 수 없었다는 점을 역설적으로 보여주는 증거였다. 그 주연을 담당한 것이 일본의 육군이었으므로, 역대 조선총독은 현역 육군대장이 맡는 경우가 대부분이었다.

일제는 1910년대 한국에서 상공업의 발달을 억압하는 정책을 구사했다. 한국은 일본 본토의 3분의 2에 해당하는 광대한 면적을 가지고 있었다. 일제는 인접한 한국에서 상공업이 발달하면 일본의 상품판매와 식량 조달에 차질이 생기거나 일본 자본의 진출에 장애가 될까봐 우려했다. 또 한국의 민족자본이 성장하면 독립운동의 지원 세력이 그만큼 강화될지 모른다고 걱정했다. 회사령은 그런 사태를 미연에 방지하기 위해 발포되었다. 회사령의 골자는 한국에서 회사를 설립할 경우 조선총독의 허가를 받아야 한다는 것이었다. 민족차별이 공공연한 상황에서 자본 규모가 영세한 한국인 자본이 불리한 대접을 받았음은 쉽게 짐작할 수 있다.

일제가 실시한 경제 정책 중에서 더욱 괄목할 만한 것은 토지조사사업이다. 일제는 통감부 시대에 이미 대한제국이 실시한 토지조사와 토지소유권 정비사업의 실적을 이용하여 각종 증명제도를 마련했다. 일본인이 벌써 개항장을 중심으로 많은 토지를 소유하고 있었기 때문에, 그들이 자유롭게 토지를 사고팔고 소유하기 위해서는 이를 법적으로 뒷받침할 수 있는 증명제도가 필요했다. 1910년부터 1918년까지 실시된 토지조사사업은 전국의 토지를 측량하여 토지의 모양과 용도(논·밭 등)를 파악하고 소유

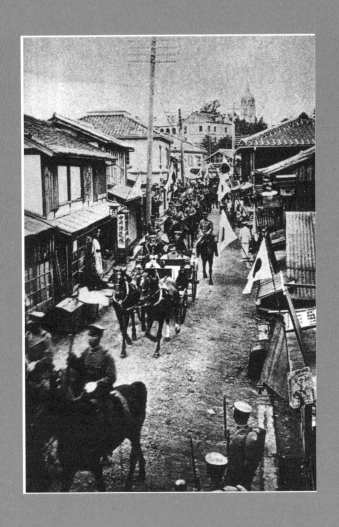

무단통치의 상징 데라우치 총독 부임 행렬
일제는 한국을 강점하자마자 조선총독부를 설치하고 헌병경찰이 일반인의 생활까지 통제하는 일종
의 군사통치를 실시했다. 이른바 '무단통치'라 불리는 이런 강압적 지배는 일제가 무력을 사용하지
않고서는 도저히 한국을 점령할 수 없었다는 점을 역설적으로 보여주는 증거였다. 사진은 일본 정부
의 현직 육군대신 자격으로 조선총독부 초대 총독으로 부임하는 데라우치의 행렬이다.

권을 확정해 등기하는 사업이었다. 그 과정에서 일제는 많은 땅을 국유지로 만들어 조선총독부의 소유로 귀속시키고 동양척식주식회사 등의 국책회사에 불하했다. 또 일본인이 자유롭게 토지를 매수할 수 있게 함으로써 일본인은 급속히 지주로서 성장한 반면, 영세한 한국인은 쉽게 땅을 잃고 소작인으로 전락하는 경우가 많았다. 토지조사사업이 끝난 1918년 현재 조선총독부와 동양척식주식회사의 소유지는 전체 경작면적의 4.2%였고, 일본인의 개인 소유지는 7.5%였다. 토지조사사업 과정에서 일본인이 대거 한국으로 유입되었고, 한국인은 만주나 일본으로 유출되는 사태가 발생했다.

토지조사사업을 통해 농촌 지배를 관철한 일제는 일본인의 구미에 맞는 식량과 원료를 생산하기 위해 농사개량사업을 추진했다. 일제는 일본식 농법과 품종을 보급하고 면화 재배와 누에고치 생산을 독려했다. 그리고 광업개발을 통해 석탄과 철광 등을 반출했다. 그리하여 한국은 점차 일본을 위한 상품시장과 원료공급지로 재편되었다.

일제의 금융 지배는 조선 경제의 혈관을 장악하는 것과 마찬가지였다. 일제는 1906년에 각지에 설치했던 농공은행을 1918년 조선식산은행으로 통합개편했다. 그리고 각지에 금융조합을 설치하고 동양척식주식회사로 하여금 금융업도 겸하도록 했다. 금융기관의 정상에는 조선은행이 있었다. 조선은행은 식민지 중앙은행으로서 발권업무와 국고취급을 겸했다. 일제는 이 금융기관을 통해 한국의 재정과 금융을 종합적으로 지배했다.

일제는 토지조사사업과 더불어 임야조사사업도 실시하여 마을 공용의 임야 등을 조선총독부의 국유림으로 재편했다. 또 이미 부설된 경부선과 경의

선에 이어 서울과 원산을 잇는 경원선, 대전과 목포를 잇는 호남선 등의 철도를 건설했다. 그리하여 1910년대에 서울과 대전을 기축으로 한반도의 사방으로 뻗어가는 간선철도망이 모습을 갖추었다. 이는 철도를 매개로 일제의 지배력이 전국으로 확산되었음을 의미했다. 한국의 식량과 자원은 철도를 통해 일본으로 반출되었고, 일본의 상품과 자본은 철도를 통해 한국으로 반입되었다.

일제의 가혹한 무단통치 아래서도 한민족의 독립운동은 끊임없이 전개되었다. 대한제국 시기의 의병투쟁과 애국계몽운동을 계승한 독립운동은 국내에서는 비밀결사, 국외에서는 독립군 기지 건설로 나타났다. 국내에서 조직된 독립의군부, 대한광복회 등은 군대식 조직을 갖추고 있었다. 일제의 탄압으로 비밀결사운동이 어려워지자 학교, 야학, 종교시설 등을 거점으로 민족의식을 고취했다. 만주, 연해주에는 신민회원 등이 망명하여 한인촌과 한인학교를 세우고 독립군을 양성했다. 미국에서도 대한인국민회 등이 결성되어 민족의 실력 배양을 위해 노력했다.

국내외 독립운동은 1919년 3·1운동으로 결집하여 폭발했다. 서울과 평양 등에서 시작된 만세시위운동은 철도연선과 장시 등을 따라 전국으로 퍼져 3월 말 4월 초에는 전국을 뒤덮었다. 일제의 군경은 시위군중에게 무차별 총격을 가하는 등 학살을 자행했다. 한국인이 거주하는 간도, 연해주, 필라델피아 등에서도 시위운동이 일어났다. 일제의 삼엄한 감시와 탄압을 뚫고 국내외에서 폭발한 3·1운동의 열기는 대한민국임시정부 수립으로 이어졌다. 국내외 독립운동가들의 의지를 통합하여 중국 상하이에서 발족한 대한민국임시정부는 민주공화정의 정체를 표방하고 이승만

李承晩을 대통령, 이동휘李東輝를 국무총리로 선출했다(1919. 9). 일제 침략으로 대한제국이 멸망한 지 10년이 안 되어, 망명정부이기는 하지만 왕조국가의 정체를 극복한 주권재민의 민주국가가 새로이 수립되었던 것이다.

민족 분열을 위한 '문화정치'와 항일독립운동의 다양화

문화정치는 일제가 3·1운동에 대응하기 위해 마련한 통치 정책으로서 1919년부터 만주사변이 일어난 1931년까지를 포괄한다. 일제의 무단통치 아래서도 한국인은 비밀결사 등을 통해 민족운동의 역량을 축적했다. 3·1운동은 그것이 결집하여 폭발한 민족해방운동이었다. 일제는 3·1운동을 수습하는 방안으로서 이른바 '문화정치'를 표방했다. 그렇지만 문화정치의 본질은 한국인에게 어느 정도의 정치적·경제적 자유를 허용하는 대신 한국인의 역량을 이간시키고 분열시키려는 데 있었다.

조선총독부는 관료주의 타파를 통한 서정쇄신, 한국인의 관리 임용과 차별대우 개선, 언론·출판·집회의 자유 인정을 통한 민의창달, 지방자치 실현을 통한 민풍의 진작, 한국의 문화와 관습 존중 등의 방침을 천명했다. 그리고 육해군대장을 임용해온 조선총독에 문관도 취임할 수 있도록 하고, 헌병이 지휘·감독하던 경찰도 군대와 경찰로 분리한다고 선언했다.

그렇지만 일제는 식민지 지배가 끝날 때까지 조선총독을 문관 중에서 임용한 적이 없다. 또 헌병경찰제도를 보통경찰제도로 바꾸면서 헌병과 경찰의 업무를 분리하긴 했지만, 실제로는 군대와 경찰의 수를 증강해 더욱 조밀한 지배망을 구축했다. 경찰관서는 1918년에 751개였으나 1920년에는 2,716개소로 3배 이상 늘어났고, 경찰관도 5,400명에서 1만 8,400명으로 3배 이상 증가했다. 그리하여 1군 1경찰서, 1면 1주재소 제도가 확립되었다. 교육의 보급은 문화정치의 상징이라고 볼 수 있다. 그런데 그 지표라고 볼 수 있는 1면 1교제가 겨우 확립된 것이 1930년대 후반이었다. 이런 점 등을 감안하면 문화통치의 본질은 문화창달이 아니라 지배망 구축의 엄밀화에 있었다고 할 수 있다. 1925년에 치안유지법을 공포하여 시행한 것은 허울 좋은 문화정치의 본질을 보여주는 단적인 예였다. 이 법은 반일민족운동과 반일사회주의운동 등을 탄압하기 위해 마련된 것으로서, 사상과 신조는 물론이고 집회와 결사의 자유를 철저히 제약했다.

일제의 문화정치는 그들의 통치에 협력하는 한국인, 곧 친일파(대일협력자, 더 심하게는 민족반역자)를 양성하는 결과를 초래했다. 일제는 대한제국을 폐멸하는 과정에서도 일본 유학생, 정치적 망명자, 고급관료 등을 매수해 활용한 적이 있었다. 식민지화 이후에는 '조선은사령' 등을 공포해 친일파에게 일제에 협력한 공로의 정도에 따라 현금을 지급했다. 그리고 작위나 관직을 수여하고 위원이나 고문 등에 임명해 지배의 동반자로 삼았다.

일제가 구사한 친일파 양성방법은 다음과 같았다. 일본에 충성을 바치는 자를 관리로 임명하고, 이들을 귀족·양반·유생·실업가·교육가·종교가 등에 침투시켜 친일단체를 만들게 한다. 타협적 민간인에게 편의와 원조를 제공하여 친일적 지식인으로 양성한다. 양반과 유생으로서 직업이 없는 자에게 생활방도를 만들어주고 이들을 선전과 정찰에 이용한다. 한국인 부호와 노동자·농민의 대립을 부추기고, 농민을 통제하기 위해 교풍회·진흥회 등을 만들어 이용한다.

이상과 같은 정책을 통해 형성된 대일협력자들은 친일여론의 조성, 친

일단체의 조직, 민족운동가들의 적발과 포섭, 설득, 정보수집 등에 광범위하게 활용되었다.

일제는 한국인의 분열을 촉진하고 민족운동을 약화시키기 위한 사탕발림으로 참정권이나 자치권을 줄 것처럼 선전했다. 이에 조응하여 한국인들 사이에서도 일제에 정면으로 대항하는 민족운동을 포기하고 먼저 독립역량부터 축적하자는 움직임이 나타났다. 실력양성운동이 그것이다. 또 일제와 타협하여 일정한 양보를 이끌어내려는 개량주의운동도 일어났다. 그렇지만 일제는 패망할 때까지 한국인의 자치나 참정을 허용하지 않았다. 다만 면·군·도 단위에서 지방협의회 등에 한국인이 참가하는 것을 유산자 등에게 부분적으로 허용했을 뿐이다.

일제는 한국에서 쌀을 증산해 일본으로 반출하는 산미증식계획을 강도 높게 추진했다. 당시 일본 국내에서는 전국 규모로 식량요구폭동이 일어날 정도로 쌀 부족이 심각했다. 마침 한국의 쌀은 일본인의 입맛에 맞는 데다 값이 싼 편이어서 수요가 많았다. 일제는 한국에서 쌀을 증산하기 위해 황무지를 개간하거나 밭을 논으로 바꾸었다. 그리고 저수지를 축조하고 제언을 쌓는 수리사업을 추진했다. 농사법을 개량하는 방편으로 일본의 품종을 보급하고, 논을 깊게 갈고 비료를 많이 사용하도록 권장했다.

1920년부터 시행된 산미증식계획은 계획의 50%도 달성하지 못한 채 1934년에 일단 종결되었다. 그렇지만 쌀의 증산은 미미한 반면 일본으로의 이출은 기하급수적으로 늘어나서, 한국인의 1인당 쌀 소비는 1920년의 0.63섬에서 1930년에는 0.45섬으로 급격히 줄어들었다. 일본으로의 쌀의 이출 증대는 쌀 생산을 장악하고 있던 대지주와 그 유통을 담당하고 있던 미곡상 등이 부를 축적하는 데 기여했다. 반면에 토지를 갖지 못한 영세농이나 도시 노동자 등은 비싼 쌀을 사 먹어야 했으므로 생활이 더욱 어려워졌다. 산미증식계획의 추진으로 농촌에서 대지주와 영세농이 아울러 증가하는 양극분화 현상이 심화된 것은 이 때문이었다.

일제는 한반도의 동북 해안선을 따라 종관하는 함경선(원산–회령, 1914. 10~1928. 11)을 부설했다. 이 철도는 연선의 무진장한 지하자원, 산림, 해산물을 개발하고 만주의 중앙과 동북 지역으로 군사수송을 강화하는 사명을 띠고 있었다. 이로써 1920년대 말까지 한국의 5대 간선철도라 불리는 경부선·경의선·호남선·경원선·함경선이 모두 건설되었다. 그리하여 서울을 결절지점으로 한반도의 사방 구석구석까지 방사선으로 뻗어가는 철도망이 구축되었다. 이는 곧 일제가 한국을 지배하기 위한 신경조직을 완성했다는 의미였다.

한국인의 저항 속에 불안정하게나마 일제의 식민통치가 뿌리를 내려가면서 근대문명도 널리 수용되었다. 교통과 통신의 발달로 도시가 형성되고, 신식교육이 보급되어 의식주에도 변화가 나타났다. 도시에는 백화점, 영화관, 카페 등이 들어서고 서양식 옷차림이나 단발머리 등이 유행했다. 이런 분위기 속에서, 소수이기는 하지만 도시의 일상을 즐기는 사람들도 나타났다. 벽돌로 골격을 갖추고 집안에 현관과 화장실을 들여놓은 개량한옥도 등장했다. 반면 도시의 변두리에는 빈민들의 토막집이 들어섰다.

3·1운동은 독립운동의 물줄기를 한곳으로 모았다가 다시 여러 갈래로 분출시킨 호수였다. 1920년대에 들어 국내에서는 '민족독립을 달성하기

위해서는 먼저 한국인의 실력을 양성하자'는 운동이 전개되었다. 한국인 기업이 생산한 물자를 사용하자는 물산장려운동, 한국인 본위의 교육을 실시하자는 민립대학 설립운동, '아는 것이 힘이다, 배워야 산다'는 구호 아래 추진된 한글보급운동 등이 그것이다. 사회주의사상의 영향을 받은 노동자·농민운동도 활발했다. 순종 황제의 국장일을 기점으로 서울에서는 6·10 만세운동(1926)이 일어났다. 이 운동에는 민족주의와 사회주의 계열은 물론이고 학생들이 대거 참여했다.

한글로 발행된 신문과 잡지 등의 언론은 민족정신의 고취는 물론이고 근대문화를 소개하고 보급하는 데도 큰 역할을 했다. 그런 가운데 민족운동 세력 일부에서 일제와 타협하려는 움직임이 일어나자, 좌우 세력이 연합한 신간회가 창립되어 민족운동을 주도했다(1927~1931). 청년운동, 어린이 보호운동, 여성 권익 신장운동, 백정 차별 철폐운동 등 대중운동도 활발하게 일어났다. 특히 광주에서 발생하여 전국으로 번져간 학생들의 항일운동은 3·1운동의 맥을 이은 대규모 독립운동이었다(1929). 같은 해 원산에서 일어난 노동자 총파업도 일제의 간담을 서늘하게 만들었다.

3·1운동 직후 만주에서는 50여 개의 독립군단체가 결성되었다. 이들은 수시로 압록강과 두만강을 건너 식민통치기관을 공격했다. 일본군은 이들을 진압하기 위해 만주로 진입했다. 독립군은 그들을 맞아 봉오동과 청산리 등의 전투에서 대승을 거두었다(1920). 일본군은 그 보복으로 간도 지역 한국인들을 대거 학살했다. 일본군에 쫓긴 독립군은 러시아 영내로 피신했다가 많은 피해를 입었다(이른바 자유시참변). 만주로 돌아온 독립군은 한국인사회를 바탕으로 민정과 군정을 아우르는 자치기구를 설립하여

역량을 강화해 나갔다.

만주에서 결성된 의열단은 상하이 등지로 옮겨 다니면서 일제의 요인을 암살하고 시설을 파괴하는 활동을 벌였다. 이들은 서울과 도쿄에까지 잠입하여 경찰서와 궁성 등에 폭탄을 던졌다. 애국지사들은 중국의 군사학교에 들어가 간부훈련을 받으며 역량을 강화하는 경우도 있었다.

위기타개를 위한 농공병진 정책과 항일무장투쟁

만주사변 이후부터 중일전쟁이 발발하는 1937년까지가 이에 해당한다. 1930년대 초 일제의 만주침략과 만주국 수립은 인접한 한국의 상공업에 새 시장을 제공했다. 일본인 자본은 한국의 지정학적 이점을 노리고 맹렬하게 침투해 들어왔다. 당시 한국은 값싸고 우수한 노동력을 많이 가지고 있었다. 또 수력발전소가 본격적으로 건설되고, 중요산업통제법이나 공장법 같은 규제가 없어서, 최대의 이윤을 얻고자 하는 기업가들에게 더할 나위 없이 좋은 투자 지역이었다. 더구나 조선총독 우가키 가즈시게宇垣一成(1931~1936 재임)는 일본인 자본의 유치를 촉진하기 위해 금융·세금·관세·공장부지의 수용 등에서 여러 특혜를 베풀었다. 이에 자극을 받은 한국인의 기업활동도 무척 활기를 띠었다. 그리하여 1930년대 초부터 한국에서는 식품·시멘트·비료·섬유 등의 대규모 기업이 눈에 띄게 성장하고, 전기·화학 등의 중화학공업도 거대한 모습을 드러내기 시작했다. 1930년대 이후 종래의 기조 위에서 다른 차원의 공업화가 시작된 것이다. 그리하여 흥남 등은 급속히 공업도시로 성장하고 서울 등에는 인구가 밀집했다. 이른바 '식민지 근대'의 모습이 곳곳에서 나타나고 있었다.

그렇지만 중화학공업의 주체는 어디까지나 일본인 자본이었다. 대다수 한국인 자본은 영세성을 면치 못했다. 일제는 금광·철광·석탄 등을 증산하는 정책도 추진했다. 세계 경제가 블록화됨에 따라 일본도 만주와 한국 등 자신의 세력권 내에서 원료를 조달해야 할 처지에 몰렸기 때문이다. 그렇지만 중화학공업과 광물 증산 등은 한국 시장보다는 일본 시장에 직접 연결되어 한국인의 생활향상에 직접 도움이 되는 경우는 드물었다.

일제는 세계대공황(1929) 등의 여파로 심각하게 피폐해진 한국의 농촌을 되살린다는 명목 아래 농촌개발 정책을 추진했다. 농촌진흥운동이 그것이다. 세계대공황의 여파는 영세농민의 생활을 더욱 어렵게 만들어, 농촌은 체제를 부정하는 사회주의운동의 온상이 되어갔다. 일제는 이런 상황을 심각하게 받아들여 지주의 소작료 수탈을 제한하는 '농지령'을 발포하고 '모범부락'을 선정하여 갱생을 돕겠다고 나섰다. 그렇지만 농촌진흥운동은 자금지원이 원활하지 못한 데다 정신운동적인 경향이 강하여 괄목할 만한 성과를 거두지는 못했다.

일제는 한국에서 식량과 자원을 반출하고 일본으로부터 이민과 상품의 이입을 장려하기 위해 구석구석까지 철도망을 건설할 필요를 느꼈다. 또 세계 경제가 제국주의 세력권에 따라 블록화되는 경향이 강화되자 대륙으로 침투할 교통로를 다각적으로 모색했다. 일제는 이를 위해 '조선철도 12년계획'을 수립, 철도망의 확장을 추진했다. 1927년에 시작되어 1938년에 종료된 이 계획에 따라 5대 간선철도에서 각 요충지로 분기하는 주요 철도가 속속 건설되었다. 도문선(회령-도문), 혜산선(길주-혜산), 만포선(순천-만포진), 경전선(진주-전주, 원촌-담양), 동해선(원산-포항, 울산-부산) 등이 그것이다. 일제는 또 만주와 일본을 최단거리로 연결하는 간선철도망으로 '북선삼항北鮮三港'(나진·청진·웅기)-'북선철도'(청진-남양, 나진-남양)-경도선(신경-도문)을 개통했다. 이와 더불어 주요 사설철도를 국유화해 조선총독부가 관할하도록 했다. 1930년대 말까지 한반도의 주요 광산지대와 공업지대, 그리고 국경도시와 항구도시를 연결하는 철도망이 대거 확충됨에 따라 한국 철도는 군사와 산업에서 더욱 중요한 역할을 수행하게 되었다.

1930년대 들어 경제공황의 여파 등으로 노동자·농민의 계급의식은 더욱 높아졌다. 사회주의 세력은 이를 좋은 기회라 판단하고 혁명운동을 벌여 나갔다. 적색농민조합이나 적색노동조합 등의 지하활동이 그것이다. 반면 좌우협동전선기관인 신간회가 해체됨으로써 민족운동의 역량은 큰 타격을 입었다. 국내에서는 한국인의 권익을 옹호하고 민족의식을 고양하려는 운동이 활발해졌다. 한국인의 처지를 보도한 한글신문 등은 일제의 검열로 기사 삭제와 정간을 되풀이했다. 일각에서는 식민사관에 맞서 주체적인 한국사 연구가 추진되었다. 한국어와 한글을 연구하고 보급하는 운동도 일어났다. 종교계에서도 민족주의 색채를 띤 교단이 활약했다.

국외에서는 항일무장투쟁이 전개되었다. 조선혁명군은 남만주 지역에서, 한국독립군은 북만주 지역에서 활약했다. 소련과 인접한 만주는 사회주의사상의 영향을 많이 받았다. 한국인들은 유격대를 결성하여 중국공산당 유격대와 함께 동북인민혁명군(나중에는 동북항일연군)을 결성하여 활동했다. 이들은 함경도 일대의 사회주의자들과 함께 조국광복회를 조직하고 소규모나마 국내진입작전을 펴기도 했다.

대한민국임시정부의 김구金九는 한인애국단을 조직하여 의열투쟁을 벌

였다. 이봉창李奉昌은 도쿄에서 천황 행렬에 폭탄을 던졌다(1932. 1). 윤봉길
은 상하이에서 일본군 장성과 고관을 처단했다(1932. 4). 중국에서 활약한
여러 독립운동단체들은 난징에서 조선민족혁명당을 결성했고, 여기 참여
하지 않은 민족주의 세력은 한국국민당을 조직했다. 국외 독립운동 세력
은 다양한 활동을 벌이면서 좌우연합과 중국과의 연대를 모색해 나갔다.

전시동원을 위한 황국신민화 정책과 독립국가 수립의 모색

중일전쟁 시작(1937)부터 일제가 패망하고 한국이 해방되는 1945년까지
의 상황을 살펴보자. 일제는 중일전쟁이 확대됨에 따라 '국가총력전'이라
는 슬로건을 내걸고 한국의 인력과 물자를 총동원했다. 전쟁 수행의 명목
으로 물적 자원의 생산과 인적 자원의 능력을 양과 질의 면에서 최대한
확충·개발하여 강제로 동원·배치한 것이다. '국가총동원법'은 이를 지원
하기 위한 법률적 장치였고, '국민총력조선연맹' 등은 이를 추진하기 위
한 관민 운동단체 또는 동원조직이었다.

일제는 한국인을 징병·징용·정신대·위안부 등으로 동원하기 위해 종래
억압과 착취 및 차별의 대상이었던 한국인을 철두철미한 일본인으로 개
조하는 프로젝트를 추진했다. 내선일체화 정책과 황국신민의 연성이 그
것이다. 일제는 이 사업을 강행하기 위해 경제·노무·사상 등의 면에서 각
종 통세법령을 발포했다. 또 조선총독부의 기구를 간편화·집중화하는 방
향으로 개편하고, 국민정신총동원운동조선연맹·국민총력운동조선연맹·
조선국민의용대 등을 만들어 대대적인 국민운동을 전개했다. 그리고 학
생·청년·노동자·농민·여성·관공리 등을 수련도량에 수용하여 특별연성

을 실시하기도 했다.

황국신민화 정책은 한국어 사용 금지, 한글신문 폐간, 한국인 성명을 일본식으로 바꾸는 창씨개명 등을 포함하고 있었다. 일제는 이것들을 철저하게 관철시키기 위해 한국인을 진정한 일본인으로 재탄생시키는 '연성鍊成'을 대대적으로 실시했다. 연성이라는 말은 원래 일본에서 교학쇄신평의회가 교학쇄신을 총괄하는 용어로 만든 것이다(1936. 11). 그런데 이 개념은 나중에 무한대로 확대되어 국가총력전에 적합한 새로운 인간을 만드는 교학사상으로 확립되고, 마침내 국가 정책과 국민생활 전반을 규제하는 힘을 발휘하게 되었다. 한국에서의 연성은 한국인을 한 단계 더 높은 수준의 한국인으로 연마 육성한다는 뜻이 아니라, 한국인을 일본인으로 만든다는 뜻이었다. 그것도 단순한 일본인이 아니라, 천황을 위해 물자는 물론이고 신체와 마음을 기꺼이 바칠 수 있는 진정한 일본인, 곧 '황국신민'으로 개조한다는 의미였다. '황국신민'이 되기 위해 한국인은 가정·학교·부락·단체·직장·공장·군대를 비롯한 모든 영역에서 총력전 자질을 끊임없이 연마 육성해야 했다. 이를 강제하기 위해 조선총독부는 '황국신민의 연성'을 지상목표로 내걸었다.

한편 일제는 중일전쟁을 계기로 한국에 중화학공업을 유치하는 정책을 대대적으로 추진했다. 우가키 가즈시게에 이어 조선총독에 취임한 미나미 지로南次郞(1936~1942 재임)는 군사적 대륙 정책의 일환으로 공업화 정책을 강력하게 실시했다. 그는 세계 경제가 블록화되는 추세 속에서 만주·한국·일본이 일체화되어야 한다고 생각했다. 삼자를 인체에 비유한다면, 일본은 몸통, 한국은 팔뚝, 만주는 주먹이라는 것이다. 한국이 강건한 팔

뚝의 역할을 다하기 위해서는, 한국이 공업화하여 대륙에 있는 일본군에게 보급기지의 기능을 수행해야만 한다. 미나미 총독의 구상에 따라 일제는 한국을 전진병참기지로 설정하고, 경금속(알미늄, 마그네슘), 석유 및 대용석유, 유안, 화약, 기계기구, 자동차, 철도차량, 선박, 피혁, 광산기계, 항공기 등의 군수공업을 대대적으로 발전시켰다. 이에 힘입어 민수공업 부문도 1941년까지는 확대되는 경향을 보였다.

1930년대 후반의 공업발전은 한국의 경제구조를 크게 변화시켰다. 한국의 공업생산액이 전체 산업생산액에서 차지하는 비중은 1921년 15%에 불과했지만 1938년경에는 40% 정도로 높아졌다. 그러나 직업을 가진 전체인구 중에서 농업에 종사하는 한국인은 여전히 80%를 상회했다. 그리고 일본인에 비해 한국인의 소득은 10분의 1에도 못 미쳤다. 따라서 한국에서 공업이 발흥하고 경제가 성장한 것은 사실이지만 그것은 어디까지나 일본인 위주였을 뿐 한국인은 거기에 부수하는 위치에 있었다.

일제는 병참수송 등을 원활하게 하기 위해 새 철도를 건설했다. 평원선(평양~원산, 1926~1941)은 한국 북부의 동서를 연결하는 주요 철도였다. 이 철도는 서부에서 생산되는 농산물·공산물과 중부의 광물 및 동부의 수산물·공산물을 수송하고, 또 동해를 건너 일본과 연결하는 노선으로 중시되었다. 일제는 중국침략을 본격화하는 1930년대 후반부터 또 하나의 한반도 종관철도인 중앙선을 부설했다(경주~청량리, 1936~1942). 중앙선은 태백산맥 인근의 지하자원과 삼림자원을 반출하고 오지奧地를 개발하는 데 그 목적이 있었다. 이 철도는 1937년 이후 전쟁이 격화됨에 따라 함포사격에 노출되기 쉬운 경부선의 약점을 보완해 대륙으로 안전하게 병참을 수송

할 수 있는 노선으로 각광을 받았다. 그리하여 한국 철도의 군사적 색채는 한층 더 짙어졌다.

중일전쟁이 아시아-태평양전쟁으로 확대되고 일제의 전시동원체제가 더욱 강화되면서 국내의 독립운동이나 민족운동은 위축될 수밖에 없었다. 민족의 염원을 담은 문학이나 예술이 등장했지만, 일제는 한국인의 정체성을 말살하는 데 온 힘을 기울였다. 국내의 민족운동은 지하로 숨거나 은밀해졌다. 일제가 막다른 골목으로 밀리는 기색이 나타나자 여운형 呂運亨 등은 비밀리에 조선건국동맹을 결성하여 해방에 대비했다.

반면 국외의 독립운동은 활기를 되찾았다. 그 목표와 방향도 독립국가 건설을 직접 준비하는 것이 되었다. 대한민국임시정부는 한국광복군을 결성하고(1940. 9), 태평양전쟁이 일어나자 대일 선전포고와 함께 연합군의 대일전쟁에 참여했으며, 한국독립당을 조직하여 항일운동을 주도했다. 그리고 국내적으로 정치·경제·교육의 균등과 국제적으로 민족·국가의 평등을 지향하는 '건국강령'을 공포했다. 화북 지역에서는 사회주의 세력이 조선독립동맹을 결성하고 조선의용군을 편성하여 항일운동을 전개했다. 이들도 민주정부 수립과 평등사회를 지향하는 '건국방략'을 제시했다. 그 밖에 미국에서는 이승만이 외교독립운동을 전개했다. 소련에서는 김일성金日成이 소수의 병력을 이끌고 정세를 관망하고 있었다. 일제의 패망이 가까워짐에 따라 독립운동은 구체적으로 건국을 준비하는 운동으로 전환되었다. 그렇지만 국내외 독립운동 세력은 이념과 정파로 나뉘어 한곳으로 역량을 집중하지 못하는 약점을 안고 있었다.

일제의 식민지 지배와 한국인의 항일독립운동은 패전과 해방 이후 한

한국광복군 총사령부 결성식 후 한중 대표 기념 촬영

왼쪽에서 두 번째부터 지청천 광복군총사령관, 김구 대한민국임시정부 주석, 중국의 류우치 장군. 중일전쟁이 아시아-태평양전쟁으로 확대되면서 국외의 독립운동은 활기를 되찾았다. 국내에서는 여운형이 비밀결사 건국동맹을 조직하고, 국외에서는 중경의 대한민국임시정부가 한국광복군을, 화북의 조선독립동맹이 조선의용군을 조직하여 항일운동을 전개했다. 그렇지만 국내외 독립운동 세력은 이념과 정파로 나뉘어 한곳으로 역량을 집중하지 못하고 해방을 맞이했다.

일관계를 재설정하는 데 적지 않은 의미를 지니고 있다. 일본은 '한국병합'이 합법인 데다 한국 통치에서 좋은 일도 많이 했기 때문에 사죄와 반성이 필요 없다는 논리를 펴고 있다. 또 한국이 일본과 공식적으로 교전한 적이 없고, 독립운동 세력이 국제사회의 정식 승인을 받은 바도 없기 때문에 강화조약의 당사자가 될 수 없으며, 따라서 일본은 배상할 의무가 없다고 주장한다. 그렇지만 이 글에서 알 수 있듯이 한국인들은 '병합' 당시부터 이를 인정하지 않고 항일독립운동을 전개했다. 뿐만 아니라 대한민국임시정부 등은 미약하나마 연합군과 합세하여 독립전쟁을 벌이기도 했다. 이처럼 한국과 일본은 식민지 지배와 항일독립운동에 대한 이해와 평가에서도 극명하게 대립하고 있다. 이런 입장 차이가 결국 오늘날 역사인식과 '과거사' 처리를 둘러싼 갈등으로 연결되고 있는 것이다.

해방과 분단국가 수립, 그리고 일제의 유산

해방과 미·소 양군의 진주

제2차 세계대전 중 연합국 미국과 영국의 정상은 전쟁이 끝나면 독일, 일본 등이 강탈한 식민지 국가들의 주권을 회복시킨다는 데 합의했다(대서양헌장, 1941). 그리고 미국·영국·중국의 수뇌가 참석한 카이로회담에서는, 일본은 폭력과 탐욕으로 약탈한 지역으로부터 쫓겨날 것이고, 한국인의 노예상태에 유의하여 적당한 시기에 한국을 자주독립시킬 것을 결의했다(1943). 미국·영국·소련의 정상이 모인 얄타회담에서는, 독일과 전쟁이 끝난 뒤 소련이 일본에 선전포고하고, 한국은 종래 논의해온 바와 같이 일정 기간 신탁통치를 한다는 합의가 이루어졌다(1945. 2). 미국·영국·중국·소련의 수뇌가 참석한 포츠담회담에서는 일본군에 무조건 항복을 요구하고 카이로선언은 이행되어야 한다는 점을 결의했다(1945. 7). 이처럼 한국의 독립은 연합국의 국제회의에서 수차례 재확인되었다.

한국의 운명이 달린 아시아-태평양 지역의 전쟁은 1945년에 들어서 일본의 옥쇄작전으로 다대한 희생을 치르며 전개되었다. 2월에 필리핀 마닐라에 상륙한 미군은 3월에 이오지마를 점령하고 도쿄 등에 공습을 감행했다. 미군은 세 달에 걸친 혈전 끝에 6월 오키나와를 점령했다. 이에 앞서 5월 히틀러가 자살하고 독일은 패망했다. 미군은 8월 6일 히로시마, 9일 나가사키에 원자폭탄을 투하했다.

승기를 엿보고 있던 소련군은 8월 8일 일본에 선전포고하고 9일부터 만주와 한반도로 진격했다. 일본은 14일 포츠담선언을 수락하고 무조건 항복했다. 이때 미군은 서울에서 1,500킬로미터나 떨어진 오키나와에 있었다. 다급해진 미국은 일본군의 무장해제를 위해 북위 38도선에 군사분계선을 설치할 것을 소련에 제안했고, 소련이 그 제안을 수락함으로써 한반도는 남북으로 분단되었다. 한반도를 반으로 나누어 세력균형을 이루겠다는 두 강대국의 이해관계가 맞아떨어진 것이다. 소련군은 24일부터 경의선·경원선을 차단하고, 27일까지 북한 전역을 점령했다. 9월 6일에는 전화·전보·우편 등의 통신을 끊어버렸다. 그리하여 38선은 일찍부터 미·소의 군사지배를 보장하는 정치분단선으로 굳어졌다. 미군이 인천에 상륙한 것은 9월 8일, 남한 전역을 점령한 것은 10월 하순이었다. 소련보다

항복문서에 서명하는 아베 조선총독
일본의 조선에 대한 통치권은 1945년 8월 15일 무조건 항복한 뒤에도 존속되다가 오키나와에 있던
미군 부대가 9월 8일 인천에 상륙하여 다음 날 서울에 입성해 조선총독으로부터 항복문서를 받으면
서 공식적으로 종식되었다. 사진은 조선총독부 제1회의실에서 미 제24사단 사령관 하지 중장과 제7
함대 사령관 케이드 제독이 지켜보는 가운데 조선총독 아베 노부유키가 항복문서에 서명하고 있는
장면이다.

두 달 이상 늦게 진주한 셈이다. 한반도에는 해방의 기쁨과 함께 분단의 슬픔이 짙게 드리워졌다.

미·소의 점령통치와 분단국가의 수립

북한에서는 해방 직후부터 함경남도 인민위원회 결성(1945. 8. 16)을 시발로 각도 인민위원회가 출범했다. 소련군은 일본군의 항복을 받고 일본의 군인·경찰관·행정관을 억류했다. 그리고 공산주의자들이 중심이 된 각급 인민위원회에 행정권을 이양했다. 김일성이 소련군의 지원을 받으며 입국한 것은 9월 중순이었다. 곧 조선공산당 북조선분국이 만들어지고, 11월에는 5도 행정기구가 출범했다. 소련은 이미 북한에 공산주의자들을 중심으로 독자적인 정부를 수립할 것을 계획하고 있었다. 1946년 2월 8일 북조선임시인민위원회가 발족하여 소련군의 지휘하에 행정·치안을 담당했다. 그리고 각종 법령과 제도를 만들어 공포하고 실제로 정부 행세를 했다. 3월에 토지개혁을 실시한 것이 하나의 예이다.

한편 남한에서는 8월 말까지 조선건국동맹을 계승한 건국준비위원회가 치안을 담당했다. 9월 들어 박헌영 등은 조선공산당을 재건하고, 송진우宋鎭禹 등은 한국민주당을 결성했다. 미군은 9월 9일에 조선총독의 항복을 받고 군정청을 설치했다. 10월 10일 미군정장관 아놀드A. V. Arnold는 성명을 발표하여 '남한에는 미군정이라는 단 하나의 정부가 있을 뿐'이라고 선언하고 실제로 통치권을 행사하기 시작했다. 10월에는 이승만, 11월에는 김구 등 독립운동 명망가들이 개인 자격으로 귀국했다. 미군정은 조선총독부의 행정조직과 관리·경찰 등을 활용하여 빈축을 샀다. 정치적으로는 언론·집회·결사 등의 자유를 보장하고 중립을 표방했다. 미군의 통치는 전체주의적인 소련군의 통치에 비해 자유롭고 민주적이었지만, 체계적이지 못해 혼란을 야기한 측면도 있었다.

1945년 12월 미국·영국·소련의 3국 외상은 모스크바에서 회의를 개최했다. 이 자리에서 한반도에 민주적 임시정부를 수립할 것, 미·영·중·소가 임시정부와 협의하여 최장 5년간 신탁통치를 실시할 것, 미소공동위원회(미소공위)를 개최하여 제반 문제를 논의할 것 등을 결정했다. 신탁통치를 부각시킨 언론의 보도를 접한 한국인들은 찬반양론으로 갈라져 격렬하게 대립했다. 대체로 우익 진영은 신탁통치를 식민통치의 연장으로 파악해 반대한 반면, 좌익 진영은 한반도의 통일 독립을 위한 합리적인 방안이라고 환영했다.

좌우 진영의 반목과 대립은 1946년 3월과 이듬해 5월에 서울에서 열린 제1·2차 미소공위에도 영향을 주었다. 결국 미소공위는 아무런 성과도 없이 끝났다. 이후 미국은 한반도 문제를 유엔에 이관했고, 소련은 이에 반대하여 점차 한반도에서 통일정부 수립의 가능성은 멀어졌다. 유엔 총회는 남북한에서 유엔 감시 아래 자유선거를 실시하여 통일정부를 수립할 것을 결의했다(1947. 11). 이에 대해서도 우익 진영은 찬성하고 좌익 진영은 반대했다. 남한은 유엔 한국임시위원단의 활동을 허용한 반면, 북한은 그들의 입국조차 거절했다. 그리하여 남한에서만 총선거가 실시되었다(1948. 5). 이를 바탕으로 1948년 8월 15일 이승만을 대통령으로 하는 대한민국 정부가 수립되었다. 남한보다 앞서 국가체제를 정비해온 북한은 곧 김일성을 수상으로 하는 조선민주주의인민공화국 정부의 수립을 선포했다(1948. 9. 9). 그해 12월 유엔 총회는 대한민국 정부가 한반도에서 선거를 통해 수립된 유일한 합법정부라고 승인했다.

인적 유산의 계승과 처벌

한 세대에 걸친 일제의 식민통치는 사람, 제도, 물자, 습관, 의식 등에서 남북한에 짙은 그림자를 남겼다. 새로 수립된 남북한 정부는 '나라 만들기'에 몰입할 수밖에 없었기 때문에 일제가 도입하고 생성한 여러 부문의 유산을 곧바로 쉽게 청산할 수는 없었다.

일제의 유산 중에서 인적 유산, 곧 관리·군인·경찰 등은 처리하기가 곤란한 문제였다. 사람은 목숨을 끊지 않는 한 다음 시대로 연결되고, 그가 체득한 지식, 기술, 의식, 경험 또한 다음 사회에 전수되기 마련이다. 새로 나라를 세우고 운영하는 데는 친일파로 분류될 수 있는 사람의 노하우조차 활용할 필요가 있었다. 그렇지만 민족반역자로 지탄받는 이들을 그대로 임용하는 것은 나라의 정통성에 큰 흠이 되었다.

일제 말기에 고위관료 중 한국인이 차지했던 비중은 칙임관 25%, 주임관 20%, 판임관 34% 정도였다. 일제는 한국을 직접 지배했기 때문에 전체 관료의 3분의 2를 일본인으로 채웠다. 그 비중은 고위층일수록 높았고 하위층일수록 낮았다. 한국인 중에서 친일파로 지목되는 사람들은 대개 고위관료들이었다.

해방 직후부터 남한에서는 일제 유산의 청산운동이 전개되었다. 학교에서는 일본어 사용이 금지되고, 한글본 교재가 보급되었다. 인명과 지명이 한국식으로 환원되거나 새로 제정되었다. 예를 들면 서울의 메이지초는 명동으로, 고가네마치는 을지로로, 다케조에초^{竹添町}는 충정로로 변경되었다. 인적 청산, 곧 친일파에 대한 정리도 추진되었다. 일제의 식민지 지배에 적극 협조한 반민족행위자가 주요대상이었다.

북한에서는 경찰 등의 친일파를 현직에서 추방시켰다. 여기에는 반일 정부를 수립하라는 소련의 지시도 영향을 미쳤다. 그렇지만 생산에 종사하는 기술자나 실무에 능숙한 관리 등은 그대로 활용했다. 북한 지역은 중화학공업이 발달했기 때문에 남한보다 기술자가 많았다. 반면 남한은 관공서에 근무하는 관리가 더 많았다. 북한은 일본인 기술자 5,675명을 억류하여 공장 등을 운영하고 기술을 전수하도록 했다. 일제하에서는 민족차별 정책으로 한국인 기술자가 복잡한 기계나 장비를 운전할 수 있을 만큼 성장하지 못했다. 일본인 기술자가 북한에서 대부분 철수한 것은 1947년 7월경이었다. 남한에서는 1945년 말까지 대부분의 일본인이 본국으로 돌아갔다.

남한의 미군정은 한국인 관료의 기능과 능률을 중시했다. 우익 진영도 국가건설을 우선해야 한다는 뜻에서 친일파를 현직에 활용한 경우가 많았다. 1948년 9월 국회는 반민족행위처벌법을 만들어 국권피탈에 적극 협력한 자, 일제로부터 작위를 받거나 제국의회 의원이 된 자, 독립운동가 및 그 가족을 살상 박해한 자, 직간접으로 일제에 협력한 자 등을 처벌하려 했다. 그러나 좌익과 싸우며 나라의 기틀을 잡기에 급급했던 이승만 정부는 이를 탐탁지 않게 여기고 오히려 친일파 처벌을 방해했다. 그리하여 1960년 1월 현재 이승만 정부의 경제관료 중 60.2%가 일제시기의 관료경력을 가지고 있었다. 그러나 이들은 빠른 속도로 교체되어 박정희^{朴正}

^熙 정부의 1965년 무렵에는 16.8%만 존속했다. 해방 이후 세대가 고위관료층에 속속 진입했던 것이다.

그러나 건국 초기에 두드러진 친일파조차 제대로 처벌하지 못했던 부작용은 오랫동안 남한사회에 나쁜 영향을 미쳤다. 노무현盧武鉉 정부는 '일제강점하 반민족행위 진상규명에 관한 특별법'을 제정하여(2004) 친일파를 다시 조사·규명하고 '친일반민족행위자 재산조사위원회' 설립법을 제정해(2005) 친일파의 재산을 몰수했다. 그럼에도 친일파 처리 문제는 오늘날까지 국민 사이에 갈등을 빚는 요인으로 작용하고 있다.

물적 유산의 존속과 대체

일제가 만든 도로, 항만, 철도, 통신시설이나 생산설비 등은 해방 후 남북한에 인계되었다. 그리하여 일제의 물적 유산이 남북한의 사회형성이나 경제발전에 크게 기여했다고 보기 쉽다. 그렇지만 일제가 물러간 뒤 남북한은 모두 세계에서 가장 가난한 농업국가로 되돌아갔다. 왜 그랬을까? 일제 말기 전쟁경제의 붕괴, 남북분단의 영향, 6·25전쟁의 파괴 등으로 인해 일제의 물적 유산은 아주 제한된 일부만 1960년대 이후로 연결되었기 때문이다.

연합국 최고사령부가 조사한 바에 따르면, 1945년 8월 낭시 일본의 대외자산 총액 218.8억 달러(3,282억 엔)의 24%에 해당하는 52.5억 달러(787억 엔)가 한반도에 소재했다. 그중에서 남한의 일본 자산은 총액의 10.5%인 22.8억 달러(341억 엔)였다. 일제의 경제개발이 남한보다는 북한에서 더 활발했기 때문에, 북한에는 남한보다 더 많은 30억 달러의 일본 자산이 소재했다. 한반도에 있던 일본인 기업자산 중, 규모가 큰 1,500사의 경우 북한 지역의 비중은 64.8%, 남한 지역은 35.2%로 북한이 남한의 거의 2배나 되었다. 소회사 3,800개와 기타 기업자산은 남한 지역의 비중이 압도적으로 높았다. 남한 지역에는 중소기업과 소규모 자영업을 영위하던 일본인이 많았고, 북한 지역에는 대기업이나 기간산업을 경영하는 일본인이 많았던 것이다. 특히 광공업 부문은 북한 지역의 비중이 72%, 남한 지역의 비중은 28%였다. 공업의 편중은 광업보다 더 심했다. 북한이 73.4%, 남한이 26.6%였다. 1940년 북한 지역의 1인당 광공업 생산액은 남한 지역의 2배였다. 전기의 발전능력은 10배가 넘었다. 철도의 총연장도 북한 지역이 남한 지역을 능가했다. 이로써 일제하의 일본인 기업자산, 특히 공업자산 중 중요한 것은 거의 대부분 북한 지역에 소재한 반면 남한 지역에는 경공업이 주로 자리 잡았음을 알 수 있다.

남한 지역에 남은 일본인 자산 22.8억 달러 중 기업자산은 13억 달러 (200억 엔)였다. 그런데 이조차 다음과 같은 이유로 해방 후 제대로 가동되지 못했다.

첫째, 한반도에서의 공업발전은 한국 자체의 경제성장 과정에서 이루어진 것이 아니고 일제의 필요에 의해 발현하여 일본 공업의 연장으로 이룩된 것이기 때문에 일제가 패퇴한 이후 각 공업은 상호 유기적 관련을 잃어버렸다. 설상가상으로 남북분단은 한반도의 공업을 더욱 기형적으로 만들었다. 일본 본국과의 식민지 분업구조가 붕괴하자 한반도에 약간 남아 있던 비축 원자재는 곧 소진되어 원료부족사태가 초래되었다. 남한 공업의 조업률은 60% 정도였고, 최대 광업인 무연탄은 50%, 금은광업은

40% 이하였다.

둘째, 일제 말기 전시체제하의 생산시설은 군수산업과 관련되어 여러 가지 보호와 지원을 받으면서 지나치게 비대해져 있었다. 남한의 공업시설은 북한에 비해 평화산업이 많아 전시체제에서조차 기술이나 부품을 확보하기 어려웠다. 게다가 일제가 패망하자 군수광물을 생산하기 위해 팽창되었던 광공업 부문은 연료용 석탄이나 수출용 텅스텐산업 등을 제외하고 그 기능을 발휘할 수 없었다.

셋째, 일제 말기에 많은 생산시설이 이미 부품확보가 어려워 조악한 상태로 유지되거나 노후화된 상태였다. 해방 시점에 제철, 제동製鋼 설비는 가동할 가치조차 없었고, 일본의 유휴시설을 도입한 방직공장도 제 기능을 발휘할 수 없었다. 게다가 일본인들이 철수하면서 시설을 파괴하거나 관리부실, 침수, 도난이 잇달아 산업시설은 황폐화되었다. 고장난 것은 수리할 수도 없었다.

1944년과 1946년을 비교해보면, 그 사이 남한의 공장 수는 41% 감소했고, 노무자 수는 52% 감소했다. 이러한 공업생산의 위축은 결국 물적 유산 중 절반 이상이 제대로 기능하지 못했음을 의미한다. 6·25전쟁의 피해도 만만치 않았다. 해방 직후 남한 지역에 남았던 물적 유산은 6·25전쟁 과정에서 50.5%가 파괴되었다. 일본인의 공업자신 중에서 6·25전생의 피해를 입지 않고 남은 것은 1억 1,300만 달러로서, 해방 당시의 23.4%에 불과했다.

6·25전쟁 이후 남한에서는 파괴된 시설을 복구하고 노후한 시설을 교체했다. 그 과정에서 일본제는 미국제로 치환되었다. 6·25전쟁으로 일제

의 유산이 거의 대부분 파괴된 데다가, 복구 과정에서 겨우 잔존한 것마 저 미국식 시설로 탈바꿈된 것이다.

해방 당시 일제의 물적 유산은 미군정기 동안 한국에 도입된 원조액과 거의 비슷했다. 미국의 원조액은 6·25전쟁 이후 더욱 늘어나 1960년까지 약 30억 달러에 이르렀다. 1960년 시점에서 보면 일제의 물적 유산은 미국의 대한 원조액의 7분의 1 정도에 불과하여, 그 후 본격화되는 한국의 공업발전에 별로 기여하지 못했다고 할 수 있다.

반면에 북한에서는 6·25전쟁 전까지 일제의 물적 유산이 남한에서보 다 더 큰 역할을 했다. 1940~45년에 북한 지역의 군사공업은 급속히 광범 하게 팽창해 아시아 유수의 중화학공업지대로 변모했다. 일제가 붕괴한 뒤 생산설비는 소련 점령군의 손을 거쳐 김일성 정부에 인계되었다. 북한 은 남한보다 일제의 물적 유산을 잘 활용하여, 1950년의 공업 총생산액은 1944년의 수준을 능가했다. 이런 점에서 보면 일제의 물적 유산은 남한보 다는 북한에서 연속의 측면이 훨씬 더 강했다고 할 수 있다.

법령·제도, 관습·의식, 이념·체제의 활용과 변혁

인간과 물자의 연속과 단절은 어느 정도 계량화가 가능해 그 실태를 비 교적 명확하게 설명할 수 있다. 그렇지만 법령·제도, 관습·의식, 이념·체 제 등은 사람과 사회의 내면 또는 전반에 공기처럼 스며 있거나 서로 복 잡하게 얽혀 있기 때문에 연속과 단절의 실체를 강하게 느끼거나 파악하 기 쉽지 않다. 따라서 그것들이 해방 이후 남북한에 어떤 영향을 미쳤는 가에 대한 해석과 평가는 주관성을 배제하기 어렵다. 그럼에도 이들을 언급하지 않을 수 없는 건, 일제 유산 중에서 법령·제도, 관습·의식, 이념·체제 등이 해방 후 남북한에 가장 큰 영향을 미친 요소라 보기 때문이다.

남한의 미군정은 조선총독부의 법령, 관료제, 경찰기구를 그대로 인수했다. 그 과정에서 일제하에 한국의 독립운동을 탄압한 경찰도 지위를 유지할 수 있게 되었다. 대한민국 수립을 앞두고 새로 제정된 헌법도 그 부칙에서 현행법령은 이 헌법에 저촉되지 않는 한 효력을 지닌다고 명시했다. 아울러 현재 재직하고 있는 공무원은 헌법에 의해 선거 또는 임명된 자가 그 직무를 계승할 때까지 계속 직무를 수행한다고 규정했다. 이로써 일제시기의 법령, 행정기구, 관료, 부속기관의 직원 대부분이 대한민국으로 계승되었다. 그런 점에서 본다면 남한은 일제시기와 단절적인 '혁명'이 아니라 연속적인 '개량'을 통해 사회를 영위했다고 할 수 있다.

그렇지만 이념과 체제 면에서 남한은 오히려 일제시기와 단절적인 '혁명'을 거쳤다고 볼 수 있다. 경제 영역을 예로 들어 그 사정을 조금 더 구체적으로 살펴보자. 해방 이후 남한에서 군정을 펼친 미군은 처음부터 일제 말기의 각종 통제를 폐지하고 시장경제의 전면적 부활을 도모했다. 일본인이 소유했던 기업·공장을 민간인에게 불하하고 양곡의 유통을 자유롭게 한 정책이 그 일례였다. 일본인 기업·공장의 민간불하는 매입자 선정이나 가격 설정 등을 둘러싸고 큰 혼란과 비판을 야기했다. 그렇지만 시장경제의 발전을 지향하는 미군정은 방침을 변경하지 않았다.

그런 와중에 식량 사정이 극도로 악화되자 1945년 가을 이후 양곡의 자유유통은 상당히 통제되고 양곡수매와 배급이 광범하게 실시되었다. 이는 얼핏 보면 일제 말기나 북한의 양곡관리와 유사했다. 그렇지만 기본자세가 달랐다. 미군정은 자유경제를 이상으로 삼더라도 생존에 불가결한 재화의 공급이 결핍될 경우에는 일정한 범위에서 유통과 소비를 통제하겠다는 입장이었다. 그 목적은 기본적으로 도시 주민에게 최저한의 양곡을 보장하는 것이었다. 정확하게 비교하기는 어렵지만, 남한의 양곡통제는 북한만큼 엄격하지는 않았다. 1948년 8월 15일 미군으로부터 정권을 인계받은 이승만은 미국에서 고등교육을 받은 반공자유주의자였다. 그는 미군정보다 경제 분야에 광범한 통제를 허용했다. 그렇지만 시장경제를 기반으로 한다는 점에서는 본질적인 차이가 없었다.

해방 직후 남한과 북한은 공통으로 내셔널리즘, 특히 반일민족주의를 국가형성의 기반으로 삼았다. 그러나 두 체제 사이에는 자유주의 대 전체주의라는 기본이념의 차이가 존재했다. 앞에서 언급한 경제 정책의 상이함도 궁극적으로 여기에 유래한다. 북한과 달리 남한에서는 미군정이 일제의 전체주의체제를 해체하고 자유민주주의를 이식·장려하는 정책을 도모했다. 그 뒤를 이은 이승만 정부도 기본적으로 미국과 같은 노선을 걸었다. 이는 사회를 주도하는 이념 및 가치관이 일제 말기와 전혀 다른 방향으로 전환되었음을 의미한다.

남한에 대해서는 인적 측면을 주목하여 해방 전후의 연속성을 강조하는 경향이 강하다. 인적인 면에서 보면 분명히 연속성이 현저하다. 일제 시기에 활약한 소위 친일파가 해방 직후에도 여전히 정치·사회·경제·문화 등 각계에서 힘을 발휘했기 때문이다. 그렇지만 위에서 언급한 이념이나 체제, 가치관이라는 관점에서 볼 경우 남쪽은 단절의 측면을 강조해야할 것이다.

이 단절은 남한이 일제의 유제, 곧 식민지 체제에서 벗어나는 과정에서 북한보다 훨씬 더 많은 혼란을 겪게 되는 기본요인이 되었다. 남한에서는 자유주의, 반공주의, 국가주의, 전통주의, 개혁주의, 공산주의 등 다양한 사상의 영향을 받은 여러 세력들이 발흥하여 서로 경합과 투쟁을 벌였다. 그들의 이해관계는 종종 날카롭게 대립하여 사회 전체에 심각한 대립과 분열을 초래했다. 이승만은 독재권력을 행사하여 자신의 반대 세력을 탄압했지만, 대립과 분열을 진정시킬 수는 없었다.

결국 일제 말기의 전체주의를 상당 부분 그대로 유지한 북한에 비해, 남한은 언론·사상, 정치·경제 등의 자유로운 활동을 지향하면서 사회를 통합해 나갈 수밖에 없었다. 능률과 안정을 바탕으로 하루빨리 나라의 기틀을 만들어야 할 처지에서는 이것이 불리한 점도 많았다. 또한 시장경제의 규칙과 정치활동의 규율이 확립되지 않은 상황에서, 이권에 기초한 단기적 이윤의 추구가 만연하여 경제건설이 쉽게 진전되지도 않았다. 그럼에도 장기적 관점에서 보면, 남한이 일제 말기의 전체주의와 군국주의체제를 폐기하고 자유민주주의와 시장경제체제를 도입한 것은 그 후의 역사발전을 추동하는 힘이 되었다고 할 수 있다.

북한을 점령한 소련군은 해방 직후부터 사회주의적 개혁을 지향하고 지도했다. 1946년 3월 23일 김일성의 명의로 발표된 북조선임시인민위원회의 '20개조 정강'은 일제 통치의 온갖 잔재를 숙청할 것, 일제가 만든 법률과 재판기관을 철폐할 것, 반동분자·반민주주의분자와 무자비하게 투쟁할 것, 대기업과 공장을 국유화할 것, 지주의 토지를 몰수해 농민에게 무상배분할 것 등을 규정했다. 그 후 북한에서는 맹렬한 기세로 사회주의체제로의 개조사업이 추진되었다. 지주 등이 고향에서 추방되고 남한으로 이주함으로써 친일파도 상당히 제거되었다. 그리하여 북한은 일제와 단절된 것으로 보기 쉽다.

그러나 정치·경제의 근본에 관련된 이념이나 가치 등에서 북한은 일제와 연속된 측면도 많았다. 북한은 해방 이후에도 일제가 전쟁을 수행하기 위해 구축한 통제경제체제를 그대로 유지했다. 일제가 시행한 식량의 강제매수, 곧 공출제는 성출제誠出制로 바뀌어 여전히 시행되었다. 일제가 시행한 마을 단위의 생산책임제 역시 '증산돌격대'로 이름만 바뀐 채 계속되었다. 소규모 개인영업은 인정되었지만 중요한 공업시설은 국유화되었다. 그 결과 1946년 말 북한 공업시설의 90% 이상은 국가 소유가 되었다. 각 생산시설마다 생산책임제와 유사한 목표치가 할당되었다. 북한은 사회주의적 계획경제로 변모해갔다.

북한에서는 상급관료가 축출된 반면, 중·하급관료는 직장에 남아 신정부 아래에서 업무를 수행했다. 그들은 이미 '통제'에 대단히 익숙했다. 그들이 수행한 일은 발상과 개념, 그리고 방법과 기술에서 기본적으로 일제 말기와 동일했다. 경제통제, 특히 물가통제와 양곡징수, 배급업무에 망설임이 없었다. 그들이 작성한 보고서나 통계 등이 실제로 일제 말기의 것을 기초로 하고, 조선총독부의 통계형식을 전면적으로 답습했다 해도 이상할 것이 없었다. 일제의 경제통제는 원래 소련의 영향을 받은 것이었기 때문에, 해방 이후 북한에서 소련군이 강요하는 소련식 통제는 큰 장애없이 이식될 수 있었다.

개인의 자유로운 정치·경제활동을 금하고 모든 권력을 국가에 집중시

곡식의 양을 재고 있는 북한 농민들
1946년 가을 곡식을 추수한 북한 농민들이 현물세를 내기 위해 곡식의 양을 재고 있다. 공출제가 성
출제로 바뀌어 그대로 시행되는 등, 북한은 해방 이후에도 일제가 전쟁을 수행하기 위해 구축한 통
제경제체제를 그대로 유지했다. 일제의 경제통제는 소련의 영향을 받아 고안된 것이었기 때문에, 해
방 이후 북한에서 소련군이 강요하는 소련식 통제는 큰 장애 없이 이식될 수 있었다.

키는 것은 전체주의의 핵심이다. 북한에서는 해방 직후부터 전체주의를 지향하는 정책이 펼쳐졌다. 이는 전시체제기 일제의 정책과 연결되었다. 통제의 강화, 인적·물적 자원의 국가총동원, 지주제 폐기, 자산 국유화 등의 움직임은 일제 말기에 이미 시작되었다. 김일성 정부는 이를 더욱 적극적으로 추진했다. 자유화의 움직임은 엄격한 탄압 아래 부분적·일시적인 채 끝났다.

해방 직후 북한에서는 남한에 비해 큰 혼란 없이 정치·경제의 체제전환이 진행되었다. 바로 사상·이념, 가치·정책의 근본적 변혁이 필요하지 않았기 때문이다. 일제 말기의 한국(남북한)에는 자유주의와 민주주의가 거의 없었다. 1920년 이후 어느 정도 성장한 시장경제는 이때에 이르러 파괴되고 전체주의가 정치·사회·사상·경제·문화 등을 지배했다. 게다가 북한에서는 해방 직후부터 소련이 공산주의를 이식했다. 그 과정에서 소수의 이질적인 분자, 곧 자유주의적 지식인이나 종교인·기업가들이 남한으로 쫓거나 북한 내부에는 전체주의체제를 흔들 만한 존재가 남아 있지 않았다.

전체주의의 다른 중요한 특징은 대외확장주의와 군국주의(군사우선, 사회의 군대식 조직화)이다. 이는 1930년 이후 일본 제국주의와 스탈린 통치 아래의 소련에서 나타난 두드러진 특징이기도 했다. 양자는 해방 이후 북한 군국주의 형성에 강력한 영향을 미쳤다. 북한은 해방 직후부터 무기의 조달과 생산에 막대한 자금을 투하하는 한편, 정규군 창설(1948. 2)과 군사력 증강에 노력했다. 북한의 전체주의체제가 현저히 군국주의적 색채를 띠게 된 데는 일본 군국주의가 영향을 미쳤다고 볼 수 있다.

해방 이후 남북한에 미친 일제의 유산을 이렇게 비교사적 관점에서 거시적으로 언급한 것은, 그것이 일본과 남북한의 상호관계뿐만 아니라 문명전환이라는 역사변동에서도 대단히 중요한 의미를 갖고 있기 때문이다. 남한과 일본은 비록 짧은 기간이지만 일제 말기와 대척성이 강한 미군의 통치를 함께 겪었다. 그 후에는 미국이 주도한 6·25전쟁을 치르고 미국의 영향 아래 자유민주주의와 시장경제를 발전시켰다. 현대의 한일 관계는 바로 이런 공통의 문명기반 위에서 맺어지고 영위되었다고 할 수 있다.

반면 북한은 일제 말기와 오히려 친연성이 강한 소련군의 통치를 겪었다. 그리고 6·25전쟁과 그 이후에는 일당독재정치와 사회주의 통제경제에 익숙한 중국과 소련의 영향을 강하게 받았다. 이는 일제 말기의 유산과 결합하여 북한식의 독특한 사회체제를 만들어내는 기반이 되었다. 오늘날 서로 다른 문명기반을 지닌 북한과 일본이 서로 어떤 관계를 맺을지를 예측하는 것은 대단히 어려운 일이다. 남북한의 통일 또한 그러하다. 그것은 3국 모두에게 또 한 차례의 문명전환을 의미하는 것이 될 수도 있기 때문이다.

02

한일회담은 한국과 일본이 식민지와 제국의 관계
를 청산하고 대등한 국가관계를 수립하기 위해 개최되었다.
그렇지만 '한국병합'의 성격과 배상 등의 현안을 둘러싸고 의견
대립이 격심하여 14년 동안이나 중단과 반복을 되풀이했다. 동서냉
전의 구조 속에서 한국과 일본은 미국의 강력한 주선 아래 반대운동을 억

한일조약의 체결과
국교재개

누르고 무리하게 한일조약을 체결했다. 기본조약과 부속협정으로 이루어진 한일조약은 이후 한일관계를 규정하는 기본 틀이 되었다. 그렇지만 역사인식, 피해자보상, 독도 영유권 등의 문제에서 양국이 편의적으로 해석할 수 있는 여지를 남겨, '과거사'가 여전히 현안으로 부상하게 만든 결함을 안고 있다.

한일회담의 경과와 논쟁의 추이

한일회담과 한일조약의 의미

현대의 한일관계를 규정하는 기본 틀은 1965년에 한국과 일본이 맺은 일련의 한일조약이다. 두 나라는 이 조약을 체결하기 위해 1951년 10월부터 1965년 6월까지 14년에 걸쳐 끈질기게 교섭을 되풀이했다. 흔히 말하는 한일회담이 그것이다. 이 회담의 목적은 한국에 대한 일본의 식민지 지배에서 유래된 여러 문제를 정리·극복하고, 그 바탕 위에서 한국과 일본이 단절된 국교를 다시 수립하는 것이었다. 한일회담은 양국의 수석대표가 참가한 공식회의만 7차례나 되었고, 비공식 교섭은 1,500회 이상이었다. 이는 한국과 일본 사이에 해결해야 할 난제難題가 산적해 있고, 서로의 오해와 불신, 이견과 갈등이 그만큼 심각했음을 의미한다.

한일조약은 1965년 6월 22일에 조인되고 그해 12월 18일부터 효력을 발생한 '대한민국과 일본국 간의 기본관계에 관한 조약'(기본조약, 7개조)과 이에 부속하는 4개의 협정 및 25개의 '부속문서'를 모두 일컫는다. 한국 정부의 수석전권대표 이동원李東元 외무부장관과 일본국 정부의 수석전권대표 시나 에쓰사부로椎名悦三郎 외무대신, 그리고 양국의 수행대표들이 각각 조인했다. '기본조약'의 부속협정으로는 '대한민국과 일본국 사이의 재산 및 청구권에 관한 문제 해결과 경제협력에 관한 협정'(청구권협정, 4개조), '대한민국과 일본국 사이의 일본국에 거주하는 대한민국 국민의 법적 지위와 대우에 관한 협정'(법적지위협정, 6개조), '대한민국과 일본국 사이의 어업에 관한 협정'(어업협정, 10개조), '대한민국과 일본국 사이의 문화재 및 문화협력에 관한 협정'(문화재협정, 4개조) 등이 있다.

한국과 일본은 한일조약 체결 이후 국교를 재개하고 오늘날까지 정치·경제·사회·문화 등의 모든 면에서 아주 깊은 관계를 맺어왔다. 그렇지만 양국은 지금도 일본군 '위안부'에 대한 사죄와 보상, '한국병합'과 식민지 지배에 대한 평가, 독도 영유권 등의 '과거사' 처리를 둘러싸고 심각한 갈등을 빚고 있다. 한국과 일본이 한일회담과 한일조약에서 의견 차이를 좁히지 못한 채 '과거사' 문제를 애매하게 처리한 사정도 있기 때문에, 한일관계는 아직 역사의 늪에서 완전히 벗어나지 못하고 있는 게 현실이다. 실제로 역사 문제는 지금도 한일 양국의 정치·외교현안으로 부상하여 정부 차원의 공조협력을 저해하고 국민들 간의 감정대립을 깊게 만들고 있다. 이런 상황이야말로 한일회담과 한일조약이 여러 한계와 과제를 안고 있음을 보여주는 증거라고 할 수 있다.

한일회담과 국제정세

한국 현대사에서 큰 부분을 차지하는 한일회담은 당연히 한국과 일본이 주체가 되어 맞붙은 외교전쟁이었다. 그 과정에서 두 나라는 서로 명분과 실리를 최대한 확보하기 위해 온갖 지혜와 술수를 동원했다. 그런데 이면裏面에서 한국과 일본을 직간접적으로 채근하여 한일회담과 한일조약을 성사시키는 데 힘을 쏟은 나라는 미국이었다. 실제로 한일 양국 관계자의 직접교섭을 통해서가 아니라 워싱턴의 미국 정부를 통해 중요한 결정이 이루어진 경우가 적지 않았다. 따라서 한일회담과 한일조약은 한국과 일본의 이해관계와 미국의 세계전략이 서로 맞물려 추진된 삼인사각三

人四脚의 경주였다고 보는 게 타당하다. 신생 독립국 한국은 6·25전쟁과 남북대결 등 최악의 내우외환 속에서 제국외교帝國外交의 경험이 풍부한 미국과 일본을 상대로 힘겨운 샅바싸움을 벌이지 않으면 안 되었다.

1945년 제2차 세계대전이 끝날 무렵 미국의 루즈벨트Franklin D. Roosevelt 대통령이 구상한 동북아시아 정책은 일본을 철저히 약화시키고 전쟁 기간 우방이었던 소련·중국과 협조함으로써 평화체제를 구축하는 것이었다. 일본을 공업생산능력이 없는 농업국가로 만드는 전략이었다. 그러나 그의 뒤를 이은 트루먼Harry S. Truman 대통령은 일본의 약체화 정책을 대폭 수정했다. 전쟁이 끝나자마자 소련은 동유럽에 공산주의 위성국가를 세우고 북한에서 사실상의 군정을 실시하는 등 팽창 정책을 추진했다. 미국은 이에 맞서 서유럽을 자본주의 진영으로 재건하고 남한을 반공의 방파제로 만드는 봉쇄 정책을 펼쳤다. 한반도에는 체제와 이념이 상충하는 분단국가가 수립되고 미·소가 정면으로 부딪치는 대결국면이 형성되었다. 중국에서는 치열한 내전 끝에 1949년 대륙에 공산당의 중화인민공화국이, 대만에 국민당의 중화민국이 분립하는 형세가 나타났다. 이에 미국은 일본마저 소련과 중국의 영향권에 들어가면 자국과 태평양의 안보가 아주 위험해질 거라고 판단했다. 그리하여 트루먼 대통령은 동아시아 정책을 대폭 수정하여 일본을 냉전의 동반자로 육성하는 방향으로 전환했다. 일본을 군사력을 배제한 공업국가로 육성함으로써 전쟁 억지력을 배양하고, 한일협력체제를 구축하여 공산주의 세력의 위협에 맞서려 한 것이다.

1950년 6월 북한의 전면 남침으로 한반도에서 6·25전쟁이 발발하자 냉전은 열전으로 폭발했다. 이에 미국은 일본을 공산주의 세력의 팽창을 봉쇄하는 일원으로 재편하는 정책을 적극 추진했다. 1951년 9월 미국을 중심으로 한 연합국이 일본의 전쟁책임을 관대하게 처리한 샌프란시스코 강화조약을 체결했다. 그와 함께 미군이 일본에 주둔하고 개입함으로써 일본의 안전을 확고히 보장한다는 것을 골자로 한 미일안보조약도 맺어졌다. 미국은 그 연장선상에서 한국과 일본이 국교를 수립하여 지역협력체제를 구축하도록 권고했다. 한국과 일본은 미국의 요청을 받아들여 1951년 10월부터 한일회담을 시작했다.

한편 한일 양국의 경제 및 안보 욕구도 한일회담을 추진하고 한일조약을 체결하게 만든 한 요인이었다. 북한과 대치하면서 빈곤에 허덕이고 있던 한국은 1950년대 말에 자립을 향한 경제개발계획을 수립하고 1960년대 초부터 그 실행을 추진했다. 국내의 자본축적이 허약했던 한국이 이 계획을 실천에 옮기기 위해서는 싫든 좋든 외국 자본에 의존할 수밖에 없었다. 그런데 한국의 최대 원조국가였던 미국의 사정이 녹록치 않았다. 미국은 소련과 경쟁하는 과정에서 군사비와 원조비를 과도하게 지출함으로써 재정적자에 빠졌다. 그리하여 미국의 한국 원조는 해마다 감소일로를 걷고 있었다.

한국 정부는 전후복구와 경제개발에 필요한 외국 자본을 도입할 수 있는 나라로 일본을 상정했다. 당시 일본 경제는 고도성장을 지속하고 있었다. 아시아-태평양전쟁으로 황폐화된 일본 경제는 6·25전쟁의 특수를 호기로 활용해 사상 초유의 급속한 부흥을 이룩했다. 나아가 일본은 1950년대 중반부터 소련을 비롯한 공산주의 국가들과 관계개선을 도모하고, 북한에 대해서도 민간의 경제·문화 교류를 용인하는 정책을 구사했다.

샌프란시스코 강화조약에 조인하는 요시다 시게루 일본 수상(1951. 9. 8)
연합국이 일본의 전쟁책임을 관대하게 처리한 샌프란시스코 강화조약을 체결하는 것과 동시에 미국
은 미군이 일본에 주둔하고 개입함으로써 일본의 안전을 보장한다는 것을 골자로 한 미일안보조약을
맺었다. 미국은 그 연장선상에서 한국과 일본이 국교를 수립하여 공산주의에 대항한 지역협력체제를
구축하도록 권고했고, 한국과 일본은 미국의 이런 요청을 받아들여 1951년 10월부터 한일회담을 시
작했다.

1960년대에 들어서서 더욱 기세가 등등해진 일본의 경제계는 자연히 한국 시장에도 눈독을 들이게 되었다. 이런 상황 속에서 한국과 일본은 상대방이 자국의 경제와 안보에 필요한 존재임을 새삼스럽게 자각하게 되었다. 두 나라는 지리적·문화적으로 가까울 뿐만 아니라 자유민주주의와 시장경제를 표방하고 있었기 때문에 교류와 협력의 외형적 조건은 잘 갖춰져 있다고 볼 수 있었다.

한일회담에서의 갈등과 대립

14년이라는 긴 세월 동안 중단과 재개를 되풀이하며 지속된 한일회담은 세계에서 유례를 찾기 어려운 마라톤 회담이었다. 한일회담은 다음 세 가지 점에서 대단히 복잡하고 곤란한 교섭이었다. 첫째, 교섭이 장기화되고 중단과 반복을 되풀이했다. 둘째, 시작부터 타결까지 미국이 한일 양국에 깊은 영향력을 행사했다. 셋째, 기본관계, 청구권, 어업·평화선, 재일한인의 법적 지위, 문화재 반환 등의 복수 의제가 동시에 다루어졌다. 따라서 한일 양국의 외교역량이 집결된 엄중한 회담이 될 수밖에 없었다.

한국과 일본은 해방과 패전 직후부터 이미 한일회담이 열릴 것에 대비하여 치밀한 준비를 하고 있었다. 한국은 남북의 분단상황에서 승전국으로서의 지위를 모색하고, 일본은 미군의 점령상황에서 패전국으로서 활로를 모색했다. 한국 정부는 일본에 대한 배상 요구 자료를 만들고, 일본은 이를 상쇄할 수 있는 해외 재산의 조사를 실시했다. 또 한일 양국은 샌프란시스코 강화조약을 겨냥하여 미국 등을 상대로 자국에 유리한 환경이 조성되도록 치열한 외교활동을 전개했다.

한일회담은 시종일관 팽팽한 긴장과 갈등, 대립과 반전 속에 진행되었다. 그 분위기는 한일회담의 예비회담(1951. 10. 20~1952. 2)에서부터 감지되었다. 예비회담은 미국의 주선으로 개최되었는데, 연합국 최고사령부 외교국장 시볼트William J. Sebald가 입회했다. 도쿄에서 열린 예비회담의 주요 의제는 재일한인의 법적 지위와 어업 문제였다. 당시 일본에는 64만여 명의 한인이 거주하고 있었는데, 국적을 포함하여 이들의 법적 지위는 대단히 불안했다. 한국 측은 이들에게 영주권 부여, 강제퇴거 금지, 일본인과 동등한 대우, 생활보호비 지급, 귀국시 동산 휴대의 권리 허용 등을 일본에 요구했다. 일본 측은 이에 쉽사리 응하지 않았다.

어업 문제와 관련해서는 한국이 나포하고 억류한 일본 어선과 어민의 송환 문제가 논의되었다. 당시 한국과 일본 사이에는 '맥아더라인'(2차대전 종전 이후 연합국 최고사령부가 규정한 일본 어선의 활동 가능 영역)이 존재했다. 한국은 맥아더라인을 침범한 일본의 어선 27척, 어민 330명을 붙잡고 있었다. 그런데 회의 중인 1952년 1월 18일 이승만 대통령은 '대한민국 인접 해양의 주권에 대한 대통령의 선언'(소위 '이승만라인' 또는 '평화선')을 선포했다. 평화선은 맥아더라인보다 일본 쪽으로 좀 더 많이 치우쳐 있었다. 그리고 독도가 평화선 안쪽에 들어와 있어서 자연히 한국 영토로 편입되었다. 하지만 일본은 이를 일절 인정하지 않는다는 태도를 표명했다.

이어서 열린 제1차 회담(1952. 2. 15~1952. 4. 21)에서는 기본관계, 재일한인의 법적 지위, 재산과 청구권, 어업, 해저전선의 분할, 선박 등의 문제가 의제로 채택되었다. 그중 재산과 청구권, 어업, 기본관계 등을 둘러싸고 신랄한 설전이 벌어졌다. 일본은 한국에 남겨놓은 일본의 재산을 돌려달라고 요구했다. 일본은 그것으로 한국의 대일 청구권과 연합국의 대일 배상청구를 상쇄할 속셈이었다. 한국 측은 일본 측의 주장이 비이성적이고 비논리적이라고 거세게 반발했다.

한국 측과 일본 측은 기본관계의 수립에 대해서도 의견이 충돌했다. 한국은 '기본조약' 체결을, 일본은 '우호조약' 체결을 주장했다. 명칭은 절충 끝에 '기본관계를 설정하는 조약'으로 잠정 결정했다. 문제는 한국 측이 제시한 "대한민국과 일본국은 1910년 8월 22일 이전에 체결된 모든 조약이 무효라는 것을 확인한다"라는 조항을 둘러싸고 발생했다. 일본 측은 이 조항이 일본 국민의 감정을 자극할 우려가 있으므로 필요 없다고 주장한 반면, 한국 측은 일본 국민이 깨달음을 통해 민주주의로 재출발하는 선언이 될 수 있다며 옹호했다. 양측은 절충 끝에 '이미 효력을 상실했다'는 표현으로 합의했지만, 이는 '애초부터 원천적으로 무효'라는 시각과는 거리가 멀었다. 제1차 회담은 결국 일본의 대한 청구권 주장 등에서 양측이 심각한 의견 차이를 노정한 채 중단되었다.

제2차 회담(1953. 4. 15~1953. 7. 23)은 일본 측의 요구에 따라 개최되었다. 1952년 12월 클라크Mark W. Clark 유엔군 사령관과 머피Robert D. Murphy 주일미국 대사는 이승만 대통령을 도쿄로 초청하여 요시다 시게루吉田茂 수상과 회담을 갖도록 주선했다. 이승만 대통령은 일본이 조선 통치에 대해 사죄해야 한다고 말했다. 요시다 수상은 군벌이 한 일이라고 답변하고, 두 나라는 공산주의의 침략에 직면해 있으므로 우호관계에 노력해야 한다고 강조했다. 둘은 제2차 한일회담을 열기로 합의했다. 그런데 일본이 대한 청구권을 포기하지 않은 데다가, 평화선을 침범한 일본인 선원이 사살되는 사건이 일어나 회담은 좀처럼 열리지 못했다. 제2차 회담은 미국의 압력 아래 개최되었다. 한국은 일본의 대한 청구권 철회를, 일본은 평화선 철폐를 요구했다. 거기에다 재일한인의 법적 지위, 어업, 독도 문제 등을 둘러싸고 이견을 좁히지 못해 제2차 회담도 결국 결렬되었다.

제3차 회담(1953. 10. 06~1953. 10. 2)은 6·25전쟁이 휴전으로 끝난 뒤 개최되었다. 한국 측은 일본의 대한 청구권을 인정할 수 없으며, 평화선은 미국의 트루먼 대통령이 발표한 '보존수역과 대륙붕에 관한 선언'(1945. 9. 28)과 마찬가지로 국제법상 합법이라는 점을 강조했다. 일본 측은 일본의 대한 청구권을 결코 철회할 수 없고, 트루먼선언은 평화선의 선례가 아니라고 응수했다.

그런데 제3차 회담은 본격적인 토론에 들어가기도 전에 일본 측 수석대표 구보타 간이치로久保田貫一郎가 '망언'을 함으로써 암초에 부딪쳤다. 그는 대일 강화조약 체결 이전에 수립된 한국 정부는 불법적 존재이며, 일본의 한국 통치는 한국인에게 유익한 점도 많았고, 카이로선언에서 한국 민족이 노예상태에 놓여 있다고 언급한 것은 전시 히스테리의 표현이며, 미군정이 일본의 재산을 한국에 넘겨준 것은 국제법 위반이고, 연합국이 일본 국민을 한국에서 송환한 것도 국제법 위반이라는 등의 발언을 했다. 한국 측은 이에 맹렬히 항의하고 발언의 진의를 따졌다.

구보타는 자신의 발언을 철회하지 않았다. 회담은 결렬되었다. 일본 외무상도 구보타의 발언을 옹호했다. 여당은 물론 야당도 이를 지지했다. 언론도 이의를 제기하지 않았다. 당시에는 일본 전체가 식민지 지배에 대한 반성이나 사죄의식이 거의 없었다고 해도 과언이 아니다. 그리하여 제

3차 회담도 무산되었다.

예비회담에서 제3차 회담까지, 한일회담은 일본을 6·25전쟁에 직접 가담시키려는 미국의 압력에 밀려 추진되었다. 그런데 회담에 참가한 한일 양국의 대표는 식민지 지배에 대해 전혀 다른 시각을 드러냄으로써 실질적인 토의가 힘든 상황을 연출했다. 한국 측은 일본의 식민지 지배가 불법적인 데다가 한국인에게 막대한 손해와 희생을 강요했으므로 사죄와 배상을 하라고 요구했다. 반면 일본 측은 식민지 지배가 합법적인 것이었고, 일본인은 한국에서 정상적인 경제활동을 통해 부를 축적했으므로 한반도에 두고 온 일본인의 사유재산을 돌려달라고 요구했다(이른바 역청구권). 이런 상황 속에서 한국은 평화선을 침범한 일본 어선과 어민을 나포했고, 일본은 밀입국한 한국인을 강제수용소에 억류했다. 양국 관계는 날로 악화되었다. 한일회담 역시 장기간 중단상태에 빠졌다. 그 사이에 일본은 오히려 북한과 국교 정상화 교섭을 시도했다. 한국은 '반공·반북'의 주의주장에 입각하여 대일 강경자세를 고수했다.

제4차 회담(1958. 4. 15~1960. 4)은 4년 반의 공백을 거쳐 재개되었다. 일본의 기시 노부스케岸信介 정부는 최악의 상태에 빠진 한일관계를 개선하려는 의욕을 보였다. 기시 정부는 유엔의 유권해석을 얻어 일본인의 재산청구권을 포기하고, 미국의 권고를 받아들여 구보타 발언을 철회했다. 기시 정부는 유권자의 환심을 사기 위해 한국에 억류된 일본 어선과 어민의 석방을 바랐고, 이를 실현하기 위해 한국에 약간 유화적인 태도를 보였다. 제4차 회담이 열린 다음 날, 106점의 문화재가 한국에 반환되기도 했다.

이렇게 해서 열린 제4차 회담에서는 일본이 패전 전에 반출한 문화재의 반환, 한국이 억류한 일본인 어부와 일본이 잡아둔 한국인 밀항자의 상호 석방, 한국이 주장하는 대일 청구권의 법적 근거, 한국이 선포한 평화선의 합법성 여부 등이 논의되었다. 그 전처럼 어업과 청구권 문제를 둘러싸고 심한 이견이 표출되었다.

그런데 제4차 회담에서는 새로운 복병이 등장했다. 일본이 한국의 격렬한 반대에도 불구하고 재일한인의 '북송'을 추진하고, 오무라수용소에 갇힌 북한 귀환 희망자를 가석방했기 때문이다. 이는 이승만 정부의 반일감정을 극도로 자극했다. 한국에서는 '재일동포'의 '북송'을 반대하는 반일시위가 전국을 휩쓸었다. 일본과 북한은 이에 아랑곳하지 않고 재일한인의 북송협정을 체결했다. 한국과 일본은 미국의 중재 속에서 제4차 회담을 속개하고 양국이 억류한 상대 국민의 상호 석방을 결정했다. 일본 정부는 외환사정이 궁핍한 한국을 배려해 한국산 쌀 3만 톤을 수입하기로 하는 등 유화적인 태도를 보였다. 그런 가운데 1960년 4월 한국에서 4·19 학생혁명이 일어나 이승만 정부가 붕괴되자 제4차 회담은 중단되었다.

제5차 회담(1960. 10. 25~1961. 5. 15)은 양국의 정부가 교체된 가운데 열렸다. 한국에서는 민주당의 장면張勉 정부가, 일본에서는 자민당의 이케다 하야토池田勇人 정부가 등장했다. 장면 정부는 대일관계 개선을 위해 한일회담에 적극적인 자세로 임했다. 반면 이케다 정부는 야당의 반대를 우려하여 소극적인 태도를 취했다. 제5차 회담에서는 주로 한국 측이 제시한 청구권 항목, 일본 측이 요구한 어업·평화선 문제 등이 논의되었다. 양측의 의견이 접근하지 못한 상황에서, 1961년 5월 한국에서 5·16 군사정변이 일어나자 제5차 회담도 중단되었다.

억류되어 있던 일본인 어부 석방
평화선 침범으로 부산수용소에 수감되어 있던 일본인 어부 300명이 1차로 석방되고 있다(1958. 1. 31). 한국이 나포하고 억류한 일본 어선과 어민의 송환 문제는 한일회담의 뜨거운 쟁점 중의 하나였다.

경제·안보의 부각과 한일회담의 성격 변화

1960년 이후 1년 사이에 한국, 일본, 미국에 새 정부가 들어섰다. 한일회담을 둘러싸고 갈등과 대립, 중재와 타협을 벌여온 주자主者들이 모두 바뀐 셈이다. 관련 국가들의 정권교체는 동북아시아의 국제정세에 변화를 가져왔고, 이러한 분위기는 한일회담 추진에 유리한 배경이 되었다.

5·16 군사정변을 통해 집권한 박정희 정부는 빈곤의 나락에 빠진 민중생활의 향상을 최우선 과제로 설정했다. 그리고 외국 자본을 도입하여 경제를 발전시키고 자유우방이나 이웃 나라와 외교관계를 강화하겠다는 방침을 내걸었다. 안전보장의 측면에서도 일본을 후방기지로 삼고 싶은 욕망이 있었다. 경제개발과 안전보장을 가장 큰 목표로 내세운 새 집권 세력은 일본을 주요 자금원으로 삼을 수 있다고 기대했다. 한국의 군사정부는 1961년 가을 경제기획원장관을 일본에 특사로 파견하여 청구권 금액의 윤곽을 탐색했다. 이때 한국은 8억 달러, 일본은 5천만 달러를 타결선으로 제시했다. 하늘과 땅 차이였다.

한편 일본의 이케다 하야토 정부는 미국과 동맹을 맺은 안보체제 속에서 지속적인 경제성장과 국민소득의 증대를 꾀하고 있었다. 고도성장을 지속하던 일본의 경제계도 해외진출을 모색하고 있었기 때문에 경제협력을 중시하는 쪽으로 선회하는 한일회담을 굳이 반대할 이유가 없었다. 미국 또한 한일회담의 진전을 강력히 희망했다. 케네디John F. Kennedy 정부는 한일 양국의 안전보장과 경제발전이 밀접히 관련되어 있다는 점을 강조했다. 나아가서 양국에게 회담에 좀 더 적극적인 자세로 나설 것을 요구했다. 미국은 일본이 한국과 경제협력을 강화함으로써 공산주의와 대치하고 있는 한국의 안전보장을 강화할 수 있다고 보았다. 이는 결과적으로 일본의 안전보장과 경제발전에도 도움이 된다. 미국은 이러한 논리(이른바 동아시아 안보론)를 가지고 한국과 일본을 설득했다.

　제6차 회담(1961. 10. 20~1964. 4)은 동아시아 안전보장을 위한 경제협력론이 우세한 가운데 개최되었다. 1961년 11월 박정희 의장과 이케다 수상은 도쿄에서 정상회담을 갖고 한일회담의 조기 타결을 모색했다. 제6차 회담에서는 한국 측이 제시한 해양의 전관수역(배타적 경제수역)안, 문화재 반환의 항목 등이 논의되었다. 그런데 청구권의 명목과 액수, 평화선, 독도 영유권 등의 문제를 둘러싸고 서로 이견을 좁히지 못해 회담은 또 다시 교착상태에 빠졌다. 다만 청구권에 대해서는 배상적 성격이 아니고 경제협력 방안이 될 수 있다는 선에서 합의가 이루어졌다.

　이케다 정부가 청구권 문제를 경제협력 방식으로 해결하려 한 것은 한국 정부의 의중을 꿰뚫은 것이었다. 이케다 정부는 경제적 곤란과 개발자금 부족으로 어려움을 겪고 있는 한국의 군사정부에 유상·무상의 일본의 역무(役務)를 제공함으로써 한국의 청구권 요구를 묵살하고 일본 기업의 한국 진출을 선도하겠다는 속셈이었다. 제6차 회담 기간에 이루어진 한국과의 많은 절충은 일본 정부의 이런 방침을 받아들이게 만들려는 것이었다. 그 과정에서 양국은 청구권자금의 총액과 명목을 일괄타결하는 쪽으로 의견을 모았다. 한국 측은 순수변제 3억 달러에 무상원조 3억 달러안을 제시했다. 일본은 청구권 명목으로는 7천만 달러를 넘을 수 없고 청구권, 무상원조, 장기차관을 합치는 방식으로 3억 달러를 내정했다.

　박정희 정부는 한일회담을 조기에 타결하기 위해 1962년 10월 중앙정보부장 김종필金鍾泌을 일본에 파견하여 외무대신 오히라 마사요시大平正芳와 담판을 짓도록 했다. 이때 작성된 소위 '김종필·오히라 메모'는 청구권 문제의 해결에 돌파구를 마련했다. 일본이 한국에 제공할 금액은 무상원조 3억 달러, 유상원조 2억 달러, 민간차관 1억 달러 이상이었다. 그렇지만 이 메모에는 자금의 명목에 대한 언급이 없었다. 한국은 '청구권자금'으로, 일본은 '경제협력자금'으로 해석할 여지를 남긴 것이다.

1960년대 중반 한일 양국이 한일회담을 조기 타결하는 방향으로 선회한 배경에는 급변하는 동아시아의 국제정세에 대응하려는 의지가 작용했다. 중국이 핵실험에 성공하고 베트남전쟁은 격화되었다. 로스토우Walt W. Rostow를 비롯한 전문가들은 한·미·일 삼국 정부에게 한일관계를 정상화시킬 것을 촉구했다. 동아시아의 안전보장과 경제발전을 위해서는 한·일의 교류협력이 반드시 필요하다는 논리가 더욱 힘을 얻어갔다.

이런 국내외 정세 속에서 한일회담은 제6차부터 논의의 초점에 변화가 나타났다. 종래에는 한국에 대한 일본의 식민지 지배를 어떻게 평가하고 처리할 것인가가 논쟁의 중심이었다. 그런데 제6차 회담 이후에는 한국의 청구권 주장과 일본의 경제협력 논리를 절충하는 선에서 타협하는 방향으로 선회했다. 양국이 명분싸움에서 벗어나 실리추구 쪽으로 회담의 방향을 바꾼 것이다. 그렇지만 이에 대한 한국 내부의 반발과 저항은 거세고 끈질겼다.

한일조약의 변칙 체결

'김종필·오히라 메모' 이후 한일회담은 한국의 정치변동과 반대운동의

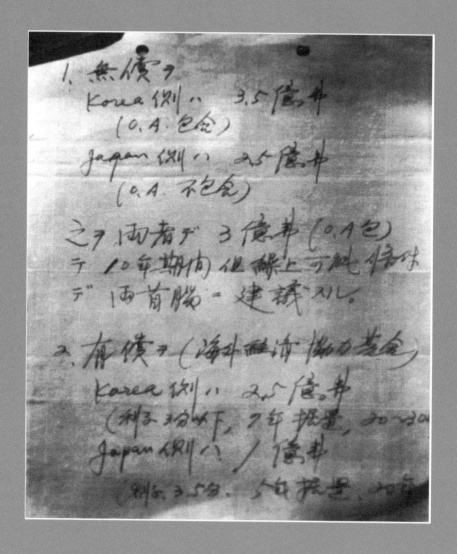

김종필·오히라 비밀 메모

1962년 11월 12일 김종필 중앙정보부장과 오히라 마사요시 일본 외무대신은 소위 '김종필·오히라 메모'를 작성해 무상 3억 달러, 유상 2억 달러, 민간차관 1억 달러 이상으로 청구권 문제 해결의 돌파구를 마련했다. 그렇지만 이 메모에는 자금의 명목에 대한 언급이 없어 한국은 '청구권자금'으로, 일본은 '경제협력 자금'으로 해석할 여지를 남겼다.

격화로 2년여 동안 정체되었다. 제7차 회담(1964. 12. 3~1965. 6. 22)은 박정희 정부가 야당, 학생, 시민의 치열한 반대운동을 무력으로 탄압하는 상황 속에서 개최되었다.

제7차 회담에서는 주로 '기본조약'의 내용을 검토하고 문서를 작성하는 일이 이루어졌다. 대립점은 두 가지였다. 하나는 과거 조약의 무효 시점이었다. 한국은 1910년 한국병합조약과 그 이전의 협약이 원천적으로 무효라고 주장했다. 일본은 과거 조약이 일본의 패전 혹은 대한민국의 수립까지는 유효하며 합법적이었다고 주장했다. 또 하나는 한국의 관할권이었다. 한국은 한반도 전역의 유일 합법정부임을 주장했고, 일본은 북한을 고려해 유엔 총회 결의에 명시된 범위의 합법정부라는 표현을 고집했다.

두 가지 쟁점은 양국 외무장관 회담에서 정치적으로 타결하도록 맡겨졌다. 이동원과 시나 에쓰사부로는 구舊조약 무효 문제와 관련해서는 '이미 무효이다'라는 문구를 삽입하고, 유일 합법성 문제는 '유엔 총회 결의 제195(3)호에 명시된 바와 같은 한반도에서의 유일한 합법적인 정부'라는 문구를 채택했다. 한국 정부는 '이미'라는 시점을 구舊조약을 체결한 때부터로, 일본 정부는 일본의 패전 이후로 해석했다. 한국의 관할권도 한국 정부는 한반도 전체를, 일본 정부는 38도선 이남을 상정하고 있었다. 이처럼 전후처리의 근본과 관련된 역사인식의 괴리를 메우지 못한 채 마무리된 '기본조약'은 두고두고 논쟁과 갈등을 불러일으키는 화근을 남겼다.

1960년대 중반 이후 국제정세의 변화도 한일회담의 조기 타결을 재촉했다. 베트남전쟁에 본격적으로 가담한 미국은 한일 유대가 아시아의 반공전선을 강화하는 데 제일 요건이라 여기고 한국과 일본을 독려했다. 일본에서는 사토 에이사쿠佐藤榮作 정부가 출범하여 한일회담에 적극적으로 나섰다. 그렇다고 해서 '과거사'에 대한 일본의 태도가 바뀐 것은 아니었다. 일본의 수석대표 다카스기 신이치高杉晋一는 일본은 조선을 낮게 하려고 식민지로 지배했다, 일본의 노력은 결국 전쟁으로 좌절되었지만 조선을 20년 정도 더 가지고 있었으면 좋았을 것이라고 발언하여 물의를 일으켰다. 구보타 '망언'을 뺨친 것이다.

한일 양국의 대표는 1965년 2월 20일 서울에서 한일 기본관계조약을 가조인했다. 이를 위해 김포공항에 내린 시나 에쓰사부로는 "두 나라의 긴 역사 중에 불행한 기간이 있었던 것은 매우 유감스러운 일이며 깊이 반성한다"는 성명서를 낭독했다. 불행의 시기와 가해의 주체가 분명하지 않은 뜨뜻미지근한 사죄와 반성이었다. 청구권과 경제협력, 어업, 재일한인의 법적 지위 등에 관한 협정은 4월 3일 도쿄에서 가조인되었다. 그리고 6월 22일 양국의 전권대표는 일본의 수상관저에서 한일조약을 모두 정식 조인했다.

한일 양국 정부가 험난한 과정을 거쳐 조인한 한일조약은 국회에서도 아주 변칙적인 방법을 통해 비준되었다. 박정희 정부와 민주공화당은 1965년 7월 14일 베트남 파병 동의안과 한일조약 비준 동의안을 단독으로 국회에 보고 발의했다. 그리고 8월 14일 한일조약 비준 동의안의 통과를 강행했다. 박정희 정부는 위수령을 발동하고 군대를 진주시켜 반대운동을 탄압했다. 대학에는 휴교조치가 내려졌다.

일본 국회도 여당 주도하에 한일조약 비준 동의안을 통과시켰다. 일본 국회는 1965년 11월 6일 중의원 일한특별위원회, 11월 12일 중의원 본회의, 12월 12일 참의원 본회의의 순서를 거쳐 무리하게 비준 동의안을 통과시켰다. 이렇게 맺어진 한일조약은 양국이 1965년 12월 18일 비준서를 교환함으로써 발효되었다.

한일회담 반대운동과 각국의 입장 차이

한국의 반대투쟁

한국의 한일회담 반대투쟁은 크게 두 단계로 나누어볼 수 있다. 첫 번째 단계는 1964년 3월 6일 '대일굴욕외교반대범국민투쟁위원회' 결성에서부터 비상계엄령이 발동되는 6월 3일까지이다. 두 번째 단계는 1965년 2월 17일 시나 외상의 방한에서부터 위수령·휴교령이 발동되는 9월 초까지이다.

한국과 일본이 적극적으로 추진한 한일회담은 1963년에 양국의 정치변화와 맞물리면서 답보상태를 면치 못했다. 박정희 의장은 군을 전역하여 민주공화당 대통령후보로 출마했다. 그리고 1963년 말의 대통령선거에 당선되었다. 그는 한일회담의 일괄타결 방침을 굳혔고, 정부와 여당도 한일회담을 빨리 매듭짓는다는 원칙을 확정했다. 일본에서 새로 출범한 이케다 정부도 한국의 움직임을 환영한다는 뜻을 천명했다.

1964년 3월, 한일회담이 급속히 진전될 기미를 보이자 야당은 물론 종교·사회·문화단체의 대표와 재야인사 등 2백여 명이 '대일굴욕외교반대범국민투쟁위원회'(범투위)를 결성하고 반대투쟁에 나섰다. 이들은 부산,

목포, 마산, 광주, 대구, 서울 등에서 집회를 열고 한일회담 과정에서 보여준 박정희 정부의 굴욕적 저자세, 일본에 의존적인 태도, 국민참여를 배제한 정치흥정 등을 비판했다.

한일회담 반대의 열기는 3월 24일 대학가의 대규모 시위로 폭발했다. 김종필 민주공화당 의장이 도쿄에서 오히라 외상을 만나 한일회담의 일정에 합의한 것이 대학생들의 시위에 불을 붙였다. 서울대학교 문리대에서는 '제국주의자 및 민족반역자의 화형 집행식'이 열려, 이케다 수상과 김종필 의장을 상징하는 매국노 이완용李完用의 상에 불을 질렀다. 대학생들은 한일회담을 반대하는 선언문과 메시지를 발표하고, 한일회담의 즉각 중지, 평화선 사수, 국내 매판자본의 타살, 미국의 한일회담 관여 금지 등을 요구했다. 학생들의 시위는 다른 대학과 고등학교에서도 일어났다.

한일회담 반대운동이 들불처럼 번지자 박정희 대통령은 특별담화를 발표했다. 학생들의 우국충정은 이해하지만 시위는 외교에 더 이상 도움이 안 된다는 것이었다. 그러나 이후 시위는 더욱 확산되어 고등학교 학생들로까지 번졌다. 학생 데모는 한일회담 반대뿐만 아니라 박정희 정부가 구호로 내걸었던 '민족적 민주주의'에 대한 비판까지도 겨냥했다. 이에 박정희 정부는 김종필을 공화당 의장직에서 물러나게 하고 한일회담 대표를 직업 외교관으로 교체했다. 학생들은 일단 학교로 복귀했고 반대운동도 소강상태로 접어들었다. 3월의 한일회담 반대시위는 한일회담의 조기 타결 일정을 약간 지연시키는 효과를 가져왔다. 또 한일회담이 안고 있는 문제점을 국민에게 인식시키고, 박정희 정부 내에 균열을 일으키는 계기가 되었다.

이완용과 이케다 일본 수상 화형식, 민족적 민주주의 장례식
김종필 민주공화당 의장이 도쿄에서 오히라 외상을 만나 한일회담의 일정에 합의한 것이 알려지면
서, 한일회담 반대시위는 대학가의 대규모 시위로 폭발했다. 1964년 3월 24일 서울대학교 문리대에
서는 이케다 수상과 김종필 의장을 상징하는 매국노 이완용의 허수아비를 불태우는 화형식이 열렸
고, 5월 20일에는 박정희 정부가 구호로 내걸었던 '민족적 민주주의'를 비판하는 '민족적 민주주의
장례식 및 성토대회'가 열렸다

한일회담 반대시위는 4·19 학생혁명 기념일을 거치면서 다시 확산되는 조짐을 보였다. 5월 19일 대학가에서는 '한일굴욕외교반대투쟁전국학생연합회'가 결성되었다. 이들은 한일회담 반대의 차원을 넘어 박정희 정부의 반민주적 통치, 외세의존적 태도, 경제적 생존권의 위기 등을 문제로 제기했다. 그리고 박정희 정부가 제시한 '민족적 민주주의'가 사망했음을 알리는 조사弔辭와 선언문을 발표했다.

박정희 정부는 한일회담의 타결 방침을 재확인하고 반대운동을 억압했다. 이에 일반시민과 종교인, 대학교수 등 사회 각층의 지식인도 야당과 학생의 반대투쟁에 동참했다. 그들은 한일조약 체결이 자주적이고 평화적인 남북통일을 저해한다고 보았다. 그리고 한국이 정치와 경제 등에서 다시 일본에 종속당하는 계기가 될 것이라고 우려했다. 그들은 또 박정희 정부가 어업과 대일 청구권 등의 문제에서 일본에게 지나치게 양보하는 '굴욕외교'를 벌이고 있다고 비난했다.

한일회담 반대운동은 6월 3일 정점에 이르렀다(6·3항쟁). 서울에서는 18개 대학에서 약 1만 5천여 명의 학생이 가두시위를 벌였다. 그들은 일본 정부의 사죄와 반성을 촉구했다. 그리고 반대여론을 무릅쓰고 한일조약을 체결하려는 박정희 대통령의 퇴진을 주장했다. 경찰이 이들을 진압하는 과정에서 8백여 명이 부상을 입고, 2백여 명의 학생과 시민이 구속되거나 연행되었다. 위기에 몰린 박정희 정부는 마침내 계엄령을 선포하고 군대의 힘을 빌려 시위운동을 제압했다. 주한미국대사관은 이것이 불가피한 조치였다고 논평했다.

3월의 한일회담 반대운동은 정부의 굴욕외교와 일본의 침략 정책 등을 비판하는 수준이었다. 그런데 6월에 이르면서 그 범위가 5·16 군사정변과 박정희 정부의 모든 정책에 대한 비판으로 확대되었다. 그리고 비판의 강도 역시 민생고의 해결, 매판자본 철폐, 학원과 언론의 자유, 박정희 정부 퇴진 등으로 고양되었다. 이에 위기를 느낀 박정희 정부는 비상계엄령을 선포하여 무력으로 이들을 진압하기에 이르렀다.

1965년 1월 9일 박정희 대통령은 연두기자회견에서 베트남 파병의 정당성과 한일회담의 연내 타결을 공언했다. 2월 17일 일본의 시나 외상이 한일조약을 가조인하기 위해 한국을 방문했다. 일부 야당 의원과 학생들이 그의 숙소 앞에서 한일회담 반대시위를 벌였지만, 한일조약은 2월 20일 가조인되었다.

한일조약의 가조인은 대학생들의 반대시위에 다시 불을 붙였다. 4월 1일 서울에서 대학생들은 '학생평화선사수투쟁위원회'를 결성하고 한일조약 가조인 무효와 평화선 사수를 주장했다. 박정희 정부는 이에 아랑곳하지 않고 4월 3일 도쿄에서 어업협정 등의 '부속협정'을 가조인했다. 한일회담의 종결이 눈앞으로 다가온 것이다. 이에 맞서 4월 17일 효창운동장에서 4만여 명이 참가한 대규모 한일회담 반대 시민궐기대회가 열렸다.

한일조약의 정식 조인을 하루 앞둔 1965년 6월 21일 서울에서는 매국외교 반대시위운동이 일어났다. 여기에는 1만여 명의 대학생과 고등학생이 참가했다. 경찰이 이들의 가두시위를 봉쇄했다. 한국에서 마지막 날까지 격렬한 반대투쟁이 전개되었음에도, 한일조약은 6월 22일 도쿄의 수상관저에서 정식 조인되었다.

한일조약이 조인되자 한국에서는 그 비준을 반대하는 운동이 전개되었다. 대학생뿐만 아니라 종교인, 교수, 문인, 예비역 장성, 재야인사 등도 비준반대성명을 발표했다. 야당인 민중당의 국회의원들은 비준반대의 뜻을 표시하기 위해 사직서를 제출했다. 그렇지만 여당인 민주공화당은 단독으로 8월 14일 한일조약의 비준안을 통과시켰다. 학생들은 이에 항의하는 시위를 대대적으로 벌여 나갔다. 박정희 정부는 8월 26일 위수령을 발동하고 군대를 동원하여 이를 진압했다. 대학에는 휴교령이 발동되었다. 시위를 주도한 학생은 구속되고, 몇몇 교수는 대학에서 추방되었다.

한국의 한일회담 반대운동은 단순한 반일운동이 아니었다. 그것은 외세의존적인 경제개발을 추진하려는 군사정부에 저항하면서 자립적 근대화를 지향하는 민족주의운동이었다. 또 군사정부의 반민주적 통치와 반민족적 행태, 일본 정부의 식민주의적 역사인식과 고압적 자세, 한국과 일본을 동아시아의 반공 보루로 결합시키려는 미국의 압박 등을 폭로하고 비판하는 계몽운동의 성격을 띠고 있었다.

오늘날의 시점에서 보면 한일회담 반대운동의 주의주장에는 사실인식과 정세판단 등에서 오류와 편견이 없지 않다. 그렇지만 일본의 식민지에서 독립한 지 얼마 되지 않은 대한민국의 국민으로서 과거의 지배-피지배관계를 똑바로 청산하고 평등하고 당당한 한일관계를 새롭게 구축하라고 요구한 것은 타당한 주장이었다. 한일회담 반대운동은 그 후에도 학생운동이나 반일운동의 방향을 정립하는 데 길잡이가 되었다. 나아가 정부와 국민으로 하여금 일본에 대한 경계심을 늦추지 않게 함으로써 어차피 맺어진 한일조약이 나름대로 긍정적인 효과를 창출할 수 있도록 견인하는 역할을 했다고 평가할 수 있다.

한일회담 반대시위
1965년 8월 25일 한일조약 비준 무효를 외치며 데모하던 학생이 헌병들에게 강제로 연행되고 있다.
한일회담 반대운동은 외세의존적인 경제개발을 추진하려는 군사정권에 저항한 민족주의운동이자 일
본 정부의 식민주의적 역사인식과 고압적 자세, 한국과 일본을 동아시아의 반공 보루로 결합시키려
는 미국의 책동 등을 폭로하고 비판하는 계몽운동이었다. 한일회담 반대운동은 그 후에도 학생운동
이나 반일운동의 방향을 정립하는 길잡이가 되었다.

일본의 반대운동, 그리고 북한과 미국의 입장

일본에서는 1950년대부터 미국과 일본의 편면강화片面講和를 비판하고 소련·중국 등 모든 교전국과 전면강화全面講和를 요구하는 운동이 일어났다. 1954년 미국의 비키니섬 수소폭탄 실험으로 일본 어선이 피폭된 사건을 계기로 핵무기 철폐를 주장하는 운동도 전개되었다. 특히 1960년에는 일본과 미국의 군사관계를 더욱 강화한 신안보조약이 체결되어, 이에 반대하는 반정부운동이 대대적으로 벌어졌다(안보투쟁).

일본에서의 한일조약 반대운동은 위와 같은 평화·민주주의운동의 흐름을 계승한 것이었다. 반대운동 세력은 미국·일본·한국이 연계되는 군사협력체제가 형성되어서는 곤란하다고 주장했다. 또 일본의 독점자본이 한국에 진출함으로써 일본에 저임금구조가 고정화되어서는 안 된다는 논리를 내세웠다. 때마침 베트남전쟁이 확대되고 중국이 핵실험에 성공하여, 동아시아에서는 공산주의의 확산을 방지하기 위해 한·미·일의 협력이 긴급하다는 여론이 조성되고 있었다. 또 한일 양국에서는 반공을 중시하는 정계와 재계의 영향력을 등에 업고 한일조약을 급속히 체결하려는 움직임도 나타났다. 일본의 야당과 진보 세력은 이에 맞서 한일조약 체결 반대운동을 전개한 것이다.

그렇지만 일본의 한일회담 반대운동은 식민지 지배에 대한 책임추궁이나 한국인의 희생에 대한 사죄와 반성을 과제로 삼지 않았다. 일본의 독점자본이 한국에 진출함으로써 불평등한 경제관계가 형성된다는 점을 비판하지도 않았다. 일본의 한일회담 반대운동은 평화헌법에 입각하여 일본의 재무장, 베트남전쟁 참가, 동아시아 군사동맹 참여 등을 반대하는 안보투쟁의 연장선에서 부수적으로 전개되었을 뿐이었다. 재일한인을 중심으로 한 소수 단체만이 식민지 지배 유산의 청산과 전후처리라는 관점에서 조약 체결을 반대했다.

1960년대에 들어서 일본에서는 오히려 한일회담의 조기 타결을 찬성하는 이들이 늘어났다. 그들은, 한국은 일본과 같은 자유 진영이고, 박정희 정부는 합법정부이며, 남북통일을 방해하는 것은 공산주의 진영이고, 북한이 오히려 소련·중국과 군사동맹을 맺고 있다고 반박했다. 나아가, 그들은 한국과 경제 등에서 협력하는 것이 공산주의로부터 일본을 지킬 수 있는 길이라고 주장했다. 그들 역시 식민지 지배에 대한 사죄와 배상 등은 전혀 시야에 넣고 있지 않았다. 이처럼 한국과 일본은 한일회담의 찬성 또는 반대에서 자국의 이익을 최우선으로 내세워 서로 다른 시각과 태도를 보였다. 그러니 역사인식과 현실대응에서 두 나라가 대립과 반목을 되풀이한 것은 지극히 당연한 일이었다.

북한 정부는 1950년대 초 예비회담이 시작될 무렵부터 일관되게 한일회담을 반대해왔다. 특히 한일조약의 체결에 즈음해서는, 식민지 지배의 또 다른 피해당사자인 북한을 도외시한 채 남한이 한반도를 대표하여 일본과 조약을 체결할 자격이 없다고 주장했다. 또 구 '조선인' 전체가 공유해야 할 배상 등의 문제를 남한 정부가 단독으로 처리할 수 없다는 견해를 밝혔다. 배상의 명목도 식민지 지배에 대한 피해보상을 의미하는 청구권에 입각한 것이 아니라, 경제협력의 방식으로 변질시켜 일본의 책임을 애매모호하게 만들었다고 비판했다.

북한 정부는 1965년 6월 22일 한일조약이 정식 조인되자 이의 무효를 주장하는 성명을 발표했다. 여기에서 "조선 인민은 일본 정부에 대해서 배상청구권을 비롯한 제반의 권리를 계속 보유하고, 금후 언제라도 당연한 권리를 행사한다"는 뜻을 분명히 밝혔다. 이는 곧 북한도 경우에 따라 일본과 수교회담을 하겠다는 뜻으로 해석할 수도 있었다. 실제로 북한은 그 후 몇 차례 일본과 수교교섭을 벌였다. 그 도달점이 바로 2002년 9월 김정일金正日 국방위원장과 고이즈미 준이치로小泉純一郎 수상이 함께 발표한 '평양선언'이었다.

북한과는 대조적으로 미국은 당연히 한일조약의 비준을 환영했다. 러스크Dean Rusk 국무장관은 한국과 일본이 친밀한 관계를 맺는 것은 대단히 좋은 일이라는 성명을 발표했다. 미국은 한국과 일본이 동아시아에서 손을 잡고 반공의 방파제 역할을 하는 것에 만족할 뿐이었다. 미국은 세계의 냉전체제 속에서 동아시아 전략을 구사하고 있었다. 그렇기 때문에, 한국이 일본에 대해 식민지 지배 책임을 묻는 것을 엉뚱한 짓으로 받아들이는 경향조차 있었다.

그런데 한일조약을 비롯하여 동아시아에서 일본의 침략과 지배 등의 역사 문제를 소홀히 처리함으로써, 이후 미국은 두고두고 골머리를 썩게 되었다. 미국의 가장 중요한 동맹국인 한국과 일본은 국교를 재개한 뒤에도 역사 문제를 둘러싸고 수시로 반목과 대립을 되풀이했다. 이것은 한·미·일 삼각협조의 한 축을 불안정하고 허약하게 만드는 요인이 되었다. 중요한 문제를 대수롭지 않게 다룬 역사의 업보가 끈질기게 미국을 괴롭힌 셈이다.

한일조약의 내용, 과제와 보완, 그리고 평가

기본조약

한일조약은 '기본조약'과 그에 부속하는 4개의 협정으로 구성되어 있다. 이 조약은 지난 50여 년 동안 수정보완된 부분도 있지만, 기본적으로는 오늘날까지도 한일관계의 틀을 규정하고 있다. 따라서 이 조약의 취지와 내용을 정확히 이해하면 현대의 한일관계뿐만 아니라 그 전사가 되는 근대 이래의 한일관계를 파악하는 데 큰 도움이 된다. 그리고 각 조문을 만드는 과정에서 한일 양국 정부가 치열하게 전개한 논쟁을 통해서는 한일조약의 체결에 임하는 두 정부의 역사인식과 외교전략을 살펴볼 수 있다. 좀 번잡하기는 하지만 한일조약의 주요 내용과 논점을 살펴보자.

'기본조약'은 전문前文과 7개조로 구성되었는데, 주요 내용은 다음과 같다.

(제1조) 양국은 외교 및 영사관계를 수립하고, 대사급 외교사절을 지체 없이 교환하며, 합의된 장소에 영사관을 설치한다.

(제2조) 1910년 8월 22일 및 그 이전에 대한제국과 대일본제국 사이에 체결된 모든 조약 및 협약이 이미 무효임을 확인한다.

(제3조) 대한민국 정부가 국제연합 총회의 결의 제195호에 명시된 바와 같이 한반도에서 유일한 합법정부임을 확인한다.

(제4조) 양국은 상호관계와 상호이익을 증진함에 있어서 국제연합 헌장의 원칙을 지침으로 삼는다.

(제5조) 양국은 무역·해운·기타 통상의 관계를 안정되고 우호적인 기초 위에 두기 위해 조약 또는 협정을 체결하기 위한 교섭을 조속히 시작한다.

(제6조) 양국은 민간항공운수에 관한 협정을 체결하기 위해 조속히 교섭을 시작한다.

'기본조약'의 근본적인 한계는 한국에 대한 일본의 침략과 지배를 명시하지 않았다는 점이다. 따라서 일본의 반성과 사죄도 반영되지 않았다. 물론 한국 측은 한일회담이 개시될 때부터 일본의 책임을 추궁하고 사죄와 배상을 요구했다. 그러나 일본은 이에 대해 완강히 반발하고 오히려 식민지 지배를 옹호하는 언동을 보이기조차 했다. 또 한일회담은 현실적으로 샌프란시스코 강화조약의 틀 속에서 진행될 수밖에 없었다. 이런 사정들이 복잡하게 얽혀 한국 측의 주장은 점점 무뎌졌고, '기본조약'은 결국 일본의 식민지 지배 책임을 물을 수 없게 되었다.

차선책으로 한국 측이 '기본조약'에서 논란의 초점으로 삼은 것은 '구조약의 무효 확인'이었다. 이에 대해서도 한국과 일본의 인식은 큰 차이를 보였다. 제2조는 1910년의 '한국병합조약'과 그 이전에 체결된 관계협정의 무효를 확인하는 조항이다. 한국은 "이미 무효"의 의미는 '당초부터 효력이 발생하지 않은 것'이라고 주장했나. 반면에 일본은 '한국의 독립일, 즉 1948년 8월 15일부터 효력을 상실한 것'이라는 의미라고 주장했다.

조문의 해석을 둘러싸고 양국은 왜 이렇게 차이를 보인 것일까? 한국은 '한국병합'이 협박과 기만에 의해 불법적으로 이루어진 강제점령이었다고 인식하고, 경우에 따라서는 일본의 식민지 지배에 대한 국제법상의 책임을 물을 수 있다는 의사를 포기하지 않았다. 이에 대해 일본은 '한국병합'이 대한제국의 동의 아래 합법적인 절차를 통해 이루어졌다고 보고, 그 후의 한국 통치는 강제점령에 의한 식민지 지배와는 성격이 다르다는 견해를 고수했다.

양국은 결국 '언제부터'라는 시점은 서로 편의에 따라 해석하는 대신, 여하튼 무효라는 점을 공지共知하는 선에서 타협하고, '이미'라는 용어를 채용했다. '구 조약'의 무효 시점을 둘러싼 논쟁은 일본의 한국 지배의 합법성 또는 불법성과 결부된 중요한 문제였다. 그런데도 양국 정부는 서로 편의적으로 해석할 여지를 남겨둔 채 서둘러 타결했던 것이다.

'기본조약'에서 또 하나 문제가 된 것은 제3조의 "유일한 합법정부"를 어떻게 해석하느냐는 것이었다. 한국은 당연히 대한민국의 주권이 한반도의 모든 지역에 미친다는 것을 일본이 인정한 것이라고 주장했다. 반면에 일본은 유엔의 결의가 인정하는 범위 안에서 대한민국의 합법성을 인정하지만, 현실적으로는 그 관할권이 남한에만 미치고 있다는 사실을 염두에 두어야 한다고 주장했다. 양국은 결국 "국제연합 총회의 결의 제195호에 명시된 바와 같이"라는 구절을 삽입하는 것으로 타협했다. 이로써 한국과 일본이 종래의 자기 주장을 되풀이할 수 있는 여지를 남겼지만, 일본 측의 의도가 좀 더 관철된 것으로 해석하는 게 맞을 것 같다. 이후 일본은 기회가 있을 때마다 북한과 수교협상을 시도했다. 한국 정부는 이 조항을 근거로 일본의 대북 접근을 견제했고, 일본 정부는 같은 조항을 근거로 한국 정부의 항의를 일축했다.

그런데 '기본조약'에서 무시한 일본의 식민지 지배에 대한 반성과 사과는 30여 년이 지난 뒤 일본 정부와 수상 차원에서 어느 정도 이루어지게 되었다. 1993년 8월 자민당 정권에 종지부를 찍고 집권한 호소카와 모리히로細川護熙 수상은 한국을 방문하여 김영삼金泳三 대통령과 정상회담을 갖고 다음과 같이 언급했다. "우리나라의 식민지 지배로 인해 한반도의 사람들이 모국어 교육의 기회를 빼앗기고, 성명을 일본식으로 바꾸도록 강요당하고, 또 위안부·강제연행 등 여러 가지 형태로 참기 어려운 고통과 슬픔을 경험한 것에 대해서 가해자로서의 비도非道한 행위를 깊이 반성하고, 진심으로 진사陳謝한다."

또 무라야마 도미이치村山富市 수상은 1995년 8월 15일 전후 50주년을 맞아 각의결정을 통해 다음과 같은 담화를 발표했다.

우리나라는 멀지 않은 과거의 한때 국책을 그르쳐 전쟁으로의 길을 걸어서 국민을 존망의 위기에 빠뜨렸고, 식민지 지배와 침략으로 인해 각국, 특히 아시아 제국의 사람들에게 막대한 손해와 고통을 주었습니다. (…) 이에 다시 한 번 통절한 반성의 뜻을 표하고, 진심으로 사죄의 마음을 표명하겠습니다.

호소카와와 무라야마 수상이 한국을 특정하지 않은 데 비해, 오부치 게이조小淵惠三 수상은 1998년 10월 8일 김대중金大中 대통령과 함께 발표한 '21세기를 향한 새로운 한일 파트너십' 선언을 통해 한국을 특정하여 사죄와 반성의 뜻을 표명했다. "우리나라가 과거의 한때 한국 국민에게 식민지 지배를 통해 막대한 손해와 고통을 주었던 역사적 사실을 겸허하게 받아들이고, 이에 대해 통절한 반성과 진심의 사죄"를 표시한 것이다. 이와 비슷한 취지는 2002년 9월의 고이즈미·김정일의 '평양선언'에도 반영되었다. 다만 식민지 지배에 대한 '배상'의 문제는 경제협력 방식을 따르기로 해서 한일조약의 범주를 벗어나지 못했다.

2009년 9월 탄생한 민주당 정부는 역사인식에서 한 걸음 더 나아갔다. 간 나오토菅直人 수상은 일본의 '한국병합' 백 년에 즈음해 2010년 8월 10일 다음과 같은 담화를 발표했다. "3·1 독립운동 등의 심한 저항에서도 보였던 대로, 정치적·군사적 배경 아래 당시의 한국인들은 그 뜻에 반하여 행해진 식민지 지배로 인해 나라와 문화를 빼앗기고 민족의 자긍심에 깊은 상처를 입었습니다." 이어 그는 "통절한 반성과 마음속으로부터의 사죄"도 표명했다. 우리가 주목할 부분은 '한국인의 뜻에 반하여 행해진 식민지 지배'라는 구절이다. 일본은 그때까지 '한국병합'의 강제성을 인정하지 않고 식민지 지배의 합법성을 굳게 주장해왔다. 간 나오토 수상의 담화는 '한국병합'이 강압이고 불법이라는 한국 측 주장에 귀를 기울인 것으로 보인다. 앞으로 일본 정부의 태도를 눈여겨볼 필요가 있다.

이처럼 '기본조약' 체결 이후 30여 년이 지나면서 일본 정부의 역사인식에는 큰 변화가 나타났다. 그중에는 한국 정부의 역사인식에 이해를 표명하는 경우도 있었다. 그렇지만 '한국병합조약'의 강제성을 공식적으로 인정하지 않는 점에서는 아직 '기본조약'의 테두리를 벗어나지 못했다고 볼 수 있다. 역사인식에서 한일 양국의 격차는 아직도 크게 벌어져 있다.

법적지위협정

재일한인의 법적 지위 문제는 패전과 해방 이후 일본과 한국이 당면한 여러 난제 중에서도 매우 복잡한 사안이었다. 역사, 인권, 외교, 국내외 법규, 재산, 정치, 감정 등이 깊게 얽혀 있었기 때문이다. '법적지위협정'의 골자는 아래와 같다.

(제1조 1항) 일본국 정부는 1945년 8월 15일 이전부터 계속 일본에 거주하고 있는 자와 그의 직계비속으로서 1945년 8월 16일 이후 본 협정 발효부터 5년 이내에 일본국에서 출생하여 계속 일본국에 거주하는 자에 해당하는 대한민국 국민이 본 협정의 효력 발생일로부터 5년 이내에 영주허가를 신청하였을 때에는 일본국에서의 영주를 허가한다.

(제2조) 일본국 정부는 제1조의 규정에 의거하여 일본국에서의 영주가 허가되어 있는 자의 직계비속으로서 일본국에서 출생한 대한민국 국민의 일본국에서의 거주에 관해서는 대한민국 정부의 요청이 있으면 본 협정의 효력 발생일로부터 25년이 경과할 때까지는 협의를 행함에 동의한다.

(제3조) 제1조의 규정에 의거하여 일본국에서 영주가 허가되어 있는 대한민국 국민은 제3조에서 규정한 어느 하나에 해당되는 경우를 제외하고는 본 협정의 효력 발생일 이후의 행위에 의하여 일본국으로부터의 퇴거를 강제당하지 아니한다.

(제5조) 제1조의 규정에 의거하여 일본국에서의 영주가 허가되어 있는 대한민국 국민은 출입국 및 거주를 포함하는 모든 사항에 관하여 본 협정에서 특히 정하는 경우를 제외하고 모든 외국인에게 동등하게 적용되는 일본국의 법령의 적용을 받는 것이 확인된다.

일본에서는 패전 직후부터 재일한인에 대한 차별 철폐와 법적 지위 확보운동이 광범하고 끈질기게 전개되었다. '법적지위협정'은 그 운동 과정에서 제기된 요구조건을 충분히 수렴하지 못하고 재일한인의 처우를 개선하는 데도 특별히 기여하지 못했다.

양국의 외무장관은 제2조에서 규정한 대로 '법적지위협정'이 체결된 지 25년이 경과한 시점인 1991년 1월 10일 '합의각서'를 교환하여 '법적지위협정'이 안고 있던 문제점을 많이 해결했다. 그럼에도 재일한인에 대한 지방자치체 참정권 부여, 원호보상 실시, 국민연금 적용 등의 여러 문제들은 아직도 개선되지 못하여 논란을 빚고 있다.

어업협정

'어업협정'은 어민의 생계는 물론 평화선의 철폐와 맞물려 있기 때문에 양국에서 매우 주목한 사안이었다. 그 골자는 다음과 같다.

(제1조 1항) 양 체약국은 각 체약국이 자국 연안의 기선으로부터 측정하여 12해리까지의 수역을 자국이 어업에 관하여 배타적 관할권을 행사하는 수역으로서 설정하는 권리를 가짐을 상호 인정한다.

(제4조 1항) 어업에 관한 수역 외측에서의 단속(정선 및 임검을 포함함) 및 재판 관할권은 어선이 속하는 체약국만이 행하며 또 행사한다.

'어업협정'은 한국의 낙후된 어업과 일본의 발달된 어업 실정을 토대로 하여 맺어졌다. 당시 한국은 무동력선에 의한 근해어업이 주류였고, 일본은 최신장비를 구비한 원양어업으로 세계를 휩쓸고 있었다. 그리하여 어업수역의 범위와 조업선박의 단속권을 명시한 조항에는 일본 측에게 유리한 내용이 반영되었다. 그리고 세계의 추세에 맞게 12해리를 자국의 배타적 관할권으로 설정함으로써 평화선은 철폐되었다. 이승만 대통령이 선포한 평화선은 한국의 어업을 보호하고 한일회담을 유리하게 이끌어 가는 데 도움을 주었다. 독도 영유권을 확실히 지킨 것은 말할 필요도 없다. 평화선의 철폐는 장비와 기술이 앞선 일본 어민에게 한국 근해의 어장을 내주는 위험성을 안고 있었다. 또 한국인에게는 영해주권을 상실한 듯한 공허감을 안겨주었다.

한국 정부는 일본과의 어업 수준 격차를 메우기 위해 청구권자금 중에서 많은 부분을 어업에 투입했다. 그리하여 30여 년이 지나는 동안 한국의 어업장비와 기술도 크게 향상되어, 세계 유수의 원양어업국가로 성장할 수 있었다. 그 사이 또 200해리를 배타적 관할권으로 인정하는 등 국제 해양법 체계도 바뀌었다. 한일의 어업환경이 근본적으로 변한 것이다.

한일 양국은 1990년대 후반에 들어서 '어업협정'을 그대로 준수하기 어렵다고 판단하고 개정협상을 추진했지만, 서로 자국의 주장을 지나치게 고집하여 쉽게 합의에 이르지 못했다. 이에 일본은 1998년 1월 23일 일방적으로 '어업협정'의 파기를 선언했다. 일본의 돌출행동으로 한일조약 체제는 최대의 위기를 맞았다. 한국과 일본은 이 이상사태를 해소하기 위해 외교적 절충을 되풀이한 끝에 1999년 9월 25일 '신어업협정'을 체결했다. 한국에서는 '신어업협정'이 한국의 어획량을 감소시킨다는 우려가 제기되었다. 나아가서 '신어업협정'이 독도 주변을 공동관리수역에 포함시킴으로써 한국의 독도 영유권에 손상을 가져왔다는 비판도 거셌다.

청구권협정

'청구권협정'은 한일회담 당초부터 논란이 많았을 뿐만 아니라 오늘날까지도 비판의 표적이 되고 있는 사안이다. 또 한일 사이에 여전히 외교 현안으로 떠올라 있는 무거운 과제이기도 하다. '청구권협정'의 골자는 다음과 같다.

> (제1조) 일본은 한국에 10년에 걸쳐 무상 3억 달러와 유상 2억 달러(연이율 3.5%, 7년 거치를 포함하여 20년 상환)를 제공한다.
>
> (제2조) 양국과 그 국민의 재산·권리 및 이익과 청구권에 관한 문제가 완전히 그리고 최종적으로 해결된 것을 확인한다.

한일 간의 청구권 논의는 연합국과 일본 간의 전후처리 협상인 샌프란시스코 강화조약에 의거하여 진행되었다. 곧 미국의 대일 강화 방침인 배상요구 포기 정책의 영향을 받았다. 일본은 이를 방패삼아 한국에 법적 근거에 입각한 청구권 문제의 제기를 요구하고 경제협력 방식의 채택을 유도했다. 미국 주도의 전후 국제질서 속에서 경제개발자금을 마련하기 위해 부심하고 있던 한국 정부는 일본의 주장을 받아들일 수밖에 없었다.

'청구권협정'에서 불거진 문제는 민간 차원의 보상 문제였다. 한국은 샌프란시스코 강화조약에 참여하지 못했다. 그리고 식민지 지배에 대한 보상 등의 문제는 한일 양국의 협정으로 처리하게 되었다. 한국 정부가 일본 정부와 벌인 청구권 협상은 민간의 재산권 협상을 대행한 성격을 띠고 있었다.

한국 정부는 일본 정부가 국가보상의 방법을 채택하도록 압박함으로써 청구권자금을 국가가 활용할 수 있는 길을 열었다. 한국 정부는 국내에서 개인보상의 액수를 줄이고 시기를 늦추며 청구권자금을 경제개발에 집중하는 전략을 구사했다. 개인보상은 1974년에 관련법을 만들어 불충분하게나마 시행했다. 이로써 개인의 청구권과 재산권이 국익에 종속된 형태로 처리된 셈이다.

'청구권협정'에서는 '청구권'과 '경제협력'을 병기함으로써 일본이 한국에 제공한 자금을 양국의 사정에 맞춰 해석할 빌미를 제공했다. 일본에서는 이것을 '독립축하금' 혹은 '경제협력금'으로, 한국에서는 이것을 '배상금' 또는 '보상금'으로 부르는 현상이 나타났다. 이름은 사안의 본질을 규정한다. 일본은 '청구권협정'으로 보상 문제는 완전히, 그리고 최종적으로 해결되었다고 주장한다. 일본 정부는 식민지 지배에 대한 성찰과 반성이 없었기 때문에 한일회담 초기부터 이런 주장을 고수해왔다. 한국은 이에 완전히 동의하지 않았지만, 회담을 타결하기 위해 일본 측의 주장을 수용하는 듯한 태도를 보였다. 결국 같은 자금에 대해 한일 양국이 서로 다른 해석과 이름을 붙임으로써 갈등과 불신을 오히려 심화시킨 측면도 있다.

최근 한국 대법원은 '청구권협정'에 대해 일본 정부는 물론이고 한국 정부의 해석 및 태도와도 전혀 다른 판결을 내렸다(2012. 5). 일제강점기의 강제동원 자체가 불법이고, 개인의 손해배상 청구권은 살아 있다고 판시한 것이다. 이는 '청구권협정' 체제의 근간을 뒤흔든 판결로서, 앞으로 한일 양국 정부가 어떻게 대응할 것인가가 초미의 관심사로 떠오르고 있다. '청구권협정'의 해석을 둘러싼 양국의 갈등과 그로 인해 야기되는 '과거사' 청산의 문제에 대해서는 뒤에서 다시 살펴보겠다.

문화재협정

'문화재협정'은 당시에는 별로 주목을 끌지 못했지만, 문화가 국민생활의 주요영역이 된 최근에 와서 관심이 높아지고 있다. '문화재협정'의 골자는 아래와 같다.

> (제1조) 양국은 양국민 간의 문화관계를 증진시키기 위해 가능한 한 협력한다.
> (제2조) 일본국 정부는 부속서에서 열거한 문화재를 양국 정부 간에 협의되는 절차에 따라 본 협정 발효 후 6개월 이내에 대한민국 정부에 인도한다.
> (제3조) 양국 정부는 자국의 미술관·박물관·도서관 및 기타 학술문화에 관한 시설이 보유하는 문화재에 대하여 상대방 국민에게 연구의 기회를 부여하기 위하여 가능한 한 편의를 제공한다.

'문화재협정'에 대해서는 다음의 두 가지가 비판의 대상이 되었다. 곧 일본 측이 문화재 반출의 불법성을 인정하지 않았고, 또 가져간 문화재를 모두 반환하지 않았다는 점이다. 협상 과정에서 일본 외무성은 문화재 반환에 좀 더 적극적이었던 반면, 민족주의적인 문부성과 '문화재보호위원회'가 강력히 반대하는 경향을 보였다. 결국 '문화재협정'을 통해 일본 측이 한국에 인도한 문화재는 미술품 363점, 전적典籍 852점 등이었다.

그런데 최근 러일전쟁 백 년 또는 일본의 '한국병합' 백 년을 맞아 일본 소재 한국 문화재의 일부가 반환되었다. 야스쿠니신사에 방치되어 있던 북관대첩비北關大捷碑는 임진왜란 당시 의병을 모아 왜군을 격퇴한 정문부 장군의 전공을 기려 숙종 재위 시 건립되었던 비석으로, 1905년 러일전쟁 당시 일본군이 제멋대로 가져간 것이었다. 일본은 한국의 반환요구를 받아들여 백 년 만인 2005년에 이 비석을 한국에 인도했다. 한국은 이 비석이 원래 함경도 길주에 있었던 점을 감안하여 북한에 넘겨주었다. 도쿄대학이 소장하고 있던 조선왕조실록 오대산본 47책도 2006년에 서울대학교로 돌아왔다. '한국병합' 백 년을 맞아 일본의 민주당 정부는 궁내청 서릉부가 소장하고 있던 조선왕실의궤 81종 161책을 2011년에 한국 정부에 인도했다. 이런 일련의 조치는 '문화재협정'의 결함을 극복하려는 시도였다고 볼 수 있다.

한일조약의 긍정적 평가

한일조약은 한국과 일본의 복잡한 국내 사정과 미묘한 국제정세 속에서 고육지책이 착종하는 가운데 체결되었다. 그렇기 때문에 양국의 의견을 충분히 조정하지 못한 채 의도적으로 애매한 표현을 구사하여 반대여론을 무마시킨 조항도 있다. 게다가 한일조약은 사할린 거주 한인의 귀환, 일본군 '위안부'에 대한 사죄와 보상, 원자폭탄 피해 한국인의 치료와 보상 등의 문제는 제대로 거론하지 않았거나 충분히 협의하지 못한 채 봉합했다는 결함을 안고 있다. 이 문제들은 나중에 한일 양국 사이의 외교

일본으로 반출되었다가 100년만에 돌아온 북관대첩비
임진왜란 당시 정문부 장군이 왜장 가토 기요마사가 이끌던 왜군을 격파한 기념으로 1708년 함경북
도 길주군에 세워졌던 북관대첩비는 1905년 러일전쟁 당시 일본군에 의해 약탈되어 도쿄 야스쿠니
신사에 방치되어 있다가 2005년에 한국에 반환되었다. 한국 정부는 이 비석을 북한에 넘겨주어 원래
있던 자리에 다시 세워졌다. 사진 왼쪽은 경복궁에 전시 중인 북관대첩비 복제품이고 오른쪽은 야스
쿠니신사에 방치되어 있던 당시의 모습이다.

현안으로 불거져, 일본 정부가 충분하지는 않지만 별도의 조처를 취하게 된다.

그렇지만 한일조약의 부정적 측면을 인정하면서도 총체적으로는 한국에 더 많은 기여를 했다는 평가도 만만치 않다. 일단 두 가지 성과를 지적할 수 있다. 하나는 '기본조약'에서 일본이 대한민국을 한반도의 유일한 합법정부로 인정한 것이고, 다른 하나는 '청구권협정'을 통해 한국에 유입된 일본 자금이 한국의 경제발전에 도움이 되었다는 점이다.

먼저 정치적·국제적 효과를 살펴보자. 1970년대 중반까지 일본에서는 공산당·사회당 등이 큰 세력을 가지고 있었고, 좌파 지식인들의 영향력이 두드러졌다. 그들은 대체로 남북한 문제에서 음으로 양으로 북한을 지지하는 경향이 강했다. 이런 분위기는 집권 자민당 안에도 존재했다. 그렇기 때문에 동북아시아의 국제정세에 작은 변화만 생겨도 일본 정부는 북한과의 관계개선이나 국교수립을 추진하려는 움직임을 보였다. 그때마다 한국 정부는 일본 정부에게 북한에 접근하는 것을 자제해달라고 요청하곤 했다. 그 논거가 바로 '기본조약'에 규정되어 있는 '유일한 합법정부' 조항이었다. 일본 정부는 한국 정부의 요청을 완전히 받아들이지는 않았을지라도 결과적으로는 북한과의 정치적 교류를 자제하는 태도를 보였다. '기본조약'에 의거한 한국 정부의 노력이 주효하지 않았더라면 일본 정부의 대북한 접근은 강화되었을 것이다. 그럴 경우 한반도에서 힘의 균형이 깨져 한국에 불리해졌을 가능성이 있다.

다음은 경제적 기여의 측면이다. '청구권협정'에 따라 1966년부터 1975년까지 일본으로부터 5억 달러의 자금이 유입되었다. 이 자금은 농림업,

수산업, 광공업, 과학기술, 인프라스트럭처 등 광범위한 분야에서 사용되었다. 각 부문의 사업은 한국의 경제발전을 추동하는 기반이 되었다. 같은 기간 동안 이 자금에 의한 고정자본 형성 기여도는 제조업 3.9%, 건설업 3.8%, 농림수산업 3.7%, 전기수도 21%, 운수통신 1.0% 등이었다. 그리고 총자본재 수입 중에서 일본 자금의 비중은 연평균 3.2%였다. 특히 1966년에는 28.0%, 1967년에는 10.7%에 달했다. 1966년부터 1975년까지 국민총생산에 대한 일본 자금의 기여도는 연 1.04~1.61%였다. 청구권자금에 의한 국민총생산 성장률은 최저 1.11%(1970)에서 최고 1.73%(1975)까지 기록했다. 단기적 경상수지 개선효과는 연평균 4.3%였으며, 무역수지에 대한 경상수지 개선효과는 연평균 7.7%였다.

한국 정부는 회담 초기에 '변제권'이라는 명목으로 식민지 지배에 대한 배상을 요구했다. 그것을 고집했으면 일본의 자금공여는 3억불 이하에서 타결되었을 가능성이 높다. 한국 정부는 막판에 '청구권'으로 선회함으로써 6억불 이상의 경제개발자금을 획득했다. 국내적으로는 청구권자금이라는 명분도 확보할 수 있었다. 반면 일본 정부는 청구권자금을 배상이 아닌 경제협력자금이라고 주장했다. 이런 명목을 내세워 국내의 반발여론을 설득했던 것이다.

청구권자금은 당시 일본의 외환사정으로 볼 때 적지 않은 금액이었다. 그렇지만 한국의 경제성장으로 일본 상품의 수출이 크게 증가할 것을 감안하면 일본 정부에게도 큰 부담은 아니었다. 더구나 한국이 자유 진영의 반공국가로 안정적으로 발전하여 일본의 안보방벽 역할을 했기 때문에 더욱 만족스러운 일이었다. 한일 간의 청구권 협상에 적극적으로 개입했던 미국 정부도 한일 양국의 국교 정상화로 동북아시아에 한·미·일 협력 체제가 견고하게 구축되는 기반이 조성되었다고 환영했다. 따라서 '청구 권협정'은 한·미·일 삼국이 서로에게 이익이 되었다고 납득할 수 있을 정도의 결정이었다.

한일조약이 체결될 당시에도 '기본조약'과 '부속협정' 등은 많은 한계와 과제를 안고 있었다. 오늘날의 시점에서 보면 더욱 그럴 것이다. 특히 독도 영유권 문제를 명쾌하게 정리하지 못한 점은 아쉬움으로 남아 있다. 일본은 한일조약 조인 직전까지 독도 영유권 문제를 거론했다. 그렇지만 한국이 한일조약을 체결 못하는 한이 있어도 독도 영유권은 건드릴 수 없다고 버팀으로써 독도 문제는 일단 논의에서 제외되었다. 일본이 한국의 반대를 수용한 것은 독도 문제 타결에 묵시적으로 동의한 것으로 해석할 수도 있다. 한일회담 추진 당시의 국제질서와 국내정세, 특히 한국과 일본의 국력차이 등을 종합해 감안하면, 한일조약은 한국이 일본의 공세를 받아치면서 선방善防한 가운데 맺은 조약이었다고도 할 수 있을 것이다.

한일조약의 부정적 평가

한일회담과 한일조약에 대해서는 논의가 시작된 당시부터 찬성(긍정)과 반대(부정)의 주장이 첨예하게 대립했다. 그리고 이 양 극단의 견해는 반세기가 지난 지금까지 해소되지 않은 채 갈등을 재생산하고 있다. 한일조약의 부정적 효과, 곧 한일관계의 허물을 지적하는 견해를 간단히 소개하면 다음과 같다.

한일조약 발효 이후 양국 정부의 관계가 깊어짐에 따라 정치적으로는 한국의 군사독재를 강화하고 민주주의를 억압하는 현상이 나타났다. 일제의 식민지 지배와 연결되는 자민당 정권과 이른바 친일파 세력이 결합함으로써 한일유착이 심화되고 민족정기가 흐려졌다. 그리고 한국이 경제개발에 투자할 욕심으로 소액의 청구권자금을 받아내는 데 그치고 당당하게 많은 배상금을 받아내지 못함으로써, 민간인 피해자에게 제대로 보상할 수 없었다. 경제적으로는 이권이 달려 있는 일본 자본이 한국에 유입됨으로써 부패의 고리가 형성되었다. 한국 경제는 값싼 임금에 바탕한 노동집약산업으로 정착되고, 일본 독점자본의 재생산구조에 종속되는 형태가 자리 잡았다. 국제적으로는 한·미·일의 정치적·군사적·경제적 유착을 강화시켜 한반도 냉전을 격화시키고 남북통일을 어렵게 만들었다.

일본의 전후 배상외교를 독일 등과 비교하여 한일조약의 한계를 지적할 수도 있다. 일본은 동남아시아 여러 나라와 한국에 배상 또는 청구권자금을 지불했지만, 거기에 침략과 지배에 대한 반성과 사죄의 의미를 담지 않았다. 아시아 저개발국가에 대한 경제협력이나 원조제공의 의미로 인식했던 것이다. 이마저 국가를 대상으로 자금을 제공하는 방식을 취하고 피해자 개인에 대한 보상을 배제했기 때문에, 오늘날까지도 민간인의 피해보상을 요구하는 목소리가 드높다. 일본에서 한국인 등이 제기한 손해배상소송은 70여 건에 달하지만, 결국 거의 대부분 패소로 끝나 법적인 구제의 길이 막혀버렸다. 반면 한국의 대법원은 식민지 지배의 불법성과 개인청구권의 존재를 인정하는 판결을 함으로써(2012. 5) 민간인 피해보상에 논란을 불러일으키게 되었다.

최근에는 한일회담과 한일조약이 찬성(긍정)과 반대(부정)의 논리만으로

1965년 6월 22일 일본의 수상관저에서 한일 양국의 전권대표가 한일조약을 정식으로 조인했다. 한일조약을 체결한 지 반세기가 지났지만 일본군 '위안부'에 대한 보상, 역사왜곡 발언, 독도 영유권 주장, 어업분쟁, 재일한인의 참정권 문제 등을 둘러싸고 한일 양국은 여전히 첨예하게 대립하고 있다. 오늘날의 한일관계를 종합적으로 이해하기 위해서는 한일 양국의 국민이 한일회담과 한일조약의 추진 과정, 주요내용, 파급효과 등에 대해 정확한 지식과 균형 잡힌 인식을 갖는 게 대단히 중요하다.

재단하기 어려운 구조적 한계를 지니고 있었다는 점을 지나쳐서는 안 된다는 주장도 제기되고 있다. 박정희 정부 아닌 다른 정부가 한일회담을 추진하고 한일조약을 체결했다 해도 '과거사' 청산은 구조적으로 불가능했을 가능성이 높다. '과거사' 청산, 곧 식민지 관계의 청산은 '한국병합'의 불법적 성격을 명확히 규정하고 그 책임에 따른 보상을 받는 것을 의미한다. 그러나 한일회담은 막판에 청구권 교섭에 밀려 '과거사' 청산이라는 본질을 흐지부지하게 다루었다.

한일회담에서 '과거사' 청산이 이루어지지 않은 원인은 주로 미국의 대일 및 대한반도 정책, 일본 정부의 과거에 대한 무반성적 자세, 그리고 한국 정부의 대일 유화적 속성 등에서 찾을 수 있다. 그렇지만 한일회담은 애초부터 '과거사' 청산을 제기할 만한 구조적 기반을 갖추지 못하고 있었다. 그 근거는 세 가지로 요약할 수 있다. 첫째, 한국 정부는 '과거사' 청산에 관한 국민적 합의를 도출할 능력이 없었다. 자력으로 독립을 쟁취하지 못한 상황에서 남북의 민족 간 대립은 한국 정부로 하여금 반공을 국가수호의 최우선 과제로 삼을 수밖에 없도록 만들었고, 반공논리는 친일논리와 연결되어 국민의 신뢰를 얻지 못하는 상황을 연출했다. 둘째, 일본 안에서 과거를 반성하는 세력은 한일회담 자체를 반대했다. 그러므로 일본 측에서 보더라도 한일회담이 '과거사'를 반성하는 형태로 진행될 가능성은 전혀 없었다. 셋째, 한일회담의 법적 근거인 샌프란시스코 강화조약은 반공논리에 기초하여 일본에게 배상책임을 지게 하지 않았다. 그렇기 때문에 한일회담에서도 '과거사'를 청산하는 조약을 만들어낼 수 없었다. 결국 한국은 '과거사' 청산이 불가능한 조건 아래서 한일회담을 추진한 셈이었다. 따라서, 남북분단과 대결이라는 제약이 엄존하는 한 어떤 정부도 한일회담과 한일조약에서 '과거사' 청산을 제대로 관철할 수는 없었을 것이다.

한일조약은 주권국가끼리 맺은 조약이기 때문에 이를 근본적으로 뒤집기는 대단히 어려운 일이다. 그러므로 언제가 북한과 일본이 국교 정상화 교섭을 한다면, 그때 일본이 '과거사'를 청산할 수 있도록 하는 방안을 고려할 수 있을 것이다. 그렇지만 김정일 국방위원장과 고이즈미 수상이 2002년 9월 공동으로 발표한 '평양선언'을 볼 때 그것도 기대하기 어렵게 되어 있다. 두 정상은 식민지 지배 책임의 처리를 한일조약과 유사한 방법, 곧 경제협력 방식으로 해 나간다고 합의했다. 앞으로 일본과 북한이 이 선언에 의거하여 국교수립을 추진한다면 한일회담과 비슷한 전철을 밟고 한일조약과 비슷한 형태로 타결될 가능성이 높다.

오늘날 한국과 일본 사이에는 매년 6백만여 명의 인간이 왕래하고 1천억 달러 정도의 교역이 이루어지고 있다. 정보와 문화의 교류도 이에 못지않게 활발하다. 그럼에도 한국과 일본은 일본군 '위안부'에 대한 보상, 역사왜곡 발언, 독도 영유권 주장, 어업분쟁, 재일한인의 참정권 문제 등을 둘러싼 갈등에서 완전히 벗어나지 못하고 있다. 한일 양국 간에 교차되는 이런 명암과 시비는 궁극적으로 '과거사' 처리의 원점, 곧 한일회담과 한일조약에서 비롯된 바가 많다. 따라서 오늘날의 한일관계를 종합적으로 이해하기 위해서는 한일 양국의 국민이 한일회담과 한일조약의 추진 과정, 주요내용, 파급효과 등에 대해 정확한 지식과 균형 잡힌 인식을 갖는 게 대단히 중요하다.

국교의 전개, 유착과 갈등의 변주

대사관 설치와 국교재개

한일조약은 대한제국과 대일본제국 사이에 맺어진 '구舊조약'을 무효화하고 대한민국과 일본국이 '신新조약'을 체결함으로써 국교를 새로 수립하고, 양국 간의 인간·물자·문화·정보 등의 교류를 정상화했다는 점에 의의가 있다. '구조약'과 '신조약' 사이에는 하늘과 땅만큼이나 차이가 있었다. 전자가 한국과 일본이 불평등한 처지에서 일본 제국주의의 한국 지배를 실현한 침략의 기제였다면, 후자는 두 나라가 대등한 자격으로 식민지 지배의 유산을 청산하고 교류협력의 동반자로 다시 태어나는 계기가 되었기 때문이다.

한국과 일본은 1965년 12월 한일조약이 발효되자마자 각각 서울과 도쿄에 대사관을 개설하고 국교업무를 재개했다. 이후 양국 대사관은 두 나라 관계의 밀접성과 특수성 때문에 양국 외교에서 대단히 중요한 지위를 점하게 된다.

한국은 1949년 1월 도쿄에 주일본한국대표부를 발족한 바 있다. 1965년 12월 이것을 주일본한국대사관으로 승격한 것이다. 초대 주일대사로는 김동조金東祚 씨가 부임했다. 재일한인 기업인 서갑호徐甲虎 씨는 1962년 11월 도쿄의 일급지에 소재한 토지와 건물을 한국 정부에 기증했다. 이곳에 1979년 9월 장엄한 대사관 청사가 신축되고, 40여 년이 지난 2013년 최신 시설로 전면 개축되었다. 한일 국교가 재개될 당시만 하더라도 세계에서 가장 가난한 나라였던 한국은 공관의 설치 등에서 재일한인의 신세를 많이 질 수밖에 없었다.

일본은 한일조약이 조인된 1965년 6월 주서울재외사무소를 개설했다. 그리고 한일조약이 발효됨과 동시에 주한일본대사관을 발족시켰다. 초대 주한대사로는 마에다 도시카즈前田利一 씨가 부임했다. 일본은 종로구 중학동과 운니동에 각각 대사관과 공보문화원 건물을 신축하고 정치·경제·영사·문화 등의 업무를 추진했다.

한일 양국은 국교를 수립한 뒤 1966년 3월 무역협정, 1967년 5월 항공협정, 1970년 10월 이중과세 방지협정, 1978년 6월 대륙붕 공동개발협정, 1999년 1월 신어업협정 등 수많은 조약과 협정을 체결했다. 또 1967년 8월 도쿄에서 열린 제1차 한일 정기 각료회의를 시작으로 두 나라의 협력 증진과 현안 해결을 위해 서울과 도쿄에서 정기적인 각료회의를 열었다. 한일 정기 각료회의는 한일관계의 부침에 따라 중단과 연기를 거듭했지만, 외교·경제·재일한인 등의 문제를 해결하는 데 크게 기여하면서 1990년 11월 15차 회의까지 지속되었다. 1972년 5월에는 양국 의원들의 친목 도모를 위한 한일의원간담회(1975년 7월 한일의원연맹으로 개칭)가 창립됐다. 한일의원연맹은 양국의 주요 의원을 회원으로 망라하며 현재까지 유지되고 있다. 그러나 정부와 국회 차원의 교류에도 불구하고 국내외 사정으로 인한 현안이 끊임없이 발생하여 양국 관계는 우여곡절의 길을 걸었다.

한일의 비공식 채널과 밀사외교

한국과 일본의 외교관계에서 특별히 언급하지 않으면 안 될 것 중의 하나가 비공식 채널의 가동과 막후조정의 전개이다. 한국에서 박정희 정부가 출범한 이후 한일관계의 주요현안은 겉으로는 공식 외교라인을 통해 결말을 지었지만, 속으로는 권력자의 위임을 받은 밀사들이 왕래하며 물밑교섭을 통해 미리 해결방안을 강구하는 경우가 많았다. 박정희가 만주군관학교와 일본육군사관학교 출신이었기 때문에 일본 측에서도 이와 조응할 수 있는 경험을 가진 인사, 특히 식민지 조선과 괴뢰국 만주 또는 관동군과 관련이 있는 유력인사가 한국 측의 파트너로 활약했다.

자민당의 실력자이자 부총재인 오노 반보쿠^{大野伴睦}(1890~1964)는 1963년 12월 28일 박정희 대통령 취임식에 일본 정부 경축사절단 대표로 참석했다. 그는 서울에 오기 직전, "나와 박정희 씨의 관계는 부자지간과 같은 사이로, 그의 대통령 취임식에 가는 것은 자식의 축하연에 가는 것처럼 기쁜 일"이라고 발언하여 물의를 빚었다. 그는 '정치는 의리와 인정'이라는 소신을 가지고 있었는데, 자신과 박정희가 얼마나 끈끈한 관계인가를 잘 표현한 발언이었다. 오노는 축하인사를 마친 뒤 박정희에게 한일협상에서 '막후교섭'의 중요성을 강조하고, 이는 "대통령이 확실히 신임하는 사람, 대통령의 의중을 잘 아는 사람, 통역 없이 충분히 모든 이야기를 할 수 있는 사람"이어야 해낼 수 있다고 조언했다. 그리고 자신은 자민당 안팎에서 한일회담을 지원하는 역할을 맡았다.

오노가 한일협상의 막후 주역이 되는 데는 김종필의 육사 동기생인 정보장교 최영택^{崔榮澤}과 고다마 요시오^{兒玉譽士夫}의 비공식 채널이 작용했다. 5·16쿠데타의 주역 중 한 명이던 최영택은 먼저 야쓰기 가즈오^{矢次一夫}와 접촉했다. 야쓰기는 일본 정계에서 '쇼와 최대의 괴물'이라는 별명으로 불리던 막후 실력자였다. 그는 기시 노부스케 정부 때 수상의 개인특사

자민당의 실력자이자 부총재인 오노 반보쿠는 1963년 12월 28일 박정희 대통령 취임식에 일본 정부 경축사절단 대표로 참석했다. 그는 서울에 오기 직전, "나와 박정희 씨의 관계는 부자지간과 같은 사이로, 그의 대통령 취임식에 가는 것은 자식의 축하연에 가는 것처럼 기쁜 일"이라고 발언하여 물의를 빚었다.

자격으로 1958년 이승만 대통령을 방문한 적이 있었다. 그러나 기시-야쓰기 라인은 당시 자민당의 차기 수상으로 거론되던 실력자이자 농림장관 고노 이치로河野─郎 라인의 견제를 받았다. 최영택은 한일회담을 타결하기 위해서는 자민당의 양대 실력자인 오노와 고노를 만나야 하는데, 고다마 요시오가 중개자 역할을 할 수 있다고 판단했다.

고다마는 오노의 수하로서 일본의 극우 세력을 주도하던 최대 두목이었다. 그는 1920년 서울의 친척집에 맡겨졌다. 경성상업전문학교(선린상고)를 졸업하고, 31세 때 상하이에서 '고다마기관'이라는 군수물자 조달업체이자 사설 정보기관을 운영했다. 1955년 자민당이 창당할 때 거액의 자금을 기부했다. 최영택은 1962년 3월 고다마를 방문하여, 오노 부총재와 고노 농림장관의 도움을 요청했다. 고다마의 중개로 김종필은 1962년 10월 도쿄에서 오노를 만났다. 둘은 곧 한일협상의 막후교섭 인물이 되었다. 한 달 뒤인 11월 12일 김종필은 오히라 마사요시 외무장관을 만나 대일 청구권자금의 규모를 합의했다. 1964년 오노가 심근경색으로 타계하자 거물 정치가로서 고노의 위상은 더욱 높아졌다.

일설에 의하면 1965년 1월, 당시 건설장관이던 고노는 자필로 쓴 이른바 '독도밀약'의 초안을 비서인 우노 소스케宇野宗佑(나중에 일본 수상) 자민당 의원을 통해 서울의 정일권丁─權 국무총리에게 보냈다. 우노 의원은 성북동 범양상선 박건석朴健碩 회장 집에서 정일권 총리를 만나 밀약을 맺었다. 이 자리엔 문덕주文德周(외교부차관), 김종락金鍾珞(김종필의 친형), 시마모토 겐로嶋元謙郎(요미우리신문 서울특파원) 등도 합석했다. 이 밀약은 박정희 대통령의 재가를 얻었고, 우노는 이를 고노에게 보고했다. 밀약에는 "독도 문제는 앞으로 해결해야 한다는 것으로써 일단 해결한 것으로 간주한다", "양국 모두 자국 영토라고 주장하는 것을 인정하고 동시에 그것에 반론하는 데 이론은 없다" 등이 써 있었다고 한다. 곧 '미해결의 해결'인 셈이다.

'독도밀약'의 아이디어는 김종락이 냈다고 전해진다. 김종락은 당시 한일은행 전무이사였고, 5·16 주체 세력의 일원이었다. 일본인 처를 둔 일본통이었고, 박정희의 신뢰가 두터웠다. 김종필이 1964년 한일회담 반대 시위(6·3항쟁)의 책임을 지고 공화당 의장을 사퇴한 뒤 자의 반 타의 반의 외유에 나서는 시점에서 김종락이 한일협상의 무대에 등장했다.

'독도밀약'의 존재 또는 진위 여부는 현재로서는 확언할 수 없다. 하지만 위의 글만 보더라도, 한일 간의 주요현안이 비공식 채널을 통해 논의되고 합의되었음을 확인하는 데는 부족함이 없을 것이다. 정일권은 김종필이 없는 상황에서 한일협상을 재추진할 방법을 모색하다가, 요미우리신문 서울특파원 시마모토 겐로에게 상의하여 고노 이치로를 소개받았다. 고노는 오노 반보쿠가 이끄는 자민당의 차기 수상 후보로 유력했다. 시마모토는 해방 이후 최초의 서울 주재 일본인 특파원이었고, 그의 부친은 일제강점기 『경성일보』의 편집국장이었다. 시마모토는 세 살 때부터 서울에서 살며 경성중학교를 졸업한 한국통이었다. 그는 도쿄 요미우리신문의 와타나베 쓰네오渡邊恒雄(현 요미우리그룹 회장) 기자의 도움으로 고노와 접촉했다. 고노는 처음에는 한일회담이라는 어려운 외교 문제에 개입하는 것이 수상직 도전에 불리할 거라고 판단해서 나서기를 꺼렸다.

와타나베는 나카가와 이치로中川一郎 자민당 의원을 한국 측에 소개했다. 나카가와는 오노가 가장 아끼는 수하였다. 그는 1964년 1월 박태준朴泰俊

이 한일협상을 물밑에서 보조하기 위해 도일했을 때, 오노의 명을 받고 박태준을 맞아 막후협상을 진행했다. 정일권은 서울을 방문한 나카가와에게 고노가 한일협상을 막후에서 맡을 수 있도록 도와달라고 부탁했다. 나카가와는 고노에게 정일권 총리가 전해준 박정희 대통령의 뜻을 전달했다. 1964년 10월 고노는 자신의 비서였던 우노 소스케와 가이후 도시키 海部俊樹(나중에 수상이 됨)가 서울을 방문하고 돌아온 뒤 한일회담의 막후조정자가 되기로 결심했다. 고노 이치로의 등장은 오노 반보쿠가 있었기 때문에 가능했다.

1965년 한일조약의 체결에는 한일 양측 모두 '만주인맥'이 중요한 역할을 했다. 박정희 대통령과 정일권 국무총리는 만주군관학교 출신이었고, 기시 노부스케 전 수상은 만주국 산업부 차장, 오히라 마사요시, 시나 에쓰사부로, 오노 반보쿠 등의 막전막후 인물은 만주국 관리나 관동군 출신이었다. 전후 한일 인맥의 원류를 이룬 이들은 양국의 정치경제적 이해관계의 중요성과 정당성을 내세워 공생했다. 정일권-김종락 라인, 고노-우노-시마모토 라인은 한일교섭에서 조정자 역할을 수행했다. '독도밀약'이라는 공동전략을 수립하고, 기시-야쓰기 라인과 경쟁하면서 '파트너십'으로 발전해 나갔다. 이들은 비공식적 조정활동을 통해 한일회담의 타결에 큰 역할을 하고, 한일조약 체결 이후에는 밀월시대를 구가했다.

1960년대 초부터 형성된 한일 인맥은 만주경험을 공유한 '인식공동체'였다. 그들은 양국의 협력과 공조가 원활하게 이루어지도록 정책결정자 집단에 영향을 미치는 전문가 네트워크로 기능했다. 그들은 '만주경험'을 통해 경제개발과 발전국가의 이념·전략·계획을 공유하고, 현실주의적 국

박정희 국가재건최고회의 의장과 환담하는 기시 노부스케 전 일본 수상

박정희 정부 출범 이후 '만주인맥'을 중심으로 한 비공식적인 채널이 한일 외교관계에 중요한 역할을 했다. 박정희 대통령과 정일권 국무총리는 만주군관학교 출신이었고, 기시 노부스케 전 총리, 오노 반보쿠 자민당 부총재 등의 막전막후 인물은 만주국 관리나 관동군 출신이었다. 밀사외교 라인은 노무현 정부 출범 이후 청와대와 외교부를 중심으로 한 공식 외교라인으로 무게중심이 옮겨가면서 해체되었다.

제정치의 이념과 의리·인정의 규범을 공유했다. '과거사' 청산이라는 역사적 명분에는 소홀한 채 자금과 영토에 관한 실용적 접근을 채택하여 '1965년 한일기본조약 체제'를 만들어냈다.

정부의 외교 관련부처나 국회의 견제를 받지 않고 때로는 국민을 속이며 비밀리에 진행된 밀사외교는 최고 정책결정자의 의중과 정치적 이익을 반영하여 국가이익과 일치하지 않는 경우도 있었다. '밀약'을 만들어냈기 때문에 민주적 통제의 정신과 절차에 어긋났고, 공개될 경우 외교관계 손상과 갈등의 원인이 되었다. '밀사' 중에는 이권을 차지하고 치부한 사람도 있었다. 그들은 한일관계의 유착과 의존을 심화시켰다. 더구나 일본의 '밀사'는 보수우익의 중심으로서, 왜곡된 '과거사' 인식과 전후처리를 조장해 역사 문제, 독도 문제 등을 둘러싸고 만성적 갈등을 유발했다.

박정희 시대가 끝나고 전두환全斗煥 정부가 출범한 뒤에도 한일 비공식 라인은 한동안 지속됐다. 1980년대에는 세지마 류조瀨島龍三(1911~2007)가 큰 역할을 했다. 세지마는 1960년대 박정희 대통령의 비공식 채널을 맡았다. 그는 박정희 정부에게 '수출주도형 종합상사 체제의 개발'을 조언했다. 전두환 정부에는 광주민주화운동 이후 민심수습 차원에서 '올림픽 개최'라는 아이디어를 제공하고, 노태우盧泰愚 정부에는 '3당합당과 내각제 개헌'이라는 전략을 제시했다고 한다. 1982년 한일관계 최대현안이었던 한일안보경협의 타결에도 큰 역할을 했다. 전두환 대통령의 방일과 나카소네 야스히로中曾根康弘 수상의 방한을 성사시키는 데도 기여했다.

세지마는 나카소네, 다케시타竹下登, 가이후 수상에 이르기까지 자문 역할을 해온 정계의 숨은 실력자였다. 나카소네 수상 때는 임시행정개혁추진심의회 회장으로 활약했다. 일본 육사를 차석으로 졸업하고, 육군대학을 수석으로 졸업했다. 대본영과 관동군 참모(중좌)를 역임하고, 패전과 함께 소련군에 끌려가 11년 동안 시베리아수용소에서 생활했다. 이토추 종합상사에 입사하여 세계적 종합상사로 발전시키고 회장에 취임했다.

밀사외교의 전성시대는 1980년대를 정점으로 사그라졌다. 현재까지 한일의원연맹 등에 그 흔적이 약간 남아 있지만, 노무현 정부 이후 외교 전반은 청와대와 외교부가 주관하게 되었다. 한일의 막후 인맥은 해체되고 공식 외교라인으로 무게중심이 옮겨간 것이다. 그에 따라 '밀약'의 약효도 약해졌다. 김영삼 정부 때부터 독도 문제가 재부상한 것은 '독도밀약'의 원문이 소실되고 한국에서 민주화가 달성됨으로써 밀약의 '정신'이 사라졌기 때문이라고 보는 견해도 있다.

국제정세 속의 협력과 갈등

1960년대의 국제정세는 냉전의 영향을 강하게 받았다. 자본주의 진영을 이끌던 미국은 1964년 프랑스의 식민지 지배로부터 벗어나기 위해 독립투쟁을 벌이고 있던 베트남에 대해 '반공'을 명분으로 내세워 무력개입을 단행했다(베트남전쟁). 소련을 중심으로 한 공산주의 진영에서는 중국과 소련이 주도권 싸움을 벌이고, 아시아·아프리카 등에서는 식민지 지배를 받던 나라들이 독립하여 발언권을 강화했다.

1970년대에 들어서 냉전이 완화되는 분위기가 나타났다. 미국이 베트남전쟁에서 패배하여 철수한 반면, 중국과 베트남은 국경 문제를 둘러싸고 전쟁을 벌였다. 그런 가운데 미국·소련, 미국·중국의 접근이 이루어지고, 한국·일본·북한 사이에도 다양한 움직임이 나타났다.

한일 양국은 각각 미국의 동맹국으로서 베트남전쟁에 가담했다. 한국은 1964년부터 1973년까지 연인원 32만 명의 전투부대와 1만 6천 명의 기술자를 파견했다. 1965~1970년 동안 한국은 베트남에서 약 10억 달러의 외화를 벌었다. 일본은 평화헌법에 구속되어 베트남에 자위대를 파병하지 못했지만, 오키나와를 중심으로 한 각지의 미군기지가 전쟁수행 거점으로 활용되었다. 일본은 미국의 베트남전쟁에 전면적으로 협력함으로써 매년 평균 10억 달러의 외화를 벌었다.

북한은 베트남전쟁을 호기로 삼아 남한에 대한 공세를 강화했다. 1967년을 전후하여 북한은 무장공비를 남한에 침투시켜 청와대를 습격하고 게릴라전을 도발했다. 또 미국의 첩보 비행기를 격추하고 함선을 나포했다. 그리하여 한반도의 위기감은 고조되고 분단체제는 더욱 심화되었다.

그러나 1970년대 들어서 미국이 베트남에서 철수하고 중국과 관계개선을 도모하자 냉전체제는 완화되는 기미를 보였다. 한국과 북한은 이에 대응하여 대화와 공존을 모색했다. 그리고 1972년 7월 통일의 원칙으로서 '자주·평화·민족대단결'을 표방한 남북공동성명을 발표했다(7·4남북공동선언). 그렇지만 한국과 북한은 곧 이 선언을 각자의 독재체제를 공고히 하는 수단으로 이용했다. 한국에서는 박정희의 강권통치를 가능케 하는 유신체제가 선포되었고, 북한에서는 김일성의 신권통치를 보장하는 유일체제가 확립되었다.

일본과 북한은 이런 분위기에 편승하여 외교관계 수립을 위한 교섭을 시도했다. 마침 일본에서는 자민당 주도의 보수체제에 균열이 생겨 혁신

베트남 파병 맹호부대 환송식

한일 양국은 각각 미국의 동맹국으로서 베트남전쟁에 가담했다. 한국은 1964년부터 1973년까지 연인원 32만 명의 전투부대와 1만 6천 명의 기술자를 파견했고, 1965~1970년 동안 베트남에서 약 10억 달러의 외화를 벌었다. 반면 일본은 평화헌법에 구속되어 베트남에 자위대를 파병하지 못했지만, 오키나와를 중심으로 한 미군기지가 전쟁 수행의 거점으로 활용되었고, 베트남전쟁에 전면적으로 협력함으로써 매년 평균 10억 달러의 외화를 벌었다.

세력이 약진하고 있었다. 북한은 자력갱생의 계획경제에 정체 기미가 나타나고 안전보장에 대해서도 위협을 느끼고 있었다. 이것이 일본과 북한이 접근을 시도하는 데 유리한 환경을 조성했다. 이에 한국 정부는 '기본조약'의 "유일한 합법정부" 조항을 근거로 일본의 대북 접근을 견제했다.

한·미·일 협력체제의 강화와 정상외교의 활성화

1965년 한일조약 체결 이후 1971년까지 한일관계는 양호한 조건이었다. 사토 에이사쿠 수상은 한국을 한반도에서 유일한 합법정부로 인정했으며, 1969년 11월 닉슨^{Richard Nixon} 미국 대통령과 정상회담을 한 뒤 발표한 공동성명에 "한국의 안정은 일본 자신의 안정에 긴요하다"라는 '한국 조항'을 삽입함으로써 한국과의 안보연계를 강조했다.

그런데 1971년 닉슨의 중국 방문 이후 발표된 미일정상회담에서, 사토는 한국 방위를 위해 오키나와의 미군기지 사용은 더 이상 당연한 것으로 인정되지 않는다고 말해 '한국 조항'의 수정을 시사했다. 그 후 집권한 다나카 가쿠에이田中角榮 정부(1972. 7~1974. 12)는 중일수교를 추진하고 북일관계 정상화를 모색하는 과정에서 한국 정부와 갈등을 빚었다. 김대중 납치사건과 박정희 저격사건은 이런 상황을 최대한 악화시켰다가 극적으로 반전시키는 계기가 되었다. 그 후 집권한 미키 다케오三木武夫 정부가 포드Gerald Ford 미국 대통령과의 정상회담에서 "한국의 안보는 한반도의 평화 유지에 필수적이고 이는 다시 일본을 포함한 동아시아의 평화와 안정을 위해 필요하다"는 '한국 조항'을 재천명함으로써, 한일관계는 우호협력의 분위기로 되돌아왔다.

1970년대 이후 완화된 냉전은 1980년대에 미·소가 날카롭게 대립하면서 다시 격화되었다. 1981년 미국 대통령에 당선된 레이건Ronald Reagan은 오일쇼크로 정체된 경제를 재건하기 위해 신자유주의 정책을 추진했다. 일본에서는 이에 호응해 보수적인 나카소네 야스히로 정부가 집권했고, 한국에는 광주민주화운동을 탄압한 전두환 정부가 들어섰다. 한국과 미국은 이미 1976년에 한미군사훈련(팀스피리트)을 개시했고, 일본과 미국은 1978년에 미·일의 작전협력을 명기한 '미일방위협력을 위한 지침'(가이드라인)을 가동했다. 한일 양국이 미국과 군사동맹관계를 강화함으로써 1980년대 이후 동아시아에서 한·미·일 협력체제가 확고히 자리 잡았다.

북한은 이런 상황에 위기감을 느끼고, 그에 대항하여 한국과 일본에서 일반시민을 납치하거나 스파이를 밀파하는 등 공작활동을 계속했다. 1983년에는 미얀마 랑군에서 한국 대통령 일행을 암살하려는 테러를 감행했다. 그 밖에도 서울올림픽 개최(1988)를 방해하기 위해 대한항공 여객기를 폭파하거나, 현충원에서 폭탄을 터뜨리는 사건을 일으켰다.

그 사이 한일 양국 정부는 급속히 밀접한 관계를 맺어갔다. 1983년 1월 나카소네 수상이 일본 수상으로서 처음으로 한국을 방문하고, 사회경제 개발과 안전보장에 기여한다는 명목으로 40억 달러의 정부차관과 민간자금 등의 공여를 약속했다. 또 1984년 9월에는 한국의 전두환 대통령이 처음으로 일본을 방문하여 천황과 회견했다. 회견은 국빈방문의 일환으로 이루어졌다. 천황은 식민지 지배에 대해 양국 간에 한때 불행한 시기가 있었다는 식으로 언급하고, 그에 대해 '통석의 염'을 금할 수 없다는 애매한 용어로 사과의 뜻을 표현함으로써 한국인의 불만을 자아냈다.

한일정상회담은 노태우 정부 이후에도 계승되었다. 역대 정상회담에서 다룬 주요의제는 경제·안보협력, 문화·인간 교류, 역사인식과 '과거사' 처리 등이었다. 한일관계가 심화됨에 따라 함께 극복해야 할 현안도 빈발했는데, 정상회담은 그 해결방향을 모색하고 제시하는 데 큰 도움이 되었다. 그리하여 김영삼·김대중 정부를 거치면서 한일정상회담은 간편한 의식으로도 수시로 만날 수 있는 '셔틀외교'의 하나로 자리 잡았다. 특히 2000년대에 들어서 한일의 정상은 다자간회의를 포함하여 매년 서너 차례는 얼굴을 맞댈 정도로 가까운 사이가 되었다.

한국·북한의 관계개선과 일본·북한의 접근 모색

1970년대 말부터 중국은 사회주의 시장경제를 표방하고 개혁·개방노선에 매진했다. 1990년대 초에는 소련이 붕괴되고 러시아가 부활했으며, 러시아는 자본주의경제로 선회했다. 그러나 북한은 오로지 자력갱생에 기초한 사회주의적 경제노선을 견지했다. 그리하여 1990년대 이후 배급체제가 붕괴될 정도로 경제난이 심각해져 아사자가 속출하기도 했다.

사회주의권의 몰락으로 경제적·군사적 후원을 잃게 됨으로써 안전보장에 대한 북한의 위기의식도 높아졌다. 북한은 김일성 사망을 전후하여 몰아닥친 이런 위기에서 벗어나기 위해 핵무기 개발과 미사일 실험 등에 박차를 가했다. 국제사회는 북한의 핵무기 개발을 저지하기 위해 2003년부터 한국·일본·북한 3국에 미국·중국·러시아를 포함한 '6개국회담'을 개최해오고 있다.

1980년대 후반 시민혁명으로 민주주의를 쟁취한 한국은 끈질기게 북한과의 관계개선을 모색해왔다. 노태우 정부는 공산권과 수교하는 '북방외교'를 전개하고, 남북한 유엔 동시가입을 성사시켰다(1991. 9). 그리고 곧 통일에 대한 로드맵을 제시한 남북기본합의서를 채택했다. 김대중 정부는 화해와 협력을 추구하는 '햇볕정책'을 실천에 옮겨 2000년 6월 남북분단 이후 처음 수뇌회담을 실현했다. 이때 김대중·김정일이 발표한 '남북공동선언'에는 통일을 향한 노력과 이산가족의 재회, 경제 교류의 추진 등이 포함되었다. 그리고 남북에 걸친 경의선·동해선을 다시 연결하고 금강산 관광개발사업을 시작했다. 그 후의 정부도 강온의 차이는 있지만 기본적으로 남북의 교류협력을 추진하고 있다. 개성공단의 운영이 대표적인 사례이다.

일본은 1990년대 초부터 북한과 국교 정상화 교섭을 시작했지만 북한의 핵무기 개발, 역사인식의 차이, 전후보상 문제 등을 둘러싸고 난항을 거듭했다. 1991년부터 열린 북일교섭은 1998년 8월 북한의 미사일 발사 실험 등으로 일단 중지되었지만, 2002년까지 모두 12차례나 지속되었다. 그 결과 2002년 9월 북·일 수뇌회담이 실현되어 한국·미국·중국 등을 놀라게 했다. 김정일·고이즈미가 함께 발표한 '평양선언'은 가급적 빨리 국교 정상화를 이룩하기 위해 노력한다는 내용을 담고 있었다. 그런데 이때 김정일 국방위원장이 일본인의 납치를 공식적으로 인정하고 사죄한 것이 큰 파문을 몰고 왔다. 일본에서는 북한을 비난하는 여론이 고조되고, 재일조선인 아동이나 학생을 위협하는 불미스런 행동이 다수 발생했다. 고이즈미 정부의 뒤를 이은 아베 신조安倍晋三 정부는 국내의 반북여론을 부추기며 북한에 대한 제재와 압박을 강화했다.

김대중 납치사건과 박정희 저격사건
—갈등과 유착의 단면

국교재개 이후 순탄하게 전개되는 것 같았던 한일관계는 1970년대 전반의 김대중 납치사건과 박정희 저격사건으로 위기에 빠졌다. 이는 당시의 국제정세 속에서 한국과 일본뿐만 아니라 미국과 북한까지 관련된 복잡한 문제였다.

김대중은 1971년 대통령선거에서 박정희 후보에 맞서 선전함으로써 박정희의 '제1의 정적'으로 떠올랐다. 그는 신병치료를 위해 일본에 체류 중이던 1972년 10월 박정희가 유신체제를 선포하자 귀국을 포기하고 미국과 일본을 오가며 반정부운동을 벌였다. 1973년 7월에 김대중은 미국에서 '한국민주회복통일촉진국민회의'를 결성했는데, 유신정부는 이것이 망명정부로 변신하는 것은 아닌지 의심하고 있었다.

김대중 납치사건은 1973년 8월 8일 그가 투숙하던 도쿄의 그랜드팔레스호텔에서 일어났다. 현장을 조사한 일본경찰청은 한국 첩보기관이 관여한 것으로 보고 관련자의 출두를 요구했다. 그러나 한국 정부가 관여 사실을 완강히 부정하고 수사협조를 거부함으로써, 사건은 곧 심각한 외교 문제로 비화되었다. 미국은 한국 정부에 우려를 표명하고 사태의 추이를 날카롭게 주시했다.

미국의 개입이 있었는지는 확실치 않지만, 김대중은 8월 13일 밤 10시쯤 서울의 자택 근처에 살아서 나타났다. 이 사건은 한·미·일의 정치와 여론에 큰 충격을 주었다. 미국과 일본 언론은 사건의 전모를 파헤치는 특집기사를 대대적으로 보도했다.

일본 정부는 현장에 지문을 남긴 김동운 서기관(중앙정보부 소속)의 신병 인도를 한국 정부에 끈질기게 요구했다. 그렇지만 한국 정부는 지문이 한국인 입회하에 채취된 것이 아니므로 인정할 수 없다고 버텼다. 두 정부는 지루한 공방을 되풀이하면서 막후절충을 통해 타협을 모색했다. 미국도 양국 관계가 위기에 빠지자 거중조정에 나섰다. 결국 김종필 총리가 박정희 대통령과 다나카 가쿠에이 수상의 친서를 가지고 왕래하며 사태 수습의 돌파구를 찾았다.

'한국 정부는 김동운 서기관을 해임하고 김대중이 해외에서 행한 언동에 대해 면책한다. 대신 일본 정부는 이 사건을 더 이상 추궁하지 않는다'는 것이 타협안의 핵심이었다. 일본이 자국의 주권을 침해당했음에도 한국 정부의 책임을 묻지 않은 것은, 반공친일노선을 걸고 있던 박정희 정부가 심각한 곤경에 빠지는 것을 원치 않았기 때문이었다. 김대중 납치사건의 처리 과정은 한일 정부 사이의 정치유착, 밀사외교의 진면목을 보여주었다.

일본에서는 국가의 주권과 개인의 인권을 침해한 한국 정부의 처사, 그리고 그런 한국 정부를 지원하는 일본 정부에 대한 비판이 고조되었다.

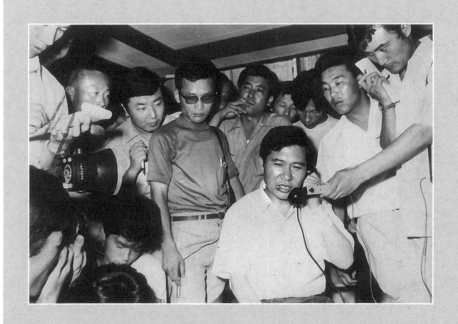

기자들에게 납치 경위를 밝히고 있는 김대중
김대중은 1973년 8월 8일 도쿄의 그랜드팔레스호텔에서 중앙정보부 요원들에게 납치되었다. 사건은
곧 심각한 외교 문제로 비화되었고, 한·미·일의 정치와 여론에 큰 충격을 주었다. 일본은 반공친일
노선을 걷고 있던 박정희 정부가 심각한 곤경에 빠지는 것을 원치 않았기 때문에 한국 정부의 책임
을 묻지 않았다. 김대중 납치사건의 처리 과정은 한일 정부 사이의 정치유착, 밀사외교의 진면목을
보여주었다.

한국에서는 대학가와 정치계를 중심으로 유신체제 철폐와 첩보기관 폐지를 주장하는 운동이 일어났다. 북한도 김대중 납치사건에 대해 곧바로 민감한 반응을 나타냈다. 북한은 사건의 주모자인 첩보기관의 장을 제거하라고 요구하며 남북대화 중단을 선언했다. 그리하여 '7·4남북공동선언'은 휴지조각이 되고 남북관계는 다시 극단의 대립으로 치닫게 되었다.

1998년 대통령에 취임한 김대중은 자신의 납치사건에 대한 사실규명은 필요하지만 처벌은 원하지 않는다고 말했다. 그리고 노무현 정부하에 출범한 국가정보원 '과거사건 진실규명을 위한 발전위원회'도 2007년 확실한 진상규명 결과를 내놓지 못했다. 박정희 대통령이 중앙정보부에 김대중 납치를 직접 지시했거나 적어도 묵시적 승인은 내렸을 것으로 추론한 정도였다.

한편, 김대중 납치사건으로 한일관계가 격랑에 휩쓸린 지 얼마 지나지 않은 1974년 8월 15일, 재일한인 문세광文世光이 광복절 기념연설 도중에 박정희 대통령을 저격하는 사건이 발생했다. 박 대통령은 연설대 뒤로 몸을 피해 무사했지만, 뒤이어 발사된 총탄들 중 하나가 단상 옆에 앉아 있던 대통령 부인 육영수陸英修 여사에게 명중했다. 범인과 경호원의 총격전 와중에 기념식에 참석한 합창단 여학생 장봉화도 총을 맞고 숨졌다. 문세광은 현장에서 체포되었고, 육영수 여사는 서울대학교 의과대학 부속병원으로 후송되어 응급수술을 받았으나 곧 사망했다(48세). 이 사건은 한국인에게 큰 충격을 주었을 뿐만 아니라 한일관계를 단교 직전으로 몰고 갈 정도로 심각한 위기에 빠트렸다.

한국 정부는 공산주의자인 문세광이 북한의 영향력 아래 있는 일본의 해외동포단체인 재일본조선인총연합회(조총련)의 지령을 받았다고 밝혔다. 실제로 범인이 사용한 권총이 일본의 경찰서에서 사라진 것이고, 범인이 소지했던 위조여권도 일본에서 발부한 것이었다. 공범 중에는 일본인도 있었다. 이런 사실 등으로 보아 일본 정부는 법률적 내지 도의적 책임을 면할 수 없었다. 그럼에도 일본 정부는 문세광이 김대중 납치사건에 분개하여 박정희 독재를 무너뜨리기 위해 단독으로 범행을 저질렀다는 수사결과를 발표했다. 한국 측이 주장한 배후나 공범은 부정했다. 당시 일본 정부는 북한과 관계개선을 꾀하고 있었기 때문에 친북단체의 연루를 캐다 보면 북일관계에 나쁜 영향을 미치리라고 여겼다.

박정희 저격사건은 김대중 납치사건으로 수세에 몰려 있던 한국 정부가 다시 공세로 전환하는 계기가 되었다. 한국 정부는 일본 정부에 조총련 단속을 요구했다. 한국인들 사이에서 반일감정이 고조되었고, 한일관계는 국교단절을 고려할 정도로 험악해졌다. 박정희 대통령이 직접 우시로쿠後宮虎郎 주한일본대사를 불러 이런 분위기를 전달하고, 조총련에 대한 강경조치를 요구했다. 서울에서는 시위대가 일본대사관에 난입해 방화하고 일장기를 찢기도 했다. 일본 정부는 한국에 거주하는 일본인의 철수계획까지 세웠다.

한일갈등이 격화되자 다시 미국이 중재에 나섰다. 한일 간 비공식 채널도 가동되었다. 이병희李秉禧 무임소장관 등이 자유민주당 부총재 시나 에쓰사부로 등과 접촉하여 진사사절의 파견 등을 협의했다. 그 결과 1974년 9월 19일 시나 에쓰사부로가 수상 다나카 가쿠에이의 친서를 휴대하고 진사특사로 한국을 다녀갔다. 친서에는 일본이 도의적 책임을 인정하고 한국 정부의 전복을 기도하는 테러활동 등의 단속을 강화하겠다는 뜻이 담겨 있었다. 이로써 한일 사이에서 정치유착과 밀사외교가 효과를 발휘할 수 있다는 것이 다시 한 번 증명되었다.

문세광은 내란 목적 살인과 국가보안법 위반 등 6개 죄목으로 기소되어 대법원에서 사형선고를 받고 1974년 12월 20일에 사형에 처해졌다. 노무현 정부하의 '진실·화해를 위한 과거사정리위원회'는 2007년 7월 이 사건의 의혹을 해명하기 위해 직권조사를 하겠다고 나섰지만 이미 알려진 것 외에 특이한 사실을 밝혀내지는 못했다.

03

일제의 식민지 지배에서 유래한 재일한인의 수는 해방 당시 2백만 명을 넘었다. 패전 후 일본 정부는 재일한인을 골치 아픈 존재로 보고 사회에서 배제하려는 정책을 추진했다. 재일한인의 생존과 '북송'은 한국과 일본뿐만 아니라 미국과 북한에도 무시할 수 없는 현안이었다. 재일한인에 대한 일본사회의 차별

재일한인과
남·북·일관계

도 심각했다. 재일한인은 일부 일본인과 연대하여 줄기차게 차별철폐운
동을 전개했다. 최근 일상생활에서 재일한인에 대한 차별은 많이 사라졌
지만 지방참정권 등은 아직 실현되지 못하고 있다. 재일한인 중에 일본 국
적을 취득하는 경우가 늘고 있지만, 한국인으로서의 아이덴티티를 유지하
면서 두각을 나타내는 경우도 많다.

식민지 '신민臣民'의 삶과 고투

재일한인의 증가와 생활환경

1910년 일본이 대한제국을 강제로 병탄할 즈음 일본에 살고 있던 한국인은 그리 많지 않았다. 그들 대부분은 유학생이거나 단기노동자였다. 재일한인의 수는 1910년대 중반 이후 늘어나기 시작해 1930년대 중반에는 한국에 사는 일본인 수를 능가했다. 재일한인 중에는 계절노동자로 일본에 건너갔다가 가족을 불러들여 그곳에서 눌러 살게 된 경우가 많아졌다. 친척이나 지인을 연줄 삼아 도일하는 연쇄형連鎖型 이민도 늘어났다.

재일한인의 증가는 일본이 한국을 식민지로 지배한 경위와 밀접한 관련이 있다. 1910년대에 조선총독부는 토지조사사업을 벌였다. 그 영향으로 한국의 영세농민은 토지와 일터를 잃고 농촌을 떠나지 않으면 안 될 처지에 놓였다. 같은 시기, 조선총독부는 회사령을 공포해 한국에서 상공업이 발흥하는 것을 억제했다. 때문에 한국에는 농촌에서 밀려난 노동력을 흡수할 만한 일자리가 없었다. 무직으로 떠돌거나 생활고에 허덕이던 한국인 중에서 생업을 찾아 일본으로 건너가는 이들이 늘어났다.

때마침 뒤늦게 제1차 세계대전에 참전하여 승리한 쪽에 서게 된 일본은 사회경제의 호황을 구가하고 있었다. 일본은 유럽 각국이 전쟁 통에 중국 등에서 철수한 틈을 노려 해외시장에 적극적으로 파고들었다. 중국에서는 패전국 독일의 이권을 차지했다. 그리하여 오사카·도쿄 등에 대규모 공장들이 건설되고, 노동력 부족현상이 벌어졌다. 이런 사정은 한국인의 일본 이주를 유인하여, 1920년에는 재일한인이 3~4만 명에 이르렀다. 일본 정부는 국내 노동시장의 수요공급을 감안하여 여행증명서나 도항증명서 등을 통해 한국인의 도일을 통제했다.

1920년대 이후 일본이 한국에서 산미증식계획을 추진한 것도 재일한인이 급격히 증가하는 원인의 하나가 되었다. 일본은 한국에서 쌀을 증산하기 위해 밭을 논으로 바꾸고 관개시설을 확충하는 등 농업개발에 힘을 기울였다. 산미증식계획은 일본인의 입맛에 맞는 한국의 쌀을 가능한 한 많이 값싸게 사들여 일본으로 가져가기 위해 마련된 정책이었다. 한국 쌀의 이입은 일본의 식량부족을 메우는 데 그치지 않고, 식량수입에 드는 외화유출을 줄이는 데 큰 도움이 되었다.

그런데 일본은 증산된 쌀보다 훨씬 더 많은 양의 쌀을 한국에서 실어갔기 때문에 한국에서는 쌀이 부족해지고 쌀값이 올라가는 현상이 지속되었다. 그렇지 않아도 경작할 땅이 적은 데다가 소작인의 권리가 불안정하여 생활이 어려웠던 영세농민들은 한층 더 생활고에 시달리게 되었다. 그리하여 많은 한국인이 일본으로 건너갔다. 일본인이 일하기 꺼려하는 직종에서는 일본인보다 싼 값으로 한국인을 고용하려는 수요가 있었기 때문이다. 특히 농촌에 과잉인구가 많고 일본과 거리가 가까운 경상도, 전라도, 제주도 사람들이 많이 건너갔다. 그로 인해 1930년 말 재일한인 수는 90만 명을 넘어섰다.

경제공황의 여파로 1930년대 전반에는 재일한인의 증가 추세가 정체 기미를 보였다. 그렇지만 1937년 7월부터 일본이 중국에 대해 전면적인 침략전쟁을 벌이고 그에 따라 전시동원체제가 강화되자 재일한인은 현저하게 증가했다. 특히 1939년부터 1945년까지 5~6년 사이에 백만 명 이상이나 늘어났다.

　일본 정부는 석탄연합회 등의 건의를 받아들여 1939년에 한국인 노동자를 받아들이기로 결정하고, 노무동원계획에 근거하여 한국인을 탄광, 공사현장, 군수공장 등에 배치했다. 처음에는 해당 기업이 조선총독부의 허가를 받아 할당된 지역에서 한국인 노동자를 '모집'했다. 1942년 2월에는 행정당국의 책임하에 한국의 일정 지역에서 노동자를 '공출'하는 '관 알선' 방식이 시행되었다. 그리고 1944년 이후에는 국민징용령에 의거한 '징용'이 강행되었다. 이에 응하지 않으면 엄한 처벌이 가해졌다. 한국인은 법의 명령으로 외지의 노동현장에 내몰린 것이다. 그리하여 1940년에 재일한인은 120만 명(한국 인구의 약 5%)에 이르렀고, 1944년에는 2백만 명(한국 인구의 약 7%)에 육박했다. 경상남도의 경우는 5명 중 1명, 제주도는 그 이상이 일본으로 건너간 셈이었다. 만주·중국·연해주·미국 등으로의 이주를 포함해, 불과 30여 년 만에 이렇게 방대한 수가 해외로 이주한 것은 세계 어느 민족의 역사에서도 보기 힘든 매우 특이한 사건이었다.

　일본에는 만주에 이어 해외에서 가장 큰 한인사회가 형성되었지만, 재일한인이 낯선 일본 땅에 적응하며 사는 일은 쉽지 않았다. 한국인과 일본인은 비록 하나의 제국 안에 억지로 통합되어 있었지만, 언어와 습관이 서로 잘 통하지 않는 데다 일본인이 제도와 관행을 통해 취업과 거주 등에서 한국인을 심하게 차별했기 때문에, 재일한인은 온갖 시련을 겪으며 살길을 찾지 않으면 안 되었다.

　1910년대까지 재일한인은 한국과 가까운 지역에 많이 분포했다. 1920~30년대에는 오사카, 교토 등의 공업지대와 아이치현 등의 석탄 산지로 이주했다. 전시동원이 기승을 부린 1940년대에는 탄광이 많은 규슈, 홋카이도, 군수공장이 밀집한 히로시마, 나가사키 등에 재일한인이 집중되었다. 재일한인은 공사현장의 육체노동자, 방적공장의 직공, 엿장수, 고물상 등으로 생계를 꾸려가는 경우가 많았다. 1920년대부터 오사카 등 대도시에 한국인이 집거하는 지역이 형성되기 시작했다. 재일한인은 주로 하천둔치(河川敷)나 바닷가(臨海部)에 모여 살았다. 주로 사람이 살 수 없을 만큼 환경이 열악하여 일본인은 거들떠보지도 않는 지역이었다.

재일한인의 집거지에는 한국 음식을 파는 요리점이나 식료품점, 한국의 의류와 잡화 등을 취급하는 가게가 생겨났다. 또 볼트나 나사 등의 금속 제조, 고무가공을 하는 가내공업도 나타났다. 그러나 1930년대에도 재일한인 가운데 압도적 다수는 하루벌이 육체노동자나 직공이었다. 한국인과 일본인의 임금격차는 매우 컸다. 물론 무직자도 많았다. 재일한인 중에 폐품수집 등에 종사하는 사람이 특히 많은 것은 그 때문이었다. 재일한인은 주로 위험하고 불결하고 힘들어서 일본인이 하기 싫어하는 직종에 종사했다. 정규직에 취업하는 것은 원천적으로 불가능에 가까웠다.

일제시기에 만주나 연해주로 이주한 한국인이 주로 농촌에 들어가 농지를 개척하고 농사를 지은 것과 대조적으로, 일본에 간 한국인은 도시 노동자로서 삶을 꾸려가는 경우가 많았다. 1920년대부터 30년대까지 오사카는 일본의 상업과 금융 중심지이자 아시아 최대의 공업지대였다. 이 대도시에는 경성에 버금가는 한국인 밀집 지역이 출현했다. 오사카의 철공장이나 방적공장 등에서 저임금 장시간노동에 시달렸던 재일한인은 오사카의 번영, 아니 일본의 발전을 밑바닥에서 떠받치는 역할을 했다. 물론 다른 도시나 광산에서 중노동에 동원된 재일한인도 마찬가지였다.

멸시와 학살, 생존을 위한 투쟁

재일한인은 열악한 환경 속에서도 생존을 위한 투쟁과 민족운동을 전개했다. 재일한인 유학생은 학우회 등 다양한 단체를 결성하고 잡지 등을 발행하여 민족의식을 고취했다. 1919년 2월 8일, 제1차 세계대전의 전후 처리를 주시하고 있던 도쿄의 유학생들은 집회를 열고 독립선언서를 발표했다. 이는 한국에서 3·1 독립운동이 일어나는 도화선이 되었다.

1923년 9월 1일 낮, 일본의 관동 지방에서 진도 7.9의 대지진이 발생했다. 대지진은 도쿄·요코하마 일대를 거의 폐허로 만들었고, 그 충격과 공포는 주변 지역까지 널리 퍼졌다. 전소全燒된 가옥이 약 57만 호, 사망자 및 행방불명자가 약 14만 명, 피해 총액은 60억 엔에 달했다.

대혼란 속에서 '조선인이 폭동을 일으켰다', '조선인이 우물에 독약을 넣었다' 등의 근거도 없는 유언비어가 퍼졌다. 군경이 유언비어를 조장한 측면도 있었다. 불안과 공포에 떨던 일본 민중은 약 6~7천 명의 한국인을 학살했다. 당시 재일한인은 도쿄에 만 2천여 명, 가나가와에 3천여 명이 거주하고 있었다. 일본 정부는 '조선인 폭동'이라는 유언비어를 이용해 계엄령을 공포했다. 일본의 청년단·재향군인회·소방단 등은 자경단을 조직하여 무고한 한국인을 살해했다. 군대와 경찰이 이를 방조했다. 극소수 일본인이 재일한인을 감싸주었지만 광란의 학살을 막기에는 어림없었다.

일본인이 재일한인을 학살한 배경에는 한국인에 대한 멸시관이 자리 잡고 있었다. 대다수의 일본인은 한국인을 깔보고 무시했다. 열등인간으

관동대진재 당시의 재일한인 학살(1923)
1923년 9월 1일 관동대진재가 일어나자 불안과 공포에 떨던 일본인들은 한국인이 폭동을 일으킬 것
이라는 악선전에 호도되어 무고한 한국인 약 6 7천 명을 학살했다. 평소 한국인에 대한 차별의식과
멸시의 감정을 가지고 있던 일본인의 삐뚤어진 심사가 빚어낸 참극이었다. 일부 중의원 의원 등이
정부의 책임을 묻고 '인도상 서글픈 이 대사건'의 진상을 밝히고 사죄할 것을 호소했지만, 일본 정부
는 이를 무시했다.

로 취급했다. 그런 가운데 한국인들이 1919년 대대적으로 3·1 독립운동을 일으키는 등 민족운동을 전개하자, 일본인들 사이에는 한국인을 불안한 시선으로 바라보며 경계하는 분위기가 감돌았다. 도둑이 제 발 저리다고, 가혹한 지배에 대한 재일한인의 저항이 언제 자신에게 미칠지 모른다는 두려움을 갖게 되었다. 그렇지 않아도 평소 한국인에 대한 차별의식과 멸시의 감정을 가지고 있던 일본인은 한국인이 폭동을 일으킬 것이라는 악선전에 쉽게 휩쓸려 한국인 박해에 가담했다. 일본인의 삐뚤어진 심사가 빚어낸 참극이었다. 아주 소수지만, 후세 다쓰지布施辰治 변호사 같은 일본인은 학살의 위기에 처한 한국인을 보호하고 변론한 경우도 있었다.

일본 정부와 매스컴은 학살의 진상을 규명하기는커녕 피해자를 방치했다. 일부 중의원 의원 등이 정부 책임을 묻고 '인도상 서글픈 이 대사건'의 진상을 밝히고 사죄할 것을 호소했지만, 일본 정부는 이를 무시했다. 일본 정부는 이 사건으로 인해 국제사회의 비난을 받지 않을까 걱정할 뿐이었다. 조선총독부는 재일한인을 학살했다는 사실이 한국에 널리 알려지면 3·1 독립운동 같은 민족운동이 다시 일어날까봐 노심초사했다.

실제로 재일한인들은 각종 청년회, 친목회, 연구회 등의 단체를 조직하여 민족운동을 전개했다. 1932년 1월 이봉창 의사는 황거皇居의 사쿠라다문櫻田門에서 천황 행렬에 폭탄을 던졌다. 그는 천황을 살해하지는 못했지만, 대역죄로 사형에 처해졌다.

재일한인들은 일본인들과 함께 노동운동을 전개했다. 재일한인 중에는 전쟁 중의 일상생활에서 일본 정부가 추진하는 동원 정책에 적극적으로 협력하지 않거나, 일본인과 함께 침략전쟁에 반대하는 운동을 전개한 경우도 있었다. 일본 노동운동의 중심 세력인 '노동조합 전국협의회'(전협) 산하에 조선인위원회가 만들어졌다. 재일한인 민족운동가 중 유명한 사람은 백무白武, 박열朴烈, 정남국鄭南局, 김천해金天海, 김문준金文準, 강평국姜平國 등이다. 특히 박열은 일본인 여성 운동가인 가네코 후미코金子文子와 함께 대역죄 혐의로 체포된 뒤 옥중 결혼을 하여 세간의 이목을 끌기도 했다.

'내선융화'와 전시동원

관동대진재 이후 한국인 대책을 협의하는 가운데 한국인을 보호하고 구제한다는 명목으로 통제기구가 만들어졌다. 한국인 집거지에 내선협화회內鮮協和會나 내선협회內鮮協會 등을 만들어 한국인을 교화하겠다는 것이었다. 그러나 일본사회에는 한국인 차별이 뿌리 깊었기 때문에 '내선융화內鮮融化' 자체에 대한 비판도 강했다. 그리하여 일본 정부의 이런 정책은 재일한인의 주거를 개선하거나 임금격차를 줄이는 데 도움을 주지 못했다. 오히려 각지에서 두 민족 사이의 분쟁을 부추긴 측면도 있었다.

일본 정부는 종래 '내선융화'를 실현한다는 구실 아래 일정 액수 이상의 납세자인 재일한인에게 참정권을 부여했다. 그런데 1925년 보통선거법이 제정되어 납세요건이 없어짐에 따라, 형식적으로는 보통의 재일한인도 참정권을 행사할 수 있게 되었다. 그러나 거주요건을 제한했기 때문에 실제로 한국인 중 투표가 가능한 사람의 비율은 대단히 낮았다. 선거에 입후보한 한국인도 노무관리직이나 지식인 계층이 대부분이었다. 이들은 재일한인의 이익을 대변하기보다는 일본인과 한국인의 융화친목을 주장하는 경향이 강했다. 일본 정부가 의도한 바가 바로 그것이었다. 중

홋카이도 탄광에 강제동원된 한국인들
1937년 중일전쟁을 일으킨 일본은 국가총동원법을 제정하여 한국인도 전쟁에 강제로 동원했다. 이로 인해 도일자 수는 급증하여, 1945년 재일한인의 수는 약 2백만 명에 달했다 전시동원 정책에 의해 일본으로 건너간 한국인은 일본 각지의 탄광·광산·토목공사장·공장 등에서 중노동에 내몰렸다.

의원 의원에 당선된 박춘금朴春琴 등은 대표적인 친일파 재일한인이었다.

1937년 이후 일본이 본격적으로 중국을 침략하는 가운데 한국인 교화 사업도 더욱 강화되었다. '내선융화'를 부르짖으면서 재일한인에게만 '황국신민의 서사'를 외우도록 강요했다. 한국식 성과 이름을 일본식으로 바꾸도록 압박했다. 각 경찰서 단위로 협화회協和會를 만들어 재일한인 조직을 관리 통제했다. 1939년에는 중앙협화회를 설립해 재일한인의 황국신민화와 전시동원을 한꺼번에 담당하도록 했다. 재일한인은 모두 협화회 회원이 되었고, 항상 협화회 회원장會員帳을 몸에 지니고 다녀야만 했다.

1937년 이후 중일전쟁이 시작되고 국가총동원법이 제정되는 가운데, 한국인도 전시동원의 대상이 되었다. 이로 인해 도일자 수는 급증하여, 1945년 재일한인의 수는 약 2백만 명에 달했다. 일본 정부는 일본인의 출병으로 발생한 노동력 부족을 해소하기 위하여 한국인 노동자의 일본 이입移入을 국가 정책의 일환으로 추진했다. 이는 모집, 관 알선, 징용 등의 방식으로 이루어졌다. 그 밖에도 징병제와 여자근로정신령女子勤勞挺身令 등을 발포하여 한국인을 일본 본토와 동남아 등지의 전선으로 끌고 갔다. 해방 당시 한국인 군인·군속은 약 36만 5천여 명이었다. 전시에 일본으로 연행된 한국인 수를 정확하게 파악하는 것은 어렵지만, 적어도 70만 명, 많으면 150만 명 이상일 것으로 추정된다.

전시동원 정책에 의해 일본으로 건너간 한국인은 일본 각지의 탄광·광산·토목공사장·공장 등에서 중노동에 내몰렸다. 각지에 배치된 재일한인은 열악한 시설에 수용되어 집단생활을 하는 것이 보통이었다. 노동현장에서 한국인의 생명은 매우 경시되었다. 한국인 중에는 산악지대의 댐건설이나 철도부설현장에서 목숨을 잃거나 부상당하는 자가 많았다. 센다이에서 야마가타를 잇는 철도(仙山線) 건설에서는 '침목 하나에 한국인 목숨 하나'가 소모되었다는 말이 공공연하게 퍼졌다. 강제노동에서 벗어나고자 도망치는 재일한인도 있었지만, 익숙지 않은 타지에서 일본인의 감시망을 뚫기란 여간 어려운 일이 아니었다.

아시아-태평양전쟁 말기 미군의 공습을 받아 피해를 입은 재일한인도 많았다. 원자폭탄 투하뿐만 아니라 일반 공습에서도 피해가 컸다. 패전 이후 일본 후생성은 한국인 전재자(戰災者)를 약 24만 명으로 추산했다. 일본에서 원폭으로 사망한 사람은 히로시마 13~15만 명, 나가사키 6~8만 명이었는데, 그중에는 수만 명의 재일한인이 포함되어 있었다. 겨우 살아남아 남한이나 북한으로 귀국한 피폭자도 있었으나, 적절한 치료를 받지 못해 평생 동안 육체적 정신적 고통에 시달리는 경우가 많았다.

'해방된 민족'의 생존과 모색

환희와 불안 속의 귀국

재일한인의 귀환은 1945년 8월 일본이 포츠담선언을 수락한다는 사실이 알려지면서부터 시작되었다. 그리고 같은 해 8월 15일 일본이 항복하자 재일한인 사이에서 고국으로 돌아가겠다는 열기가 폭발했다. 이에 앞장선 사람들은 전시기에 강제로 연행되어 일본에 온 이들이었다. 그들은 일본에 체재한 기간이 짧은 데다가 단신부임이어서 홀가분하게 일본을 떠날 수 있었다.

8·15 직후에도 일본에서는 여전히 강압적인 통치체제가 유지되고 있었다. 그리고 울적한 일본인이 재일한인에게 어떤 위협을 가할지 모른다는 불온한 분위기가 형성되어 있었다. 전쟁의 피해자라는 전도된 의식을 가진 일본인들은 한국을 침략하고 지배한 것에 대한 사죄의식이 없었기 때문에 재일한인을 싫어하고 미워했다. 일본인들은 패전 직후의 경제적 빈곤과 사회적 혼란의 책임을 재일한인에게 전가했다. 일본 정부도 재일한인 때문에 식량이 부족하다는 억지를 부리며 한국인을 조기 귀환시켜 식량위기를 해소하겠다는 방침을 제시했다. 한국인을 '골칫덩어리'로 여기는 일본사회에서, 재일한인은 드러내놓고 해방을 기뻐할 수도 없었다. 그들은 그저 한시라도 빨리 일본에서의 생활을 청산하고 고향으로 돌아가기를 바랐다.

일본 행정당국이 재일한인의 귀환 종료를 공식으로 선언한 1950년 11월 19일까지 남한으로 돌아온 재일한인은 약 104만 명, 북한으로 돌아간 이들은 351명이었다. 그런데 실제로는 이보다 훨씬 많은 140만여 명이 귀국한 것으로 보인다. 1945년 8월부터 1946년 3월까지 약 94만 명, 1946년 4월부터 그해 연말까지 8만 2천여 명이 귀국했으므로, 재일한인의 태반은 1946년 봄까지 귀국했다고 볼 수 있다. 여기에는 전시에 강제로 연행된 경우만이 아니라, 1938년 이전에 자발적으로 일본으로 건너가 정주했던 사례도 포함되었다. 1946년 당시 일본에 남은 50~60만 명 규모의 한인 수는 1930년대 중반의 한인 수에 해당한다.

귀국하고 싶은 재일한인들은 하카타博多, 사세보佐世保, 마이즈루舞鶴, 센자키仙崎 등 일본 내 각 항구로 쇄도했다. 특히 한국으로 통하는 시모노세키下關, 하카타, 센자키 등의 항구는 일본 각지에서 몰려든 수십만의 한국인들로 붐볐다. 그들은 언제 승선할 수 있을지 확실한 전망도 없이, 항구 주변의 숙소에 머물거나 급조한 판잣집 혹은 창고나 마구간에 임시숙소를 마련했다. 심지어는 며칠씩 야숙野宿하는 사람들도 많았다. 그중에는 여비가 없어 귀국을 단념하는 이들도 있었다. 연합국 최고사령부는 8·15 직후 한반도와 일본열도의 연락선 통행을 금지시켰다가 곧 이를 해제했다. 그리하여 9월 1일부터 흥안호興安丸와 덕수호德壽丸가 하카타-부산 혹은 센자키-부산 간의 피스톤 운행을 시작했다.

일본 각지의 항구에서 조국으로 출발했던 재일한인들이 어뢰나 해적, 풍랑을 만나 피해를 입는 사례도 적지 않았다. 그중 가장 큰 피해가 발생한 것은 우키시마호浮島丸의 침몰에 따른 희생이었다. 1945년 8월 22일 해군특별수송선 우키시마호(4,730톤)는 한국인 노동자와 가족 3,735명, 해군 승무원 255명을 태우고 아오모리현青森縣의 오미나토항大湊港(현 무쯔시)을 출항해 부산항을 향해 항진할 예정이었다. 이 배는 중도에 기항지인 교토부京都府 마이즈루만舞鶴灣에 입항하기 직전 어뢰폭발로 침몰했다. 이 사고로 한국인 524명과 일본인 승무원 25명이 사망했다. 시대 분위기와 맞물려 흉흉한 소문이 돌았다. 일본인들이 고의로 배를 자폭시켜 한국인 노동자 7천여 명을 죽이고 일본인 승무원들은 모두 도망쳤다는 것이었다. 이로 인해 일본인들에 대한 한국인들의 적개심은 더욱 증폭되었다.

일본의 패전과 한국의 해방 이후 일본 각지의 귀환 항구는 아시아-태평양 지역 일대에서 돌아오는 일본인뿐만 아니라, 한반도의 고향으로 돌

귀국을 위해 하카타 항에 밀려든 한국인들
1945년 8월 15일 일본이 항복하자 재일한인은 한시라도 빨리 일본에서의 생활을 청산하고 고향으로 돌아가기를 바랐다. 그러나 전쟁의 피해자라는 전도된 의식을 가진 일본인들은 한국을 침략하고 지배한 것에 대한 사죄의식이 없었기 때문에, 재일한인이 조속히 귀환하는 것은 쉬운 일이 아니었다. 일본 각지의 항구에서 조국을 향해 출발했던 재일한인들이 어뢰나 해적 또는 풍랑을 만나 피해를 입는 사례도 적지 않았다.

아가고자 일본 각지에서 속속 모여든 재일한인들로 북새통을 이뤘다. 그러나 일본 정부는 전시동원으로 일본에 끌려온 한국인에 대해서는 송환을 도왔지만, 그 밖에 일본에서 생활해온 한국인에 대해서는 별다른 편의를 제공하지 않았다. 1946년에 접어들어 일본 정부의 송환 정책은 겨우 궤도에 올랐다. 이 무렵에는 대부분의 귀환 희망자가 이미 일본을 떠난 상황이었다. 거꾸로 재일한인 사이에서는 앞으로의 활로를 모색하기 위해 귀환과 잔류를 놓고 득실得失을 저울질하는 분위기가 생겨났다.

일본 잔류와 활로 모색

재일한인이 귀환을 망설인 주된 이유 중 하나는 미·소 점령하에 있던 한반도의 정황이 불안정했다는 것이다. 또 다른 이유는 연합국 최고사령부 아래 일본 정부가 송환 정책을 마련하면서 귀환할 때의 소지금과 수하물을 제한한 것이었다. 재일한인이 현금 1,000엔, 화물 250파운드 이상을 가지고 귀국하는 것을 금했던 것이다. 일본에서 오랫동안 생활한 재일한인들에게 이는 심각한 문제였다.

그런데 얼마 지나지 않아 재일한인 중에서 한반도로 일단 귀환했다가 고향에서 일자리를 구하지 못해 생활이 불안정해지자 다시 일본으로 되돌아오는 사례도 눈에 띄기 시작했다. 또 일본인과 결혼하여 일본인 가족과 함께 살기 위해 그냥 일본에 주저앉는 재일한인도 있었다. 그리하여 결국 60만 명가량의 재일한인이 일본에서 계속 생활하게 되었다. 재일한인의 대부분은 한반도로 돌아가고 싶었지만, 먹고사는 현실을 생각하면 당장은 일본에서 사는 게 낫다고 판단했다. 해방 직후의 한반도는 패전 직후의 일본열도 이상으로 혼란하고 궁핍했던 것이다.

일본에 남은 한인들이 패전 직후의 일본에서 살아가는 것은 결코 쉬운 일은 아니었다. 재일한인 대다수는 패전 이전의 열악한 생활을 계속했다. 경제적으로 궁핍하고 사회적으로 혼란했기 때문에 외지에서 귀환한 일본 인들조차 제대로 살아가기 어려웠다. 일본인들은 재일한인들이 이전부터 종사해온 폐품수집이나 일용노동의 직업조차 잠식해 들어왔다. 도시에서 는 살기 위해 '암시장'에서 작게 장사를 하는 한인들이 늘어났다. 당시 대 부분의 일본인도 재일한인과 마찬가지로 '암시장'을 이용하지 않으면 생 활을 꾸려갈 수 없었다. 1952년의 조사에 따르면, 재일한인의 직업별 상 황은 무직 61.3%, 일용노동자 6.6%, 상업 5.8%, 공업 4.6%, 토목건설업 3.7% 등이었다. 하는 일은 주로 고물상, 요리업, 유희업 등이었다. 이런 일조차 갖지 못해 재일한인의 3분의 2가 실업상태에 놓여 있었다. 1950년 대를 통틀어 재일한인의 10% 이상이 생활보호대상이었다.

연합국 최고사령부는 일본에 있는 한인들을 기본적으로 군사상의 안전 이 허락하는 한 '해방된 민족'으로 취급하도록 했다. 그러나 패전으로 의 기소침해진 많은 일본인들은 패전 이전부터 자신들보다 열등한 존재로 깔보던 재일한인들이 해방의 기쁨에 들떠 있는 모습을 보면 참을 수 없는 모욕을 느꼈다. '마치 승전국민과 같은 태도'라며 불쾌하게 여긴 것이다. 보통의 일본인들에게 타민족을 침략하고 지배하는 데 가담한 가해자라는 자각은 원래부터 존재하지 않았다. 이것이 일본사회에서 재일한인에 대 한 차별을 제도적·구조적으로 강고하게 만들었다.

많은 일본인들은 자신의 생활불안과 뒤틀린 심사를 재일한인에 대한 비난과 학대로 풀었다. 당시 유행하던 '제3국인'이라는 차별적 용어는 재일한인에 대한 일본인의 멸시의식을 적나라하게 보여준다. 이 용어는 일본 국회에서도 사용되어 '암시장'을 장악한 '제3국인'들이 치안과 경제까지 교란시키고 있다는 불평불만이 널리 유포되었다.

국적 문제와 민족교육

일본이 패전하여 한국이 식민지상태에서 벗어남에 따라 재일한인의 국적 문제가 뜨거운 감자로 떠올랐다. 연합국 최고사령부는 귀환의 물결이 한 고비를 넘긴 1946년에 접어들어서도 재일한인의 국적 문제에 대해 구체적인 언급을 회피했다. 다만 일본에 재류하는 이상 재일한인도 일본 법령을 지켜야 할 의무가 있다는 말만 되풀이했다.

반면에 일본 정부는 강화조약이 체결될 때까지 재일한인은 일본 국적을 계속 유지해야 한다고 일관되게 주장했다. 그렇다고 해서 일본 정부가 재일한인에게 일본 국민으로서의 권리를 인정한 것은 아니었다. 일본 정부는 1945년 말 선거법을 개정하여 대만인과 한국인의 참정권을 정지시켰다. 또 1947년 일본국헌법 발효 전날에는 마지막 칙령으로 '외국인등록령'을 시행하고, 재일한인을 '당분간 외국인으로 간주한다'고 선언했다. 재일한인에게도 외국인등록이나 강제퇴거 등의 규정을 적용한 것이다. 이처럼 일본 정부는 재일한인을 일본 국적자로 규정하면서도 실제로는 외국인으로 관리하는 모순된 태도를 보였다. 일본의 이해득실을 계산하여 그때그때 편의적으로 대했던 셈이다.

재일한인들은 한민족으로서 생활할 수 있는 권리를 보장하라고 일본

정부에 요구했다. '재일본조선인연맹'(조련, 1945. 10~1949. 9)은 당시 재일한
인 최대의 상호부조단체로서 이런 문제들에 적극적으로 대응했다. 조련
은 나중에 '재일본조선인총연합회'(조총련, 1955. 5~현재)로 계승되었다. 조련
이 주력한 것은 민족교육이었다. 재일한인 중에는 패전 이전에 황국신민
화 교육을 받아 자신이 한민족이라는 사실을 수치스럽게 여긴다거나, 일
본어 교육만 받아 한국어를 구사할 수 없는 경우도 있었다. 실제로 갑작
스럽게 닥친 일본의 패전과 한국의 해방 앞에서 한민족의 정체성을 느끼
지 못해 당혹스러워하는 청소년들이 많았다.

1945년 이후 조련의 지도하에 민족교육의 목적과 원칙 등이 확립되고
교과서와 교육내용도 정비되었다. 이와 함께 재일한인들은 잃어버린 모
국어와 민족문화를 회복하고자 각지에 국어(한국어)강습소와 민족학교를
설립했다. '돈 있는 자는 돈으로, 힘 있는 자는 노동으로, 지식 있는 자는
지식으로 우리 학교를 세우자!'라는 구호 아래 일본 각지에 많은 민족학
교가 만들어졌다. 재일한인이 직접 세운 민족학교는 해방 이후 불과 1년
사이에 500개교 이상이 되었고, 재학하는 아동은 4만 명이 넘었다. 재일
한인들은 홀로 설 수 있는 훌륭한 인간이라는 자긍심을 갖게 되었다.

일본 정부는 1949년 10월 재일한인의 교육을 일본 공립학교에서 실시
함을 원칙으로 하는 법령을 공포했다. 그에 따라 무인가 민족학교의 폐
쇄, 접수, 전학 등이 강압적으로 이루어졌다. 그리하여 민족학교 수는 급
속히 감소하고, 1948년에 70%까지 올랐던 민족학교의 아동 재학율은 법
령 공포 이후 10% 대로 떨어졌다. 민족학교는 조총련이 발족한 이후 '자
주학교'라는 명목으로 다시 정비되었지만, 그 수는 20여 개에 불과했다.

재일한인이 세운 민족학교
재일한인들은 잃어버린 모국어와 민족문화를 회복하기 위해 각지에 한국어강습소와 민족학교를 설립했다. "돈 있는 자는 돈으로, 힘 있는 자는 노동으로, 지식 있는 자는 지식으로 우리 학교를 세우자!"라는 구호 아래 일본 각지에 많은 민족학교가 만들어졌다. 사진은 해방 직후 지바현에서 개교한 조선초등학교 모습이다.

조국의 분단과 한인사회의 분열

재일한인들은 한반도의 정세에 강한 관심을 보이며 반응했다. 1945년 12월 모스크바 삼상회의에서 미·영·소·중에 의한 신탁통치 실시가 결정되자, 신탁통치 반대를 호소하는 사람들이 새로운 민족단체로 '재일본조선거류민단'(민단, 1946. 10. 결성)을 조직했다. 민단은 1948년 8월 대한민국이 수립되자 '재일본대한민국거류민단'으로 조직명을 개칭했다. 민단은 강령 첫머리에 "우리는 대한민국의 국시國是를 준수한다"라는 조문을 두어 한국 국민이라는 주지主旨를 분명히 밝혔다. 민단은 1994년에 '재일본대한민국민단'으로 이름을 바꿔 현재에 이르고 있다. 한국 정부는 1948년 9월 민단을 유일한 민족단체로 공인하고, 1949년 1월 주일대표부를 설치하여 재외국민등록을 실시했다. 북한을 지지하는 재일본조선인총연합회(조총련)가 결성된 경위는 앞에서 설명한 바와 같다.

그런데 세계에서 미·소 대립이 심화되고 한반도에서 남북분단이 기정사실화되면서 재일한인사회도 분열의 길로 나아갔다. 유엔이 1948년에 접어들어 한국에서 유엔 감시하 총선거를 치르기로 결정하자, 많은 재일한인들은 분단정부 수립으로 연결될 수 있는 이 선거에 이의를 제기했다. 그리고 미·소 양군이 철퇴한 가운데 자주독립의 통일국가 수립을 열망했다. 연합국 최고사령부는 재일한인의 이러한 주의주장을 공산주의에 동조하는 움직임으로 여기고, 그들의 활동 전반에 대해 경계를 강화했다.

1948년 8월과 9월 한반도의 남북한에 2개의 정부가 탄생했다. 이것은 재일한인의 처지와 생활에 큰 영향을 미쳤다. 남북한으로의 분단은 재일한인사회를 확연히 양쪽으로 분열시켰을 뿐만 아니라, 일본과의 관계도 복잡하고 미묘하게 만들었다. 민단은 대한민국의 수립을 지지하면서 한국 정부가 자신들의 권익을 보장해줄 것을 기대했다. 그러나 이승만 정부는 그들의 요구에 깊은 관심을 보이지 않았다. 주일대표부(이후 대사관)와 민단의 관계도 원만한 형편은 되지 못했다.

한편 조련은 노골적으로 조선민주주의인민공화국의 수립을 지지하고 북한과의 관계를 강화했다. 조련은 북한 국기를 게양하는 운동을 전개하고 연합국 최고사령부의 압박에 저항했다. 일본 정부는 1949년 조련을 단체등규정령團體等規正令(이후 파괴활동방지법)을 위반했다는 이유로 강제해산시켰다. 남한을 지지하는 사람들조차 조련의 해산은 재일한인 전체에 대한 일본의 민족적 탄압이라고 비난했다.

6·25전쟁과 재일한인의 통제

1950년 북한의 남침으로 6·25전쟁이 시작되자 재일한인들은 조국의 미래와 고향의 친족 및 친구에 대한 걱정으로 속을 태웠다. 그런 가운데 해방 이후 일본인의 차별대우 속에서 한민족의 정체성을 자각한 젊은이들은 여러 형태로 6·25전쟁에 관여했다. 민단 측은 의용병을 모집하고 구호물자를 보내는 활동을 전개했다. 실제로 휴전 때까지 7백여 명의 의용병이 한국군에 편입되어 전투를 벌였다. 조련 계통에서는 일본의 전쟁개입을 반대하고 군수물자의 생산이나 수송에 협력하지 말 것을 촉구하며 행동에 옮겼다. 그들 중 일부는 폭력혁명노선을 취하고 있던 일본공산당과 연계하여 군수물자의 수송을 직접 몸으로 막거나 화염병을 투척하기도 했다. 재일한인이 남한과 북한 중 어느 편을 지지하는가는 처지와 사상에 따라 달랐지만, 양쪽 모두 '조국지향'의 내셔널리즘에 강하게 물든 것은 부정할 수 없는 사실이었다. 재일한인을 배제하고 그들의 인격을 부정한 일본사회가 재일한인을 조국의 품안으로 떠밀어 넣었다고 볼 수도 있다.

한편 연합국 최고사령부와 일본 정부는 재일한인이 6·25전쟁에 관여하는 행동을 엄격히 단속했다. 경찰은 관혼상제冠婚喪祭 등으로 재일한인들이 모일 때마다 감시의 눈초리를 번득였다. 무장경찰이 전쟁반대를 호소하는 청년을 검거하기 위해 밀주 제조 적발을 명목으로 재일한인 집거 지역에 돌입하는 일도 있었다. 대다수 재일한인은 전쟁의 향방에 큰 관심을 기울였다. 그리고 더욱 어려워져가는 일본사회 속에서 자신의 생활을 필사적으로 꾸려 나갔다.

일본 정부는 6·25전쟁을 빌미 삼아 출입국관리법제出入國管理法制를 정비했다. 전쟁 피난민을 비롯해 일본에 있던 가족에게 의지하러 오는 한국인들은 물론이고, 해방 이전에 일본에서 살았던 사람들조차 불법입국자로 취급하여 강제송환한 경우가 적지 않았다.

그런 가운데 1951년 샌프란시스코에서 강화조약이 체결되었다. 그렇지만 한국은 강화조약의 당사자가 아니었다. 한국과 일본은 1951년부터 수교회담을 시작했지만, 한일조약이 체결된 1965년까지 양국 관계는 정상화되지 못했다. 그리하여 패전 이전부터 일본에서 살아온 재일한인들은 법적인 재류자격도 보장받지 못한 채 일본에서 생활하지 않으면 안 되었다.

게다가 일본 정부는 1952년 4월 샌프란시스코 강화조약이 발효되자 재일한인 중에서 조선 국적을 회복한 사람들에 대해 일률적으로 일본 국적을 상실시켰다. 당시 한국에 국민등록을 한 사람은 소수에 불과했고, 국적란國籍欄에 '조선'으로 표기한 사람이 다수였다. 예를 들면 1955년의 외국인등록에서 '국적란'에 '한국'이라고 쓴 재일한인은 약 14만 명(25%), '조선'이라고 쓴 재일한인은 약 45만 명(75%)이었다. 이때 외국인등록행정에서 '조선'은 한반도 출신자(일본에서 말하는 조선반도 출신자)를 의미했을 뿐, 북한(조선민주주의인민공화국)과는 아무 관련이 없었다.

그런데도 일본 정부가 국적으로서 '조선'을 인정하지 않았기 때문에 대부분의 재일한인은 사실상 무국적자가 되었다. 이로 인해 재일한인은 일반 외국인과 마찬가지로 지문날인제도를 포함하여 출입국관리에 관한 법규 적용을 받았다. 사회보장이나 전쟁희생자 원호에 관한 법규는 국적이 다르다는 이유로 재일한인에게 거의 적용되지 않았다. 징병이나 징용으로 끌고 갈 때는 일본인이라고 했다가, 보상이나 원호를 베풀 때는 외국인으로 취급한 것이다. 지극히 편의적이고 약삭빠른 일본식 행동이자 정책이었다.

민족차별의 강화

패전 이후 일본사회에서는 재일한인을 소련·북한·조련·일본공산당과 선이 닿은 국제공산주의운동의 연결고리로 의심하는 눈초리가 강했다. 패전 이전 재일한인이 치안유지법에 의한 보호·관찰·단속의 대상이었다면, 패전 이후 그들은 일본사회에 유해한 존재로 인식되어 외국인등록령에 의해 관리되었다. 일본인들은 재일한인을 식량부족을 초래하는 요인, 사회문제를 일으키는 불량배, 정치불안을 야기하는 빨갱이로 여겼다. 그런 인식의 바탕에는 패전 이전의 민족차별이 깔려 있었다. 그 위에 한반도의 분단과 냉전이 재일한인에 대한 편견을 덧칠했다. 재일한인은 일본 사회가 직면한 혼란과 모순을 뒤집어쓴 희생양이었다. 이런 분위기 속에서 침략과 지배에 대한 일본인의 책임의식이나 사죄, 반성은 좀처럼 자라나기 어려웠다.

6·25전쟁을 계기로 역사상 유례 없는 특수호황을 누린 일본 경제는 완연한 부흥의 길로 들어섰다. 그렇지만 일본사회의 한 구성원이었던 재일한인들은 한층 더 가난해졌다. 민족차별로 인해 재일한인들은 거의 일자리를 구할 수 없었다. 그들은 국가나 지방공공단체가 실업자에게 일자리를 제공하기 위해 벌이는 구제사업에 참가하거나 생활보호제도에 의지할 수밖에 없었다. 그런 와중에 대다수의 재일한인이 생활보호대상이 되자 일본 정부는 보호행정의 '적정화'를 꾀한다는 명목으로 생활보호비를 대폭 깎아버렸다. 재일한인은 일본의 은행에서 융자를 받거나 보험에 가입하는 것도 매우 어려웠다.

일본사회에서 버려진 재일한인들은 서로 도우며 생활을 꾸려 나갔다. 독자적으로 금융기관을 설립하고 마을공장 등의 동포기업을 지원했다. 겨우 몇 개만 살아남은 '자주학교'를 거점으로 민족교육을 확산시켜 나갔다. 일본 정부에 대해서도 기본적 인권과 민족적 권리 보장을 요구하는 운동을 이어갔다. 재일한인 중에는 극빈한 생활 속에서 장래에 대한 희망을 잃어버리거나 민족차별을 피하고자 일본에 동화해가는 사람들도 늘어났다.

북송사업의 추진과 상흔

'북송' 또는 '귀국'이라는 민족이동

　1959년 12월, 이후 수년에 걸쳐 수만 명의 재일한인이 일본의 니가타항 등에서 소련 선박을 타고 북한의 청진항 등으로 건너가게 될 민족이동의 막이 올랐다. 일본이나 북한에서는 '귀환' 또는 '귀국'이라는 명칭을 붙였지만, 한국에서는 '북송北送'이라고 불렀다. 한국 전역에서 '재일동포 북송'에 반대하는 시위가 일어났고, 서울에서만 50만 명의 인파가 거리로 쏟아져 나왔다. 한일관계는 최악의 상황으로 몰렸고, 4년여 만에 간신히 재개된 제4차 한일회담은 중단될 위기에 처했다. 공교롭게도 '재일동포 북송' 개시는 4개월 뒤 '반일'을 표방해온 이승만 정부가 무너지는 데 부분적인 배경이 되기도 했다.

　1959년부터 1984년까지 93,340명(86,603명의 재일한인과 그 배우자 혹은 부양가족인 일본인 6,730명, 중국인 7명)이 북한으로 이주했다. 자본주의 진영에서 공산주의 진영으로 대규모 인구가 이주한 것은 대단히 특이한 사건이었다. 냉전 시기의 비슷한 사례로는 1960년 중국계 약 9만 4천 명이 인도네시아에서 중화인민공화국으로 건너간 것을 들 수 있다. 그렇지만 이것은 50만여 명의 동남아시아 거주 중국계가 새 국가 수립(1949) 이후 중국으로 이동한 사건의 한 부분이었기 때문에 '재일동포 북송'과는 차원이 달랐다.

　오늘날 관심이 높아지고 있는 디아스포라의 관점에서 보더라도, 재일한인이 북한으로 건너간 것은 아주 특이한 경우에 해당했다. 당시 일본은 고도성장기에 접어든 데다 아시아에서 가장 잘사는 자유민주국가였다.

니가타항에서 귀국선을 타고 북한으로 향하는 재일동포들
1959년부터 1984년까지 재일동포 9만 명 이상이 북한으로 이주했다. 대부분 남한이 고향인 이들이 친척이나 지인도 없는 북한으로 간 것은, 패전 이후 일본 국가가 제국주의적 가해의 역사를 반성하지 않고 재일한인을 일본사회로부터 배제해버렸기 때문이다. 억압받고 빈곤에 처한 이들을 해방시켜줄 것이라는 사회주의 국가에 대한 기대감도 이들이 북한행을 택한 또 하나의 이유였다.

재일한인은 이런 나라에서의 생활을 버리고 전쟁으로 폐허가 된 전체주의 독재국가로 이주한 것이다. 더욱 눈길을 끄는 것은 '귀국'한 사람들 거의 전원이 남한 출신이었다는 사실이다. 실제로 재일한인 중 97%의 고향은 남한이었다. 그들은 그때까지 거의 가본 적도 없고, 친척이나 지인도 없는 북한으로 갔다. 또 다른 타향살이를 선택한 것이다.

그들은 왜 북한을 선택했을까? 그것은 패전 이후 일본 국가가 제국주의적 가해의 역사를 반성하지 않고 재일한인을 일본사회로부터 배제해버렸기 때문이다. 그런 차별과 박해 속에서 재일한인은 조국지향형 내셔널리즘을 체득하고, 신조국 건설에 동참하겠다고 뛰어든 것이다.

그 밖에도 재일한인들이 북한행을 선택한 이유와 배경에는 다음과 같은 정세인식과 판단이 작용한 것으로 보인다. 일본 제국주의와 가장 비타협적으로 대결해온 세력이 사회주의자들이며, 그런 사람들이 북한과 조총련을 지도하고 있다, 사회주의는 억압받고 빈곤에 처한 이들을 해방하는 사상이며, 실제로 북한은 그런 개혁 아래 국력이 발전하고 있다, 지역 차원에서 대중과 밀착하여 인권침해와 싸우면서 최저한의 생활을 지키기 위해서 애쓰는 활동가들이 조총련에 속해 있다, 한국의 정부 및 민단의 지도자들에는 이른바 친일행위를 했던 사람이 섞여 있다, 한국 정부는 대미 종속이고 독재정치와 부정부패가 심하다.

북한을 선택한 '귀국자'들의 위와 같은 정세인식과 의사결정은 당시로서는 일면 타당한 점이 없지 않았다. 그렇지만 이데올로기에 강하게 묶여있어 남북한의 실정, 민단과 조총련의 정체 등을 착각하고 잘못 행동한 측면도 있었다. 그 과오는 몇 년이 지나지 않아 명백한 현실로 드러났다.

일본 정부의 속셈

1952년 4월 샌프란시스코 강화조약이 발효되자 재일한인을 둘러싼 정세에도 변화가 나타났다. 일본이 국가로서 독립을 회복함으로써 재일한인은 명백히 외국인으로 규정되었다. 동시에 외국인인 재일한인은 일본 정치에 관여할 수 없다는 분위기가 팽배해졌다. 샌프란시스코 강화회의에 한국과 북한이 참석하지 못했고, 강화조약 조문에도 식민지 지배에 대한 반성이 들어 있지 않았기 때문에, 일본인은 외국인인 재일한인이 왜 일본에 거주하고 있는가를 새삼스럽게 의식하지 않았다. 그저 재일한인은 공산주의 세력으로, 일본의 치안을 어지럽히고 있다는 인상만 강했다.

이런 상황 속에서 1953년경부터 조련 세력을 중심으로 재일한인의 '북송', 곧 북한으로의 '귀국'을 촉구하는 운동이 일어났다. 일본 정부는 불감청고소원不敢請固所願이었다. 재일한인을 쫓아버리고 싶던 차에 제 발로 나가겠다니 이보다 더 좋은 일이 있겠는가? 일본 정부가 울고 싶은데 조총련이 뺨을 때려준 셈이었다.

당시 일본 정부는 자국민의 생활을 보장하는 것만도 힘거운데 재일한인의 생활까지 안정시키는 일은 불가능하다고 여겼다. 따라서 재일한인을 대량 귀국시키는 것이 본인의 생활안정을 위해 가장 적절한 방법이고, 그것은 일본을 위해서도 좋은 일이라고 판단했다. 일본 정부는 생활이 곤궁하고 공산주의 냄새를 풍기는 재일한인을 수만 명 송출함으로써 안전보장과 예산 문제를 일거에 해결하고 싶었던 것이다. 일본 정부는 필요하다면 북한에 가고 싶어 하는 한 사람 한 사람의 요구를 들어주고 부채질해서라도 재일한인을 북한으로 보낼 결의를 갖고 있었다. 이는 결코 재일한인에 대한 인도적 배려가 아니었다. '버림'이었다.

1959년 2월 13일 기시 노부스케가 이끄는 일본 정부는 내각의 방침으로 "재일조선인의 북한 귀환 문제는 기본적 인권에 기초한 거주지 선택의 자유라는 국제 통념에 따라 처리한다"고 결정했다. 북한의 김일성은 이미 1958년 재일한인의 '귀국'을 환영한다는 성명을 발표한 바 있었다. 그에 따라 1959년 8월 13일 일본적십자사와 조선적십자회는 인도의 캘커타에서 재일한인의 '귀환'에 관한 협정을 맺었다. 그리하여 일본적십자사를 창구로 1959년 12월부터 재일한인의 '집단귀국사업'이 개시되었다.

조총련의 '귀국운동'

1955년에 출범한 조총련은 재일조선인운동의 임무에 대해 논의를 거듭한 끝에 다음과 같은 활동방향을 결정했다. 첫째, 재일조선인은 조선민주주의인민공화국의 재외공민이고, 본국 동포와 단결하여 조국통일과 민주적·민족적 권익을 옹호해야 한다. 둘째, 동시에 일본공산당과의 공동투쟁을 중지하고 일본의 내정에 간섭하지 않는다. 조총련이 이러한 주의주장을 실천에 옮긴 상징적 사업이 바로 재일한인의 '귀국운동'이었다.

조총련은 1958년 중반부터 대규모로 조직된 '귀국운동'을 전개했다. 일본을 떠나 북한으로 가자고 재일한인들에게 집요하게 권고했다. 그리고 '귀국사업'이 시작되자 그에 필요한 일상업무를 도맡았다. '귀국자' 명부 작성, 목표 인원수 설정, 특정인에 대한 '귀국' 압력, 조총련 혹은 북한 정부의 정치적 요구에 맞지 않는 '귀국' 희망자의 거부 등이었다.

1958년 8월 11일, 가와사키의 재일한인들은 집회를 열고 사회주의 조국으로 가고 싶다는 희망을 피력했다. 그리고 김일성 앞으로 편지를 써서 이 꿈이 실현될 수 있도록 지원해달라고 요청했다. 이 모임을 계기로 '귀국'을 촉구하는 대규모 운동이 일본 전역으로 확산되었다. 북한 정부도 이 운동을 전면적으로 뒷받침했다. 같은 해 9월 8일 조선민주주의인민공화국 창건 10주년 기념축전에서 김일성은 재일한인의 '귀국'을 문과 마음을 크게 열고 맞이하겠다고 연설했다.

조총련은 이를 대대적으로 환영하며, 기관지 『조선민보』(『조선신보』의 전신)와 『조선총련』(『조선시보』의 전신)에 '귀국'을 요구하는 기사를 넘치듯 게재했다. 북한이 주거·교육·의료와 식량까지 무료로 지급한다, 실업이나 차별의 걱정은 전혀 없다, '귀국' 동포는 조국의 공민이 된다는 등의 장밋빛 선전은 빈곤과 차별 속에 허덕이던 재일한인의 마음을 사로잡았다. 어차피 일본에서 고생할 거라면 조국건설에 이바지하며 고생하는 편이 낫다고 생각하는 경우도 많았다. 1956년 생활보호비 삭감 이래 체험한 궁핍한 생활과 북한에서의 새로운 생활에 대한 희망이 선명하게 대비되었다.

조총련의 '귀국운동' 확산에 큰 힘을 실어준 것이 바로 민족학교의 네트워크였다. 1955년부터 1959년까지 조총련계 민족학교에 다니는 학생 수는 17,604명에서 23,425명으로 늘어났다. 1959년에는 최고학부인 조선대학교도 설립되었다. '귀국운동'의 열렬한 추진자였던 한덕수韓德銖 씨가 학장에 취임하여 권위를 크게 높였다.

'귀국사업'은 재일한인사회에서 조총련의 위상을 강화시켰다. 조총련은 이주 알선업자 겸 영사관의 역할을 함으로써 재일한인사회의 깊숙한 곳까지 지배력을 침투시켰다. 재일한인 중에는 일본에 남겨놓은 재산을 조총련에 맡기고 북한으로 건너간 경우가 많았기 때문에 조총련은 금고를 가득 채울 수 있었다.

북한 정부의 환영 의도

일본에서 재일한인의 '귀국'이 논의되고 있는데도 북한 정부는 1958년 이전까지 줄곧 침묵을 지켰다. 그러다가 한국의 이승만 정부가 1958년 6월 재일한인의 '북송'을 반대한다는 성명을 발표하자 북한의 김일성은 곧 9월 재일한인의 '귀국'을 환영한다는 연설을 했다. 그리고 일본에서 생활 수단을 버리고 조국의 품으로 돌아온 동포에게는 교육, 직장, 안정된 생활을 보장하겠다고 밝혔다. 이는 무모한 언질이었다. 수만 명을 한꺼번에 수송하여 주택, 취업, 복지를 베푸는 것은 북한 정부의 한계를 넘는 과중한 부담이었다.

그렇지만 당시 북한은 그렇게 할 수밖에 없는 절박한 사정을 안고 있었다. 6·25전쟁이 끝난 뒤에도 중국의 '지원병'은 대부분 북한에 머물면서 전후재건을 도왔다. 1957년 말에 그 수는 약 30만 명이나 되었다. 그런데 중국은 1958년 5월부터 '대약진운동'에 돌입했다. 국가의 노동력을 모두 투입하여 일거에 경제를 발전시키겠다는 총동원체제를 선포한 것이다. 이에 중국 정부는 '지원군'을 북한에서 철수시키기로 결정했다.

당시 북한도 노동력이 부족했다. 북한 정부는 '지원병'을 철수하는 대신 만주 지역에 거주하는 '조선인'의 '귀국'을 장려해달라고 중국에 요청했다. 중국은 4만 명 정도의 '귀국'을 약속했다. 이런 정황을 통해 보면, 북한이 재일한인을 '귀국'시키고자 한 이유 중 하나는 노동력의 보충이었다. 평양이나 지방의 건설현장, 특히 탄광이나 농촌에 일손이 부족했다. 재일한인의 대부분은 원래 전시체제기에 일본의 탄광·광산이나 건설현장으로 끌려간 사람들이었다. 그들이 다시 북한에 가서 일본에서와 같은 일을 한다는 것은, 북한으로서는 양질의 노동력을 확보하는 일이겠지만 노동자 본인에게는 지독한 운명의 장난이었다.

북한 정부는 10만 호의 주택과 직장을 지급하는 한이 있더라도 '귀국'하는 재일한인을 환영하겠다고 선언했다. 1958년 당시 북한 경제가 아무리 복구단계에 진입했다 하더라도 이것은 무리한 프로젝트라는 게 곧 드러났다. 그럼에도 북한이 이런 정책을 구사한 것은, 세계를 향한 프로파간다에서 한국을 이기겠다는 또 다른 의지가 작동했기 때문이었다. 당시 한국은 재일한인의 '귀국'을 받아들이기는커녕 라틴아메리카 등지의 외국으로 빈곤층을 이주시킬 계획을 세우고 있었다. 북한은 곤궁한 재일한인을 끌어안음으로써 6·25전쟁으로 감소한 노동력을 보충하고 그들의 자본과 기술을 확보할 수 있었다. 거기에다 국제무대에서 남한과 피 말리는 체제경쟁을 벌이고 있는 북한으로서는 인도적·도덕적으로 우위에 설 수 있다는 계산을 했다. 여기에 평소 애물단지로 여기고 있던 재일한인을 이번 기회에 추방해버리겠다는 일본 정부의 속셈이 얽혀 있었다.

한국 정부의 반대운동

한국 정부는 재일한인의 '북송'은 일본 정부의 추방 정책과 북한 정부의 정치목적이 야합한 산물이라며 그 추진을 격렬히 반대했다. 한국 정부는 일본이 재일한인을 '북송'하는 것은 6·25전쟁의 정전협정 위반, 곧 간접적인 선전포고에 해당한다는 항의 메시지를 일본 정부에 보냈다. 실제로 한국의 전군이 고도의 경계태세에 돌입하고 세계 각지에 파견된 외교관은 주재국에 대해 '북송' 저지를 호소했다.

한국 정부는 일본 정부를 압박할 수 있는 비장의 카드를 가지고 있었다. 일본이 '북송사업'을 끝내 추진한다면 오무라수용소에서 강제퇴거되는 한국인을 한 사람도 받아들이지 않겠다는 배짱이었다. 또 영해침범 용의자로 부산 교외에 억류 중이던 7백여 명의 일본 어민을 돌려보내지 않을 수도 있었다. 한국의 각 지역에서는 '재일동포 북송'을 반대하는 항일집회가 열렸다. 한 술 더 떠서 국방부는 '북송'을 저지하기 위해 군사행동도 불사하겠다고 위협했다.

그렇지만 한국 정부의 '재일동포 북송 저지운동'은 성공하지 못했다. 한국 정부가 재일한인의 처지를 개선할 다른 보호 정책을 강구하지 못한 채 '북송사업'만 방해하는 것은 설득력이 별로 없었다. 더구나 한국 정부는 재일한인을 남한으로 데려올 의지가 없었다. 오히려 재일한인을 일본과의 외교현안을 타개하는 협상재료로 활용하는 쪽에 힘을 쏟았다. 한국 정부의 이런 태도는, 북한이 '자국민'의 권리를 침해했다고 비난하는 한국 정부의 정당성을 스스로 약화시켰다. 그리하여 세계를 상대로 인도적 측면에서 여론을 환기시키려던 한국 정부의 시도는 별 효과를 보지 못했다.

'귀국사업'을 둘러싼 각국의 이해관계

일본은 '북송사업'을 단독으로 수행할 능력이 없었기 때문에 처음부터 조총련이 중요한 역할을 맡았다. 소련은 북한을 도와 재일한인의 대거

재일동포 북송반대 궐기대회

한국 정부는 재일한인 '북송'은 일본 정부의 추방 정책과 북한 정부의 정치목적이 야합한 산물이라며 격렬히 반대했다. 전국 각지에서 재일동포 '북송'을 반대하는 궐기대회가 열렸지만 한국 정부의 '재일동포 북송 저지운동'은 성공하지 못했다. 한국 정부는 재일한인을 남한으로 데려올 의지도 없었으며, 재일한인을 일본과의 외교현안을 타개하는 협상 재료로 활용했을 뿐이었다. 사진 위쪽은 1959년 2월 16일 재일동포 북송반대 총궐기대회 현장, 아래쪽은 1959년 2월 19일 대구시민 재일동포 북송반대 데모의 모습이다.

'귀국'을 실현시켰다. 북한은 국가 차원에서 이해득실을 따져보고 '귀국사업'을 추진했다. 노동력의 확보, 경제발전의 성취, 일본·한국·미국 사이의 균열, 선전선동에서 남한의 제압 등을 득책으로 꼽았다.

실제로 냉전 시대에 동북아시아에서 적대관계에 있던 일본과 북한은 '귀국사업'을 둘러싸고 조심스럽게 협동작업을 벌였다. 소련은 충분한 자금으로 북한의 '귀국사업'을 적극 지원함으로써, '소련파' 숙청(1957~1958)으로 서먹해진 김일성 정부와의 관계를 수복하려는 속셈이었다. 이는 동아시아에서 대두하는 라이벌 중국에 대항하고 한반도에서 영향력을 유지·강화할 수 있는 수단이기도 했다. 1959년 흐루쇼프Nikita S. Khrushchev 소련 공산당 서기장의 미국 방문은 재일한인의 '귀국사업'이 초강대국 사이의 거래로 확대되었음을 느끼게 했다.

미국은 재일한인의 대거 '귀국'을 호의적으로 보거나 장려하지는 않았다. 하지만 미국은 일본에 간섭할 수 있을 때도 거의 움직이지 않은 채 침묵을 지켰다. 그리하여 미국의 격렬한 반대를 예상했던 북한과 일본은 안심하고 '귀국사업'을 실행할 수 있었다. 결국 미국의 엉거주춤한 태도가 '재일동포 북송'을 가능케 한 국제환경을 조성해준 셈이었다.

자유민주주의 원칙을 표방하는 미국에게 '귀국사업'은 아주 어려운 문제를 제기했다. 일본에는 북한으로 이주하고 싶은 '조선인'이 분명 있었고, 거주지 선택은 확실히 인간의 기본적 자유에 속하는 권리였다. 미국이 흐루쇼프를 설득해 소련 국내의 유대인을 이스라엘이나 그 밖의 국가로 출국시키려 하던 바로 그 시점에 재일 '조선인'이 북한으로 가겠다고 나섰으니, 울며 겨자 먹는 심정으로 그 권리를 인정하지 않을 수 없었다.

미국 정부는 재일 '조선인'의 대부분이 남한 출신이라는 점, 이들이 북한행을 택한 뒤에는 격렬한 선전선동과 캠페인을 벌일 거라는 점, 북한에서 기다리는 미래가 결코 장밋빛이 아니라는 점을 잘 알고 있었다. 또 자유세계의 리더, 특히 한국의 주요 동맹국으로서 수만 명의 '조선인'을 북한으로 보내 공산주의국가에 정주시키는 게 안보전략상 바람직하지 않다는 것도 꿰뚫고 있었다. 그렇지만 '귀국사업'에 관련된 소련 등의 다른 나라와 마찬가지로, 미국도 광범위한 냉전전략 속에서 어쩔 수 없이 이 문제에 단단히 얽혀 들어갔다.

재일한인 '귀국사업'은 미일안전보장조약의 개정, 새로운 복지제도의 실시와 한 세트로 추진되었다. 일본의 기시 노부스케 내각은 미일안보조약을 개정함으로써 미국의 점령지라는 '망령'에서 벗어나고, 국민연금제도를 도입함으로써 '단일 민족국가'로서 복지제도를 확립하려 했다. 재일한인은 당연히 그 수혜대상에서 제외되었다. 일본 정부는 '조선인'을 대도시권 내에 고립된 공동체를 만들어 살고, 일본사회에 결코 동화하려 하지 않으며, 불우하고 가난해 범죄의 소지가 있는 집단으로 여겼다. 일본 정부는 이들에게 복지혜택을 줄 의향이 털끝만큼도 없었다. 그리하여 일본 정부는 미일안보조약의 개정 등을 미끼로 삼아 미국이 재일한인의 '귀국사업'에 반대하지 않도록 세심하게 신경을 썼다. 일본을 동아시아의 강력한 안보 파트너로 삼으려는 미국도 굳이 이에 맞설 필요는 없었다.

'귀국동포'의 처지와 애환, 그리고 책임

일본과 북한이 재일한인의 '귀국사업'을 추진하기 위해 1959년에 맺은 캘커타협정은 1년 3개월 만에 일단 만료되었다. 1960년 후반 이 협정을 갱신할 때, 이미 '귀국자'들로부터 온 좋지 않은 뉴스가 산더미처럼 쌓였다. 그럼에도 일본 측은 일주일에 천 명의 수송 인원수를 천 5백 명으로 늘리도록 조선적십자회를 강력하게 압박했다. 북한은 이에 저항했지만 마지못한 타협 끝에 천 2백 명이라는 숫자를 받아들였다.

북한은 1960년 4~5월경까지는 일주일에 천 명 정도 새로 도착하는 '귀국자'들을 정주시키는 데 대체로 성공했다. '귀국자'들은 전과 다른 환경에 적응하면서 잘 모르는 '조선어'도 습득해야만 했다. 북한이 돌볼 수 있는 것은 이 정도의 인원이 거의 한도인 듯했다. 1960년 여름이 되자 '귀국자'의 누적으로 북한사회에 균열이 생기기 시작했다. 북한의 항구에 도착한 '귀국자'들은 갑판을 나와 배에서 내릴 때 환영인파가 입고 있는 옷이나 꾀죄죄한 모습을 보고 실망했다. 바지와 저고리는 남루하고 헐렁헐렁했다. 얼굴은 때투성이인 데다가 색깔도 새까맸다. 마중을 위해 동원된 사람들이었기 때문에, 정말로 기뻐하는 얼굴도 별로 없었다.

북한 사람들은 '귀국자'들이 가지고 들어오는 이질적인 가치관에 대해 불안감이나 의구심을 나타냈다. 처음에는 '귀국자'에게 물질적 특권과 함께 정치적 특권도 어느 정도 허용되었다. 이데올로기적 과오도 자본주의 사회에서 자라났기 때문이라고 이해해주었고, 비교적 너그러이 용서했다. 그러나 관용은 오래 가지 않았다. 북한에 온 지 2~3년이 지나자 나쁜 짓을 하면 안 된다든가, '귀국자'라고 봐주면 안 된다든가 하는 분위기가 점점 강해졌다.

'귀국자'에 대한 숙청의 파도는 1970년대 초쯤에 일어났다. 다수의 '귀국자'가 체포되었다. 숙청대상은 주로 엘리트 지위에 있던 사람들이었다. 그들은 신분 때문에 이데올로기를 점검 당하고, 비교적 유복한 살림 때문에 질시를 받았다. 재일한인은 일본에서 민족적 마이너리티로서 차별의 대상이었는데, 조국에 대한 기대를 안고 '귀국'한 북한에서도 곧바로 사회적 마이너리티로 전락했다. 그리고 식별과 감시를 받는 처지에 놓였다.

1960년대 이후 일본은 고도경제성장을 구가하며 자유를 만끽하게 된 반면, 북한은 경제정체와 독재정치 아래 생활이 어려워졌다. 그에 따라 '귀국자' 수도 확실히 줄어들었다. 게다가 1965년 한국과 일본이 정식 외교관계를 수립하자 한국 국적을 가진 재일한인들은 일본영주권을 획득할 수 있게 되었다. 그리하여 한국 국적을 선택하는 재일한인이 늘어났고, 북한으로 '귀국'하겠다고 나서는 사람은 더욱 줄어들었다. 일본 당국은 캘커타협정을 더 갱신할 필요가 없다고 판단했다. 이 협정은 처음 조인된 지 8년 만인 1967년 11월 종료되었다. 1971년 2월 일본과 북한의 적십자사는 모스크바에서 비공식 합의를 했다. 이에 의거하여 1984년까지 소규모 '귀국사업'은 계속되었다. 결국 15년 동안 총 9만 3천여 명의 재일한인이 북한으로 '귀국'했다.

한번 북한으로 건너간 재일한인은 공식적으로 일본에 재입국할 수 없었다. '귀국자'와 결혼해서 함께 건너간 일본인 처의 귀국소차 허용되지 않았다. 1997년 11월 일본적십자사와 조선적십자회가 합의하여 일본인 배우자(일본인 처) 몇 명이 처음으로 일시귀국했을 뿐이다. 따라서 인도적 관점에서 보면 재일한인의 '귀국사업'은 사람을 사지死地로 몰아넣는 기민사업棄民事業과 같은 것이었다.

'귀국사업'의 비극적인 결말에 대해 누가 책임을 져야 할 것인가? 아마 일본과 북한 정부, 양국의 적십자, 조총련, 일본의 야당과 언론, 국제적십자위원회, 그리고 소련과 미국 정부 등이 함께 책임을 져야 할 것이다. 한국 정부에도 일말의 책임이 있을 것이다. 그렇지만 지금 더 중요한 것은 '귀국사업'의 실체를 정확하게 규명하고 인식하는 일이다. 그리고 이 무섭고 잔인한 국가 간의 거래에 똑바로 맞서 두 번 다시 똑같은 민족청소, 또는 기민사업이 반복되지 않게 하는 일이다.

'정주 외국인'의 긍지와 공생

한일조약과 영주권 획득

1951년에 시작된 한일회담에서는 재일한인에게 일본인과 동등한 대우를 보장하라고 요구하는 한국 정부와, 특별대우는 불가능하다는 일본 정부의 대립이 지속되었다. 한국 정부는 재일한인의 영주권을 후손에게까지 부여해줄 것을 요구했지만, 일본 정부는 패전 이전부터 거주한 자만으로 한정하고자 했다.

1965년에 한일 '기본조약'과 더불어 재일한인의 '법적지위협정'이 체결되자 일본 정부는 해방 전부터 일본에 살아온 한국 국적자와 그의 자손(2세)에 한해 일본영주권을 인정하게 되었다. 이 '협정영주자'에게는 강제퇴거명령의 적용을 완화하고, 국민건강보험 가입을 인정했다. 그리하여 한국 국적을 취득한 재일한인의 재류조건이 '조선' 국적을 가진 재일한인보다 조금 유리하게 개선되었다. 이런 연유도 있어서 그 후 한국 국적을 취득하는 재일한인의 수가 늘어나 '조선' 국적의 재일한인 수를 넘어서기 시작했다. 1970년의 외국인등록에 기입된 국적란을 보면, 한국이 약 33만 명(54%), 조선이 약 28만 명(46%)이었다. 재일한인의 출신지별 분포를 보면 경상남도(38%), 경상북도(25%), 제주도(15%), 전라남도(10%) 순으로 많았다.

그런데 '협정영주자'가 되어도 강제퇴거대상에서 완전히 제외된 것은 아니었다. 그들조차 공적 사회보장제도의 틀 밖에 놓여 있다는 점에서는 변함이 없었다. 또한 3세 이하 후손들의 영주권은 협정 발효 이후 25년 이내(1991년까지)에 다시 협의하도록 미뤄두었다.

1991년 11월 일본 정부는 한국 정부와 협의한 내용을 반영하여 출입국 관리에 관한 특별법을 제정했다. 이로써 패전 이전부터 계속 일본에 거주해온 재일한인과 타이완인, 그리고 그들의 자손은 '특별영주'의 대상이 되었다. 특별영주권을 취득한 사람은 일본에서 영원히 살 수 있고, 재입국 허가기간이 4년으로 연장되었다.

차별철폐운동과 지위개선

1970년대 들어 일본에서 태어나고 자란 세대가 재일한인의 중심이 되자, 1세처럼 일본을 '임시거주지'로 생각히고 한반도로 돌아가려 하는 의식도 차츰 약해졌다. 조국지향형의 내셔널리즘과는 다른 의식과 행동이 재일한인사회에 퍼진 것이다. 이들은 일본사회에서 계속 생활하면서 '한국인' 또는 '조선인'으로서의 아이덴티티를 유지해 나가고자 했다. 조총련의 민족학교와는 별개로 재일한인 아동에게 '한국 문화' 또는 '조선 문화'

를 가르치려는 활동도 활발해졌다. 재일한인은 민족의 자부심을 가지며 일본에서 살아가는 길을 모색한 것이다.

한편, 1960년대 이후 한반도에서 남북한 정부가 격렬한 갈등을 빚자 재일한인들도 이에 큰 영향을 받았다. 재일한인 민족단체들은 1972년 7·4 남북공동선언을 함께 지지하는 등 때로는 공동보조를 취했다. 그렇지만 그 후 남북관계가 악화되자 재일한인사회의 대결도 심화되었다. 그런 와중에 남북통일운동에 뛰어드는 사람들이 생겨난 반면, 본국과의 관계를 강화하는 민족단체에 거리를 두고 생활하는 이들도 나타났다. 남북의 대립이 서로 도와가며 생활해온 재일한인사회를 반목과 질시의 수렁으로 몰아간 셈이다.

그런 가운데 일본에서 생활할 권리의 획득을 민족단체에만 의존하지 않고 스스로 쟁취하려는 운동도 일어났다. 여기에 큰 전환점이 된 것이 바로 '히타치 취직재판'이었다. 박종석朴鐘碩 씨는 일본 유수의 종합전기회사인 히타치제작소日立製作所의 사원모집에 응하여 채용통지를 받았다. 그러나 나중에 회사는 재일한인이라는 이유로 그의 채용내정을 취소했다. 그는 우여곡절 끝에 재판에 승소하여 결국 히타치에 취직할 수 있었다.

히타치 취직차별사건은 재일한인이 한일조약에 의해 '협정영주권'을 획득했어도 민족차별에 시달리는 처지에서 벗어나지 못하고 있다는 사실을 잘 보여주었다. 그런 처지에서 박종석 씨가 재판에 승리한 것은 대단히 큰 의미를 지니고 있었다. 재일한인들이 민족차별을 직시하고 그것을 극복하기 위해 스스로 발 벗고 나선다면 무언가 성취할 수 있다는 자신감을 갖게 되었기 때문이다. 실제로 박종석 씨의 승소 이후 일본 각지에서 민족차별 철폐운동이 불을 뿜기 시작했다. 그 덕택으로 공영주택 입주, 지방공무원 임용, 일본의 국가자격증 취득 등 다양한 분야에서 재일한인에 대한 제한이 풀렸다. 사법시험 합격자가 들어가는 사법연수원에 외국 국적자의 입소가 허용됨에 따라, 재일한인 중에서 제1호 외국인 변호사가 탄생했다. 그는 김경득金敬得 씨였다.

재일한인에 대한 차별대우를 개선하고자 하는 움직임은 베트남전쟁 종결 이후 조성된 국제정세의 뒷받침을 받았다. 1979년 도쿄에서 열린 '주요 선진국 수뇌회의'(도쿄서미트)를 전후하여 일본 정부는 다양한 국제적 압력에 직면했다. 국제사회는 인도차이나 각국(베트남, 라오스, 캄보디아)의 사회주의 이행 과정에서 박해를 받은 정치난민을 수용하기 위한 절차를 마련했다. 일본도 이런 상황을 외면할 수 없어서 1979년에 국제인권규약을, 1981년에는 난민조약을 비준했다. 그리고 이와 보조를 맞춰 외국인에 대한 출입국관리체제를 개정했다. 이로써 사회보장에 관한 여러 법률에서 국적에 의한 제한조항이 철폐되어 재일한인도 국민연금에 가입하거나 아동수당 등을 받게 되었다.

종래 일본 정부는 치안유지를 이유로 재일한인을 줄곧 엄격히 관리해 왔다. 그런데 시대변화와 더불어 일본의 폐쇄적인 자세는 강한 비판을 받게 되었다. 한국 정부도 국내외 여론을 반영해 재일한인의 처우개선을 일본 정부에 강하게 요구했다. 1990년 정기 한일외무장관회의에서는 재일한인의 법적 지위에 관한 문제들이 논의되었다. 그 과정에서 '특별영주자'에게도 재류자격을 부여한다는 합의가 이루어졌다. 그리고 1991년 한국과 일본이 '법적지위협정'을 개정함으로써 '한국' 국적을 보유한 재일한인은 3세 이하의 후손에게도 재류자격이 주어졌다. 아울러 국적란에 '조선'이라고 쓴 재일한인에게도 같은 자격이 부여되었다. 그리하여 '한국' 국적과 '조선' 국적으로 나뉜 재일한인의 재류자격이 일원화되었다.

1980년대에 들어서자 외국인 차별의 상징이라고 할 수 있는 지문날인제도가 비판의 초점이 되었다. 지문날인제도는 1년 이상 일본에 재류하는 16세 이상의 외국인에 대해 본인임을 확인하는 표시로서 왼손 검지의 지문을 채취하는 제도이다. 이 제도에 따르지 않는 자는 처벌을 받게 되어 있었다. 1952년에 처음 도입된 지문날인제도는 일본에서 주로 범죄자에 대해 강제적으로 실시해왔다. 외국인등록증을 갱신할 때마다 지문을 찍어야 했던 재일한인은 이 때문에 강한 굴욕감과 차별감을 느꼈다. 그리하여 차츰 지문날인을 거부하는 재일한인이 증가했다.

재일한인 1세인 한종석韓宗碩 씨가 1980년 9월에 시작한 지문날인제도 철폐운동은 일본 각지에서 큰 호응을 받았다. 그 결과 지문날인제도는 1993년에는 특별영주자에 대해, 그리고 2000년에는 다른 외국인에 대해서도 완전히 폐지되었다. 이렇게 자신의 권리를 끈질기게 주장해온 재일한인의 노력은 국제사회의 인권의식 고양과 더불어 조금씩 인정을 받고 성과를 거두게 되었다.

일본 국적의 취득과 공생

일본에 재일한인사회가 형성된 지 오랜 시간이 경과되었음에도, 1970~80년대까지 차별의 극복과 정체성의 확보는 중요한 과제였다. 물론 이는 오늘날까지도 숙제로 남아 있다.

지문날인제도 철폐운동

1980년 9월 재일한인 1세 한종석은 "일본인의 경우는 범죄자에게만 의무화하고 있는 지문 날인을 외국인에게 강요하는 것은 민족차별이고 인권침해"라고 거부했다. 이렇게 시작된 지문날인제도 철폐운동은 일본 각지에서 큰 호응을 받아 1993년에는 특별영주자에 대해, 2000년에는 다른 외국인에 대해서도 완전히 폐지되었다. 사진은 지문날인을 거부한 한종석 씨가 패소 후 기자회견을 하는 모습이다.

그런데 1990년대 이후 재일한인사회에 몇 가지 변화가 나타났다. 먼저 한국과의 관계가 밀접해진 반면, 북한과의 관계가 약화되었다. 그 원인은 권력세습과 독재정치로 재일한인들이 북한 지지를 철회한 데다가, 일본인 납치에 대한 제재의 일환으로 일본 정부가 조총련을 엄중히 단속했기 때문이었다. 그리하여 조총련은 본부 건물과 토지를 매각하지 않으면 안 될 정도로 궁지에 몰렸다(2013. 3). 그에 따라 일본 각지에서 민족학교가 폐교되거나 파산하는 사례도 늘어났다.

한일관계가 밀접해짐에 따라 한국에서 일본으로 이주하는 이른바 '뉴커머'가 늘어난 것도 큰 특징이다. 초기의 '뉴커머'는 풍속산업에 종사하는 여성들이 많았는데, 1990년대 이후에는 유학생이나 사업가가 많아졌다. 이들은 도쿄, 특히 신주쿠구의 오쿠보 같은 지역에 밀집하여 코리아타운을 형성했다. 무역업, 자영업 종사자도 많다. '뉴커머'들은 '재일본한국인 연합회'(2001)를 결성하는 등, 계속 입지를 넓혀가고 있다. 이런 상황 속에서 일본인 사이에서도 다문화에 대응하려는 의식과 행동이 싹텄다.

1999년 일본에서 외국인등록을 한 재일한인의 수는 약 69만 명으로 1945년 이후 최대규모를 기록했으며, 이후 감소추세로 돌아서 2003년 현재 약 61만 4천여 명으로, 전체 외국인 191만 5천여 명 중 32.1%를 차지했다. 그리고 2012년 말에는 재일한인의 수가 더욱 줄어들어 약 53만 명을 유지하게 되었다. 재일외국인 등록자 중에서 한국·조선 국적의 비율이 해마다 감소하고 있는 이유는 1985년 일본의 국적법이 개정되어 일본 국적의 취득이 이전보다 쉬워졌기 때문이다. 재일한인의 혼인 건수 가운데 일본인이 차지하는 비중은 1955년에 31% 정도였는데, 1980년대 중반부터 급증하여 2000년대 이후 지금까지 88% 정도를 차지하고 있다. 일본 국적법은 아버지 혹은 어머니가 일본인인 경우 자식은 자연히 일본 국적을 보유하게 되어 있으므로 재일한인의 자녀 88%는 자동적으로 일본인이 된다. 그 밖에도 1990년대 들어 재일한인 중 일본 국적을 취득(이른바 귀화)하는 자가 증가한 점도 무시할 수 없다. 1952년에 일본 국적을 취득한 한국·조선 국적 재일한인은 232명이었는데, 2003년에는 그 수가 1만 2천여 명으로 늘어났다. 그 후에도 일본 국적을 취득하는 재일한인은 해마다 만여 명에 이르렀는데, 2010년을 전후하여 6천여 명으로 줄어드는 경향을 보였다.

일본 국적법에 따르면 국적 취득을 신청할 때는 '계속하여 5년 이상 일본에 주소를 두었던 자', '품행이 선량한 자' 등의 6가지 요건을 만족해야 한다. 이런 조건을 갖춘 사람 중에서 법무대신이 국적부여 여부를 결정한다. 제출서류가 많아 국적 취득 신청에서 허가까지 1년 안팎의 시간이 걸린다.

재일한인이 일본 국적을 취득하는 이유를 보면, '앞으로도 일본에서 생활하기 위해'라는 것과 아울러 '아이들에게 일본 국적을 주기 위해'라는 항목이 상위를 차지하고 있다. 이는 국적으로 인해 자신이 받은 차별을 자손들에게는 물려주고 싶지 않다는 부모의 마음을 보여준다. 실제로 일본에서는 지금도 치마저고리 차림으로 등교하는 여학생들이 놀림이나 폭행의 대상이 되고 있다. 이를 지켜보는 부모의 심정은 어떨까? 짐작하고도 남음이 있다.

또한 공립학교의 교원채용이나 일반 기업채용에서도 아직 국적에 의

한 취직차별이 완전히 해소되었다고 볼 수 없다. 일본 공립학교에 다니는 재일한인의 약 80%는 한국식 본명이 아닌 일본식 통명^{通名}을 사용하고 있다. 또 재일한인 학교의 졸업자격으로는 일본 대학에 진학할 때 특별한 신청절차를 밟아야 하는 경우가 많아 큰 부담이 되고 있다.

현재 일본 정부는 재일한인을 포함하여 외국인에게는 일본 국적을 지니지 못했다는 이유로 참정권을 인정하지 않고 있다. 다만 지방 단위에서는 1990년대 이후 시정촌^{市町村} 병합을 묻는 주민투표에서 정주^{定住} 외국인에게 투표권을 인정하는 자치체가 생겨났다. 그렇지만 아직도 외국인의 참정권은 원천적으로 제약을 받고 있다. 재일한인을 비롯한 외국인에게 참정권을 부여하는 것은 일본이 참다운 의미의 국제화로 나아가는 시금석이 될 것이다.

염원과 비전

오사카 시텐노지^{四天王寺}를 중심으로 열리는 축제(마츠리) '왔소'는 고대 동아시아의 교류를 재현한 것이다. 이 축제는 백제·고구려 등의 한반도 사절 일행을 연상시키는데, 여기에서 쓰이는 '왔소'라는 구호는 한국말로 '왔다'에서 유래되었다고 한다. 매회 많은 일본인과 재일한인들이 참가하여 성황을 이룬다.

현재 일본에는 한국학교와 조선학교 등 민족학교가 90개교 이상 있다. 여기서 우리 민족의 말인 한글을 배우고 역사와 문화를 익힌다. 스포츠 분야에서는 1991년에 일본고교야구연맹이 외국인학교의 대회참가를 인정함으로써 축구 등의 경기에서도 민족학교가 일본 대회에 참가할 수 있는 길이 열렸다.

지금 일본의 야키니쿠(불고기)식당은 약 2만 수천 개를 헤아린다. 일식인 소바·우동식당이 3만 4천여 개이므로, 수적으로는 야키니쿠식당이 이보다 적지만 매상금액은 훨씬 더 많다. 이 외식산업은 패전 후에 재일한인이 개척한 훌륭한 음식문화이자 경제활동이라고 할 수 있다. 또 한국의 전통음식인 김치는 일본의 단무지 등을 제치고 절인 음식의 왕좌를 차지했다. 김치는 한때 일본인이 한국인 차별의 대명사로 불렀던 기피음식이었다. 그런데 지금은 김치가 다이어트에 좋고 머리가 좋아지는 음식으로 평가받으면서 일본의 식탁을 석권하고 있다. 냉면, 비빔밥, 지지미, 찌개 등도 재일한인이 보급한 새로운 식생활이다.

오늘날 세계화가 진전됨에 따라 곳곳에서 서로 다른 국적과 문화를 지닌 사람들이 어울려 함께 살아가는 현상이 나타나고 있다. 그런 가운데 재일한인은 일본에서 공생사회를 실현하는 데 중요한 역할을 하고 있다. 한일, 북일의 관계개선과 남북통일을 실현하기 위해서도 재일한인의 역할은 중요하다. 또 일본이 동아시아사회의 일원으로서 발전하는 데 재일한인에게 거는 기대도 크다.

가나가와현神奈川縣 가와사키시川崎市는 재일한인, 중국인, 필리핀인, 브라질인 등 많은 외국인이 사는 곳이다. 다양한 문화적 배경을 지닌 주민들이 '외국인시민대표자회의'를 조직하여 시정에 활발히 제언하고 있다.

재일한인은 일본에서 태어나고 자랐다는 현실과 한반도의 후예라는 이력을 조화시키면서 앞으로 일본 및 한반도와 어떤 관계를 맺을 것인가를 고민한다. 일본과 한국은 재일한인이 일본에서 생활하게 된 역사적 배경을 깊이 이해하고, 그들이 문화의 차이를 존중하면서 동아시아사회의 일원으로서 함께 살아갈 수 있도록 도와주어야 한다.

1990년대 이후 한국으로 유학하는 재일한인과 일본인이 계속 증가하고 있다. 한국 문화를 알고 싶다, 한국어를 말하고 싶다, 자신의 뿌리를 찾고 싶다 등등 유학의 동기는 다양하다. 또 2002년에는 일본의 대학입시센터 시험의 외국어 과목에 한국어가 도입되었다. 한국어능력 검정시험도 해마다 실시되어, 2006년에는 1만 3천여 명이 응시해 4천 4백여 명이 합격했다.

그런데 재일한인이 민족차별을 극복하고 현재와 같은 생활을 확보하는 데는 일본인의 도움도 컸음을 무시할 수 없다. 재일한인과 보조를 맞춰 권리확충운동을 전개한 일본인들 가운데 가지무라 히데키梶村秀樹(가나가와대학 교수), 다나카 히로시田中宏(히토츠바시대학 교수), 다카기 겐이치高木健一(변호사) 등은 차별적인 내용의 법을 개정하고 전후보상 문제를 진전시키는 데 큰 공을 세웠다.

스페셜 테마

일본인을 사로잡은 재일한인 스타들

　현재 대다수의 재일한인은 일본에서 태어나고 자란 세대이다. 때문에 이들 재일한인의 생활방식이나 일본과 남북한에 대한 의식도 각기 다양성을 띠게 되었다. 그런데 재일한인 중에는 각고의 노력으로 일본의 각 분야에서 두각을 나타낸 사람도 적지 않다.

　역도산力道山(한국명 김신락金信洛)은 일본 프로레슬링의 아버지라고 불린다. 북한 지역에서 태어난 그는 1940년 서울에서 열린 스모대회에 나갔다가 스카우트되어 일본에 건너갔다. 역도산은 스모계에 입문할 때 붙여진 이름이다. 그는 뛰어난 밀치기와 괴력을 살린 들배지기로 승리를 거듭해 8년 만에 세키와케關脇(스모의 10등급 중 3등급에 해당)까지 승진했다.

　스모계에서 출세가 보장된 역도산은 갑자기 은퇴하고 1952년 프로레슬링의 본고장 미국으로 건너가 레슬링 실력을 연마했다. 일본에 돌아와 프로레슬링협회를 설립한 그는 당수치기를 무기로 자신보다 두 배나 덩치가 큰 미국인 레슬러를 매번 멋지게 쓰러뜨렸다. 마침 그때 일본은 6·25전쟁특수 등으로 고도경제성장을 지속하는 중이었다. 일본인은 집안에 3

일본 프로레슬링의 아버지 역도산
자신보다 덩치가 큰 미국 선수를 멋지게 쓰러뜨리는 역도산의 시합은 텔레비전으로 중계되어 패전의
아픔을 딛고 막 일어서려는 일본인에게 큰 자부심을 심어주었다. 그는 어려운 환경 속에서도 한국인
으로서의 자부심을 잃지 않았으며, 오노 반보쿠, 고다마 요시오 등과 친교를 맺으며 한일 국교재개에
도움을 주기도 했다.

종의 신기神器라 불리는 세탁기·냉장고·텔레비전 등을 갖추고 여유로운 생활을 즐겼다. 역도산의 시합은 텔레비전으로 중계되어 패전의 아픔을 딛고 막 일어서려는 일본인에게 자부심을 심어주었다. 그가 서양인을 메치는 모습은 일본인에게 서양인에 대한 열등감을 씻어주는 데 더할 나위 없이 좋은 청량제가 되었다.

역도산은 실업가로도 성공하여 많은 부를 축적했다. 그는 현역 시절에 민족차별을 벗어나기 위해 한국인이라는 사실을 숨기고 살았지만, 한국인으로서의 자부심은 잃지 않았다. 오노 반보쿠, 고다마 요시오 등과 친교를 맺으며 한일 국교재개에 도움을 주기도 했다. 그는 친족과 있을 때면 함께 아리랑을 소리 높여 부르고, 서울을 방문해서도 기쁜 표정을 감추지 않았다. 역도산이 개척한 프로레슬링의 전통은 일본의 격투기계에 아직도 생생하게 살아 있다. 그가 발탁해 육성한 안토니오 이노키는 일본 프로레슬링계의 영웅이 되었다. 이노키는 일본의 국회의원이 되어 은사의 고향인 북한을 수없이 왕래하며 스포츠 평화 교류에 힘쓰고 있다.

장훈張勳(일본명 하리모토 이치오)은 오랜 역사를 자랑하는 일본의 프로야구계에서 가장 많은 안타를 친 선수이다. 통산안타 3,085개라는 기록은 아직도 깨지지 않고 있다. 그는 어렸을 때 오른손에 큰 화상을 입어 손가락이 문드러질 정도였고, 원자폭탄을 맞은 처지였지만, 피나는 노력을 거듭하여 '안타제조기' '일본 안타왕' 등으로 불리는 명선수가 되었다. 장훈은 민족차별에도 굴하지 않고 치마저고리를 입은 어머니를 수차례 시합에 초대하는 등 스스로 재일한인임을 숨기지 않았다. 그는 1980년에 대한민국 프로야구 육성에 힘을 쏟은 공로로 국민훈장을 받았다. 1990년에는 일

3,000안타를 친 감격의 순간 어머니와 함께 한 장훈
프로 입단 후 2루타로 안타 행진을 시작한 장훈은 22시즌 만에 2점 홈런으로 3,000안타를 완성시켰다. 이날 장훈의 어머니는 아들이 혹시 부담을 가질까봐 장훈 몰래 경기장에서 아들의 경기를 지켜봤고, 장훈은 경기 도중에야 어머니가 온 사실을 알았다. 제일동포 선수로 온갖 설움을 이겨내고 신기록을 세운 장훈은 어머니에게 생애 가장 멋진 선물을 안겨주었다.

본 프로야구의 기라성 같은 선수들을 기리는 명예의 전당에 이름을 올렸다. 장훈은 지금도 재일한인사회의 명사로서 활발히 활동하고 있다.

재일한인은 민족차별 때문에 일본인이 주저하는 업종에서 활로를 찾았다. 고철판매, 토목, 고무, 플라스틱, 곱창구이, 샌들제조, 파친코 등이 그런 분야였다. 재일한인들은 일본의 금융기관에서 돈을 빌릴 수 없었으므로, 돈을 모아 집거지에 상업은행, 조선은행, 홍업은행 등을 설립하여 자금을 융통했다. 재일한인이 경영한 기업 중에는 일본인 소비자로부터도 지지를 받아 우량기업으로 성장하는 경우도 나타났다. 제과의 롯데, 야키니쿠의 사쿠라, 파친코의 마루한 등이다. 신격호辛格浩가 창립한 롯데는 한국에도 진출하여 10대 재벌의 하나가 되었다. 최근 일본에서 정보혁명을 선도하고 있는 소프트뱅크는 1981년에 손정의孫正義가 설립했다. 그는 한국 이름 그대로 일본 국적을 취득했는데, 1999년에는 세계 34위의 부호에 선정되었다.

사업으로 성공한 재일한인 기업가들은 한국에 투자해 고국의 산업발전을 도왔다. 1965년부터 1978년까지 재일한인이 한국에 투자한 금액은 10억 달러에 달했다. 이는 같은 기간의 외국인 투자 총액보다 많았다. 코롱, 롯데, 제일투자금융, 신한은행 등은 지금도 한국의 경제발전에 기여하고 있다. 그 밖에도 재일한인은 외화부족에 허덕이던 한국 정부를 도와서 주일본한국대사관과 주오사카한국총영사관 등을 신축하는 데도 공헌했다.

예술과 예능에서도 재일한인은 재능을 발휘했다. 오페라 가수 전월선田月仙, 지휘자 김성향金聖響, 바이올린 제작자 진창현陳昌鉉 등은 일본뿐만 아니라 세계에서도 높은 평가를 받는 유명인사다. 영화감독으로는 최양일崔洋一

ー, 김수진金守珍, 이상일李相日, 오덕수吳德洙 등이 각종 상을 받았다. 재일한인은 일본 연예계에서도 두드러진 활동을 펼쳤다. 이들이 없다면 연말의 최대 최고 TV쇼인 NHK의 가요 홍백전은 마련될 수 없다는 우스갯소리까지 나왔다. 중년세대에게 인기를 끈 미야코 하루미, 청소년들의 사랑을 받은 니시키노 아키라와 소닌 등은 유명한 재일한인 가수다.

2002년 한일 월드컵 개막 전 한국 대표팀을 취재하던 일본 기자들은 '신무굉愼武宏(타케히로 신)을 만나라!'라고 합창했다. 재일한인 3세인 신씨는 한국을 오가며 한국팀의 해외원정에도 동행하여 『히딩크 코리아의 진실』을 간행했다. 이로써 2003년에는 외국인으로서 처음으로 일본에서 권위 있는 스포츠라이터 최우수상을 받았다.

최근 일본에서는 한국의 드라마와 영화가 인기를 끌고 있다. 이른바 한류 붐이 그것이다. 그런데 〈쉬리〉, 〈공동경비구역 JSA〉 등 한국 영화를 사들여 한류 붐의 일등공신 역할을 한 사람은 재일한인 2세 이봉우 씨다. 이 씨는 재일한인 택시운전수를 주인공으로 한 영화 〈달은 어디에 뜨는가?〉(최양일 감독, 1993)의 제작을 담당하기도 했고 50여 개의 상을 받았다.

일본의 대표적인 문학상인 아쿠타가와상과 나오키상을 받은 재일한인 작가도 적지 않다. 이국땅에 살면서 국가나 민족의 틈새에서 자신이 누구인가를 찾아 나가야 했던 재일한인의 이야기는 다양하고 개성이 풍부하다. 일본인에게 이런 점은 특이한 매력으로 다가왔다. 아쿠타가와상 수상자는 이회성李恢成, 이양지李良枝, 유미리柳美里, 겐츠玄月 등이고, 나오키상 수상자는 다치하라 마사아키立原正秋, 쓰카 고헤이つかこうへい, 이주인 시즈카伊集院靜, 가네시로 가즈키金城一起 등이다.

교토에는 한국의 훌륭한 고미술공예품을 전시하고 있는 '고려미술관'이 있다. 사재를 털어 유물을 구입하고 자택을 미술관으로 꾸민 정조문郑韶文 씨의 이야기도 빼놓을 수 없다. 정씨는 독립운동을 하다 몰락한 아버지를 따라 1925년에 교토에 왔다. 니시진西陳에서 직물직공으로 생계를 꾸렸다. 해방 후에는 파친코를 경영하여 큰돈을 벌었다. 그는 1949년 무렵 어느 날 고미술상에 전시되어 있는 백자 항아리에 홀린 뒤부터 일본에서 유통되는 한국의 미술공예품을 사들였다. 2천여 점의 보물을 수집하는 과정에서 심미안과 지식이 깊어지고, 일본 문화인들과의 교유도 넓어졌다. 무엇보다도 한인으로서 자긍심이 높아졌다.

정조문 씨가 1970년대에 간행한 『일본 속의 조선 문화』라는 계간지는 '일본에서 가장 혁명적인 잡지'라는 평가를 받았다. 그때까지 깔보고 얕보던 '조선 문화'가 사실 일본 문화의 뿌리임을 현실로 증명했기 때문이다. 정씨의 활약으로 재일한인들은 피지배민족으로서 절망의 통곡 대신 문화민족으로서 환희의 노래를 부를 수 있었다. '고려미술관'은 지금도 일본의 문화도시 한켠에 재일한인의 마음의 고향으로 자리 잡고 있다.

재일한인 중에서 일본 국적을 취득하는 사람이 많아지자 일본에서 정치인으로 출세하는 사람도 나타났다. 중의원 의원에 4번이나 당선된 아라이 쇼스케新井將敬(한국 이름 박경재朴景在), 한국 이름으로 출마하여 참의원에 당선된 백진훈白眞勲 등이 그들이다. 그 밖에 학자로서 명성을 날리고 있는 재일한인도 적지 않다. 개척자 그룹인 강덕상姜德相, 박경식朴慶植, 이진희李進熙, 강재언姜在彦, 지금도 현역으로 활동 중인 강상중姜尚中, 이성시李成市 등은 뛰어난 업적으로 학계에서 널리 인정받고 있다.

04

패전 후 빈사상태에 빠진 일본 경제는 6·25전쟁 특수 효과로 고도성장의 전기를 맞았다. 반면에 한국은 나라가 거덜이 날 지경으로 피폐해졌다. 경제개발을 제1의 목표로 내건 박정희 정부는 한일조약의 체결로 들여온 '청구권자금' 등을 활용하여 수출지향형 공업화를 추진했다. 그에 따라 한일의 경제관계에는 수직

경제발전과
상호의존

적 분업구조가 형성되었다. 1980년대 중반 이후 이런 현상은 약화되었지만, 한국이 일본의 소재와 부품을 수입·가공하여 수출하는 구조는 여전하여 무역적자폭은 오히려 증가추세를 보였다. 최근에는 한국과 일본 기업이 국내외 시장에서 경합하거나 협력하는 사례도 늘어나고 있다.

한일교역의 재개와 6·25전쟁의 특수효과

해방과 패전 공간의 한일 경제상황

1945년 8월 15일 이후 오늘날까지 전개된 한국과 일본의 경제관계는 다음과 같이 몇 시기로 구분하여 살펴볼 수 있다. ① 한일교역의 재개부터 6·25전쟁을 거쳐 장면 정부가 붕괴된 1960년까지, ② 5·16쿠데타 이후 한일조약 체결을 거쳐 박정희 대통령이 서거한 1979년까지, ③ 신군부 집권부터 민주화 과정을 지나 외환위기를 맞은 1997년까지, ④ 민주화 실현 이후 여야 정권교체를 경험하고 국제금융위기를 거친 2013년까지이다.

이 시기구분은 한국의 정치변동을 지표로 삼은 것처럼 보이지만, 사실은 각 시기마다 한국과 일본의 경제관계에도 중요한 변화가 일어났다. ①의 6·25전쟁은 한국 경제가 다시 일본 경제와 연결되는 계기가 되었고, ②의 한일조약은 경제관계의 밀월을 창출했으며, ③의 플라자합의(1985)는 3저호황의 배경이 되었고, ④의 외환위기는 일본의존에서 탈피하는 전기가 되었다. 각각의 시기마다 한국과 일본의 경제구조에 큰 변화가 일어났고, 그 변화는 한일 경제관계의 양적·질적 변화와도 깊이 결합되어 있었다. 이렇게 보면 한국의 정치와 경제, 그리고 대일관계는 밀접히 연동하면서 전개되었다고 할 수 있다.

한국의 해방은 곧 남북분단이었다. 미군과 소련군은 일본군의 무장해제를 명목으로 남북에 진주했지만, 점령지의 정치와 경제를 사실상 지배하는 군정을 실시했다. 어제까지만 해도 일본제국의 경제권에 긴밀하게 통합되어 있던 한반도가 일본, 만주, 중국 등과 갑자기 분리되고 단절됨으로써 한국 경제는 생산, 판매, 소비 등 모든 면에서 극심한 혼란에 빠졌다. 게다가 하나의 경제단위였던 남북이 둘로 나뉨으로써 물자의 유통과 수급에 심각한 결함과 불균형이 발생했다. 북한 지역은 지하자원, 중공업 시설, 발전용량 등이 풍부한 반면, 남한 지역은 식량생산, 경공업설비, 소비재산업 등이 우세했다. 이런 상황에서 38도선이 한반도의 허리를 가로지르자 남북한 경제는 당장 반신불수의 처지에 놓이게 되었다.

미군정기 3년 동안 남한에서는 원자재와 소비재, 그리고 식량이 부족하여 인플레이션이 극심했다. 국민의 생활은 무척 어려웠다. 게다가 해방된 지 1년여 동안 150만 명 이상의 해외동포가 귀환하여 일자리, 먹거리, 잠자리 등이 턱없이 부족했다.

미군정은 한국 내의 일본 재산을 몰수하여 관리했다. 이른바 귀속재산 (적산)이다. 이것들은 1948년 8월 대한민국 정부에 양도되었다. 미군정은 생활난을 완화시키기 위해 식량공출이나 배급을 실시하는 등 경제에 어느 정도 통제를 가했지만, 기본적으로 자유시장경제의 틀을 유지했다. 그렇지만 미군정의 경제 정책에 일관성이 결여된 데다가 정치혼란이 지속되고, 경영 노하우를 장악하고 있던 일본인들이 대부분 귀국하여 해방 이전에 형성된 일본연계형의 산업구조는 제대로 기능하지 못했다. 남한 지역의 사업소는 1943년 10,065개였는데, 1947년 3월에는 4,500개로 55.3%나 감소했다. 같은 해, 종업원 수는 255,393명에서 121,414명으로 47.5% 감소했다.

1948년 8월 15일에 발족한 이승만 정부는 자립경제를 달성하기 위해 몇 가지 정책을 펼쳤다. 농지개혁을 단행하여 농촌경제의 안정을 꾀하고, 귀속재산을 불하하여 민간기업을 육성했다. 그렇지만 한국인의 자금, 기술, 경험, 실력 등이 부족하여 기대만큼의 성과는 올리지 못했다. 이승만 정부는 1949년 일본 도쿄에 한국대표부를 설치하고, 급한 대로 외교와 통상 업무를 처리해 나갔다. 이듬해에는 연합군의 점령하에 있던 일본과 무역협정을 체결하여 소규모지만 정식으로 통상을 재개했다. 당시 한국과 일본 사이에는 밀무역이 성행하고 있었다.

한편, 패전 직후 일본 경제도 정도의 차이는 있었지만 매우 혼란스러웠다. 사람들의 생활은 전쟁 말기의 최저 수준에도 미치지 못할 정도로 악화되었다. 도시에는 굶어죽는 이들이 끊이지 않았다. 정부의 모든 기능이 마비되었기 때문에, 사람들은 자력으로 생활을 꾸리지 않으면 안 되었다. 농촌으로 식량을 구하러 가는 어른이나, 점령군의 지프차를 쫓아가며 과자를 구걸하는 어린이의 모습을 어디서나 흔히 볼 수 있었다. '암시장'이 성황을 이루었고, 1947년부터 주요 도시의 소학교에서는 원조물자로 주2회 급식을 실시했다.

연합국 최고사령부는 정치활동과 노동조합운동을 허용했기 때문에, 각종 시위와 집회가 끊임없이 일어났다. 1946년 5월 19일에는 천황이 사는 궁궐 앞 광장에서 식량을 요구하는 데모가 벌어져 25만 명이나 모여들었다. 1947년 2월 1일 노동단체가 연대한 총파업은 혼란을 방지하려는 연합국 최고사령부의 금지로 미수에 그쳤다. 이것이 점령하에 놓여 있던 일본의 현실이었다. 일본 정부는 곤경에 빠진 경제를 부흥시키고자 석탄과 철강 등의 기간산업에 자금과 원료를 중점적으로 투입했다. 그 결과 1947년에 전전의 3할에 불과하던 광공업생산이 1948년 말에는 거의 7할 정도까지 회복되었다. 인플레이션도 안정되어갔다.

6·25전쟁으로 인한 일본 경제의 특수효과

패전 이후 곤경에 처해 있던 일본 경제를 단숨에 부흥시킨 것은 1950년 한국에서 벌어진 6·25전쟁이었다. 미국이 대량의 군수물자를 일본에 주문함으로써 일본 경제는 고도성장의 궤도에 진입할 수 있었던 것이다. 이른바 '6·25전쟁 특수'였다.

특수라는 말은 원래 '계약' 또는 '수입'이라는 의미로 사용되었다. 전자는 좁은 의미의 특수, 후자는 넓은 의미의 특수이다. 6·25전쟁에 따른 좁은 의미의 특수는 '특수계약'을 말한다. 특수계약이란 재일미군, 한국 및 오키나와 등에 주둔한 유엔군의 유지, 그리고 일본을 포함한 극동 및 동남아 제국에 대한 군사 및 경제원조의 목적으로 일본 안에서 이루어지는 물자 및 서비스의 조달계약을 말한다. 특수의 대상은 시간이 지남에 따라 확대되었는데, 한국과 한국군에 대한 원조에 필요한 물자 및 서비스도 포함되었다. 계약 당사자는 재일미군 또는 경제협력국(ECA, 나중에 ICA)과 일본 정부 또는 민간업자였다.

1952년 4월 샌프란시스코 평화조약의 발효로 일본이 독립한 이후에는 일미행정협정 제25조에 의거하여 일본에 주둔하는 외국 군대의 유지를 위해 일본 정부가 방위분담금에서 지출하는 계약도 특수계약에 포함되었다. 그에 따라 대상 지역도 한국 및 오키나와에서 일본 국내로 확대되었다. 방위분담금에서 지불되는 특수계약은 보통 '엔 베이스 계약'이라고 불렸다. 이와 대비되는 '달러 베이스'는 미국 정부가 발행한 수표 또는 달러를 기금으로 삼았다. '엔 베이스 계약'은 1952년 10월 이후 극동 및 동남아시아까지 확대되었고, 1954년 1월부터는 유엔한국부흥위원회(UNKRA)에 의한 계약도 포함되었다.

넓은 의미의 특수는 일본은행 외환관리국에서 매달 발표되는 외환통계 중 '군 및 기타기관에서의 수취' 즉 특수수입까지도 포함한다. 곧 ① 일본에 주둔하는 군인, 군속에 대한 엔화 매각액(엔 세일), ② 미군 예입금액, ③ 미국의 대외 원조금액(ICA 자금)에 의한 대일 구매액, ④ 오키나와 건설공사대금, ⑤ 기타 군 관계 수취, ⑥ UNKRA 자금에 의한 대일 구매액 등이 그 내역이었다.

1950년 7월부터 1958년 8월까지 8년 6개월 동안의 특수계약액을 보면, 물자 누계 12억 7,899만 달러, 서비스 누계 9억 7,166만 달러, 합계 22억 5,065만 달러였다. 그러나 넓은 의미의 특수에 들어가는 특수수입액은 51억 5,318만 달러나 되었다. 엔으로 환산하면(1달러=360엔) 1조 8,551억 엔이다. 1958년 일본의 일반회계결산의 세출 총액 1조 3,121억 3,100만 엔을 훨씬 초과하는 액수였다. 이 금액은 1950년도 일본의 국민소득 3조 3,815억 엔의 55%, 1958년도 국민소득 8조 4,487억 엔의 22%에 해당했다. 따라서 이 특수수입은 빈사상태에 있던 일본 경제에 생명수 같은 것이었다.

특수계약을 산업 부문별로 보면 병기 관련 금속제품이 압도적으로 많았다. 그 다음으로 트럭, 자동차부품, 운수기계, 사제품絲製品, 광물성 연료 순이었다. 서비스는 물자의 수리 및 포장, 건설, 운수하역 및 창고 등이 많았다. 그리하여 '실사絲 변과 쇠금金 변의 전성기'라는 말이 유행했다.

그 밖에, 한국 전선에 출동했던 미군 부상병들이 일본 각지의 야전병원에 수용되었고, 5일간 휴가를 받은 미군은 일본에서 환락을 즐겼다. 절정기에는 그 수가 35만 명이나 되었다. 미군과 그 가족은 대개 일본을 거쳐 한국에 왔다. 그들이 지불하는 달러는 일본 경제를 전에 없던 호황으로 이끌었다.

6·25전쟁의 특수수입으로 일본의 국제수지는 흑자로 돌아서고 외화보유고는 급증했다. 광공업 생산지수는 1950년 10월에 이미 아시아-태평양전쟁 전(1934~1936) 수준을 돌파했다. 1953년도에는 6·25전쟁 발발 이전보다 85%나 증가했다. 실질국민소득도 1951년도에 아시아-태평양전쟁 전 수준을 넘었고, 1953년도에는 6·25전쟁 시작 이전보다 38%나 상승했다.

6·25전쟁의 특수로 말미암아 일본은 단기간에 패전의 침체상태로부터 빠져나와 공업입국의 기반을 다졌다. 경제규모는 확대되고 임금은 상승하여 소비가 증가했다. 미국 원조액의 2배에 달하는 특수수입은 자립경제를 실현하는 밑거름이 되었다. 여기에 연합국 최고사령부가 샌프란시스코 평화조약의 발효와 함께 배상용으로 지정하고 있던 850개의 군수공장을 일본에 반환함으로써 자유로운 생산이 보장되었다.

결국 6·25전쟁은 질식과 혼란의 수렁에 빠져 있던 일본의 경제와 사회를 회생과 번영으로 이끈 기폭제였다. 오늘날 일본이 세계 업계를 좌지우지하고 있는 자동차, 섬유, 철강, 조선, 광공업, 가전제품 등은 모두 이때 부흥의 기틀을 잡았다. 그에 따라 일본 국민의 생활도 급격히 향상되었다. 1953년의 1인당 실질소득은 206엔으로 아시아-태평양전쟁 이전인 1934~36년의 210엔과 거의 비슷해졌다. 6·25전쟁의 특수효과가 확산된 1958년에는 273엔으로 상승하여 패전 직후인 1946년의 109엔 비해 2.5배나 상승했다. 그리하여 일본 국민은 일상생활에서 '3종의 신기^{神器}'라 불린 세탁기, 텔레비전, 냉장고를 마음껏 사용하며 소비와 안락의 꿀맛을 즐기게 되었다. 6·25전쟁을 현장에서 겪은 한국과 한국인의 비참한 신세와는 너무나 다른 일본과 일본인의 처지였다.

이승만 대통령의 6·25전쟁 특수 비판

1950년대 한일관계의 가장 큰 쟁점은 ① 평화선(이승만라인), 일본 선원 및 어부의 나포, ② 구보타 '망언'과 청구권 문제, ③ 일본에서 미국의 대한 원조물품 구매, ④ 재일한인의 '북송' 등이었다. ③이 바로 6·25전쟁 특수 효과와 관련된 것이었다.

이승만은 ③의 부당함을 일찍부터 간파하고 미국의 대일 정책을 비판했다. 그는 전쟁을 치르며 반공의 최전선을 지키고 있는 한국을 재건하기 위해 미국이 원조를 해야 함에도, 오히려 후방에 있는 일본에 그 원조를 쏟아 붓고 있다고 보았다. 미국이 일본에서 물자와 서비스를 구입함으로써 한국에 대한 원조가 거꾸로 일본의 경제성장에 큰 도움을 주고 있었다. 실제로 한국의 1인당 GNP는 1954년 70달러, 1957년 74달러, 1959년 81달러로, 같은 시기 일본의 3분의 1에도 미치지 못했다. 이승만은 특수 경제의 결함과 모순을 꿰뚫어보고 대단히 비판적인 자세를 보였다. 그는 '1년간 비료를 쓰지 못하는 한이 있더라도 구매대금으로 비료공장을 짓겠다'고 별렀다.

1954년 7월 30일 미국은 '한국에 대한 군사 및 경제원조에 관한 대한민국과 미합중국 간의 합의의사록' 초안을 한국에 보냈다. 이승만은 그 내

이승만 대통령의 일본 방문
한국전쟁이 일어나자 미국은 일본에서 물자와 서비스를 구입했으며, 이로 인해 한국에 대한 원조가 거꾸로 일본의 경제성장에 큰 도움을 주었다. 이승만은 반공의 최전선을 지키고 있는 한국을 재건하기 위해 미국이 원조를 해야 함에도, 오히려 후방에 있는 일본에 원조를 쏟아 붓고 있다고 미국 정부에 강력히 항의했다. 이승만은 재임 내내 미국의 대일 정책을 비판했지만 일본과 경제관계를 확대하는 데는 소극적이었다.

용에 대해 강하게 반발했다. 특히 일본에서 원조물품을 구입한다는 것과 한일회담을 강권하는 부분에 대해서는 아이젠하워Dwight Eisenhower 대통령과 논쟁을 벌이기도 했다. 그는 미국이 일본에 이용당하고 있다는 담화까지 발표하며 미일의 유착을 비난했다(1956). 또 일본이 재일한인을 '북송'하는 것은 미국의 후원 때문이라는 의견도 표명했다. 이승만은 대통령 재임 내내 미국의 대일 정책을 비판하는 방법으로 한국의 위상을 확보하려 애썼다. 반면에 일본과 경제관계를 확대하는 데는 소극적이었다.

일본은 미국의 양해 아래 1949년부터 1971년까지 1달러 당 360엔의 환율을 유지했다. 이승만은 미국이 한국에도 그렇게 해주기를 기대했다. 그는 아시아-태평양전쟁의 전범국가이면서 6·25전쟁에서 혜택을 본 일본보다는 한국이 미국의 핵심 파트너가 되어야 한다고 생각했다. 그는 '경제계획'이라는 용어에 거부감을 가지고 있으면서도, 1949년부터 기획처 주관하에 경제성장을 촉진하기 위한 계획을 마련했다. 1955년에는 기획처를 부흥부로 격상시켜 몇 차례 경제부흥계획을 미국에 제출했다. 그러나 아이젠하워 행정부의 관료들은 한국에서 경제적 분야의 희망을 찾기 어렵다고 보았다. 1950년대 단일 국가로서 미국의 원조를 가장 많이 받은 한국은 효율성이 너무나 떨어지는 나라라고 지적했다.

소련·중국 등의 공산권에 대한 봉쇄전략을 입안한 케넌George F. Kennan은 군사적·경제적으로 위협을 줄 수 있는 지역에서 한국을 제외함으로써 한국에 대한 원조의 중요성을 낮췄다. 주한미군의 철수가 이루어진 원인의 하나도 미 행정부 일부에서 한반도를 포기해야 한다는 의견이 제기되었기 때문이었다. 미국은 군대를 파견하여 많은 비용과 손실을 감수하며 지킨 한국을 포기할 수 없었다. 그렇다고 해서, 80만 명으로 불어난 한국군을 유지하기 위해 원조의 효율성이 낮은 한국에 '밑 빠진 독에 물 붓기'식의 원조를 계속하기도 어려웠다. 원조를 줄이기 위해서는 주한미군의 감축 이외에 환율의 현실화가 필요했다. 그러나 이승만은 환율 문제에 타협하지 않았다. 결국 한국에서 민주당 정부에 들어서고 나서야 환율의 현실화가 이루어졌다. 미국은 1961년을 전후하여 한국에 대해 무상원조에서 유상원조로 바꾸는 정책을 추진했다.

수출주도 경제개발과 수직적 분업구조의 형성

일본형 발전모델의 채택

북한의 남침으로 시작된 6·25전쟁은 가뜩이나 어려운 한국 경제에 심각한 피해를 주었다. 전선은 전국을 주름잡듯이 이동하여 공장과 설비 등을 파괴하고 경제운영 주체인 인간을 살상했다. 인구의 이산 등으로 농업도 심하게 피폐해졌다. 그리하여 한국 경제는 한층 더 악화되었다. 6·25전쟁을 겪은 직후 남한의 농업소득은 1948년에 비해 27.4% 감소했고, 공업 부문의 피해는 60%에 이르렀다.

일본이 남긴 재산은 대부분 소실되었다. 미국의 원조가 당장의 곤란을 덜어주었지만, 과도한 국방비 지출, 물자부족과 물가상승 등으로 국민의 생활은 지극히 어려웠다. 서울을 비롯한 대도시 도처에 판자촌이 형성되고, 거리에는 실업자가 넘쳐났다. 농촌의 생활도 어려워서, 농민의 절반 이상은 늦봄에 먹거리가 떨어져 배를 곯아야 했다. 그들은 해마다 허기진 배를 움켜쥐고 험한 보릿고개를 넘어갔다.

휴전 이후 이승만 정부는 경제복구사업을 본격적으로 추진했다. 외국, 특히 미국의 원조 등에 힘입어 생산활동이 점차 활기를 띠게 되었다. 1950년대 후반이 되면 원조물자에 토대를 둔 제분·제당공업과 섬유공업이 성장하고, 시멘트와 비료의 생산도 늘어났다. 그렇지만 소비재산업이 급속히 성장한 데 비해 기계공업 등 생산재산업은 발전하지 못했다. 한국경제는 여전히 매우 취약한 구조를 안고 있었다.

1961년 박정희는 쿠데타를 일으켜 장면이 이끄는 민주당 정부를 무너뜨리고 정권을 장악했다. 반공을 국시의 첫째로 삼고 도탄에 빠진 민생을 구한다는 게 최대의 명분이었다. 그는 2년여 만에 민정이양을 통해 선거로 대통령에 당선되고, 1960년대 말까지는 그런대로 자유민주주의의 틀 속에서 국정을 운영했다. 그런데 1972년 10월 유신체제를 선포한 이후에는 무소불위의 권력을 활용하여 강압통치를 펼쳤다. 이른바 개발독재가 기승을 부린 것이다. 이에 대한 국민의 저항은 치열했다. 그렇지만 다른 한편에서 이를 지지하는 분위기도 대단히 강했다. 대중이 박정희 정부를 지지한 배경에는 가파르고 지속적인 경제성장이 자리 잡고 있었다.

박정희 정부(1961~1979)는 경제개발에 중점을 두고 근대화 정책을 저돌적으로 추진했다. 박정희는 만주경험 등의 배경을 살려 메이지유신의 부국강병 이념을 수용하고, 일본의 개발국가형 발전전략을 적극적으로 모방했다. 박정희 정부는 미국의 영향도 적지 않게 받았지만, 경제개발계획을 추진하면서 일본형 발전모델을 원용하고 정부주도형 산업화를 철저하게 밀고 나갔다.

박정희 정부 시기에, 일본은 투자 건수에서 압도적인 우위를 차지했다. 1965년 한일 국교 정상화 이후 박정희 정부가 추진한 산업화전략이 일본과의 협력을 기초로 하고 있었기 때문이다. 박정희 정부는 1960년대 후반에 철강산업, 전자산업, 섬유산업, 화학산업 등을 전략적으로 육성하기 위해 이들 산업에 대해 특별진흥법을 제정했다. 일본에서는 이와 유사한 법령이 이미 시행되고 있었다. 박정희 정부는 이것들을 모방함으로써 일본형 경제발전모델을 제도화한 셈이었다.

한국의 경제 정책과 일본의 관계를 좀 더 구체적으로 살펴보자. 1964년 수출주도형 산업화전략 채택, 1965년 한일 국교 정상화 실현, 1966년 외자도입법 제정, 1970년 마산 수출자유지역 설정, 1973년 중화학공업화 선언 등은 일본 자본과 직접투자를 수용하는 데 한국 내에 우호적인 환경을 조성했다. 일본도 역시 한국을 동아시아 지역통합구상의 핵심시장으로 고려했기 때문에 한국에 대한 자금, 기술지원에 적극적이었다. 결국 박정희 정부가 일본의 산업화 모델을 수용해 추진한 중화학공업화 정책은 일본의 한국에 대한 직접투자를 촉진했다. 한국이 일본의 기술과 자본을 적극 받아들이고 일본도 한국에 직접적인 투자를 확대했기 때문이다.

1960년대 이후 일본은 사양화된 섬유산업을 한국으로 이전했다. 한국은 일본의 하청생산과 가공무역을 통해 섬유산업을 발전시켰다. 일본에서 포화상태에 이른 섬유 이외에도 화학, 철강, 자동차, 전자산업 등이 하청, 설비이전, 기술이전, 합작, 직접투자 등 다양한 형태로 한국에 진출했다. 한국은 일본의 기술을 모방하거나 학습하여 물건을 생산했다. 핵심기술, 핵심부품 및 자본재 등은 대부분 일본으로부터 수입하거나 일본에 의존했다. 한국과 일본 사이의 이 같은 기술 수준과 산업발전단계의 차이는 수출구조, 투자내용, 소득 수준 등 경제 전반에 수직적인 관계를 형성시켰다. 이른바 수직적 분업구조가 만들어진 것이다.

수출지향형 공업화 정책의 추진

박정희 정부는 쿠데타 직후에는 민족주의적 색채를 드러내면서 수입대체공업화를 통한 자립경제의 실현을 목표로 내세웠다. 그러나 이런 정책은 외환을 비롯한 자본의 부족으로 곧 위기에 직면할 수밖에 없었다. 이에 박정희 정부는 1964년 후반기부터 경제 정책 방향을 수출지향 공업화로 전환했다. 수출을 통해 외화를 지속적으로 확보함으로써 경제발전의 가장 큰 애로요인인 외화부족을 해소하려는 의도였다. 나아가 자본과 기술의 부족 및 국내시장의 협소 등의 애로요인도 수출지향 공업화로 극복하겠다는 전략이었다.

박정희 정부는 1962년과 1967년에 제1·2차 경제개발 5개년계획을 잇달아 입안·실행했다. 경공업 부문에서 시작된 경제개발은 급속하게 기간산업 부문으로 확대되었다. 그 과정에서 한일 국교 정상화를 통해 들어온 일본의 청구권자금(경제협력자금)과 베트남전쟁에 파병한 대가로 얻은 특수효과, 그리고 미국 등이 제공한 차관이 경제개발의 주요 재원이 되었다.

외국의 자본·기술과 국내의 값싼 노동력을 결합한 박정희 정부의 수출주도형 경제개발 정책은 우여곡절을 겪으면서도 성공을 거두었다. 한국경제는 고도성장을 지속했다. 이를 위해 정부는 공업단지와 수출자유지역을 조성하고 관련 법제를 정비해 국내기업의 생산과 수출을 지원했다. 그 결과 한국 경제는 1960년대 말에 연 10% 이상의 경제성장과 40% 이상의 수출증가를 보였다. 그에 따라 1인당 국민총생산액도 2배로 증가했다.

박정희 정부는 1970년대에 들어서 농어촌개발을 위한 새마을운동을 본격적으로 전개했다. 그리고 유신체제를 확립하여 국민의 기본권을 제한하고 국회의 견제기능을 무력화함으로써 개발독재형 경제 정책을 마음껏 구사했다. 중화학공업화의 추진으로 철강·자동차·조선·기계·전자 부문이 발전함에 따라 산업구조는 고도화되었다. 1970년대 후반, 한국은 세계로부터 '한강의 기적'이나 '아시아의 네 마리 용'이라는 찬사를 받고, 신흥공업국가의 발전모델로서 주목을 끌었다.

그러나 경제성장을 바탕으로 행해진 강압적 통치는 1970년대 말 심각한 위기를 맞이했다. 설상가상으로 석유 가격의 폭등으로 야기된 이른바 '오일쇼크'가 한국 경제를 강타했다. 결국 박정희 대통령은 국민들의 저항과 집권 세력의 분열 속에서 측근에 의해 살해되었다. 18년간 지속된 박정희 정부도 막을 내렸다(1979).

일본은 박정희 정부가 추진한 수출주도형 경제개발 정책 아래 한국의 최대 무역상대국이자 협력대상자로 부상했다. 일본의 기술은 서구의 기술에 비해 원천성은 낮지만 세계 경제의 성숙기 이후에 표준화된 기술이기 때문에 개발도상국인 한국에서 직접 활용하기가 쉬웠다. 그리고 노동집약적인 기술인 데다가 생산조립의 비중이 크다는 점에서 고용창출 등의 파급효과가 컸다. 그렇지만 한일의 경제관계는 단순히 시장경제의 변화나 요인에 의해서만 결정된 게 아니었다. 한국과 일본의 내부 사정, 곧

문화적 친연성, 인맥과 금맥, 정치와 군사 등의 안보·외교 등의 요인에
의해서도 영향을 받았다.

청구권자금의 운용 및 관리

한일조약 체결 이후 한국에는 일본으로부터 무상 3억 달러, 유상 2억
달러의 이른바 청구권자금이 도입되었다(1966~1975). 그 활용실태를 점검
하는 것은 한일의 경제관계를 살피는 데 아주 중요하다.

박정희 정부는 한일회담 과정에서 분출된 '굴욕외교'에 대한 반대여론
을 의식하여 청구권자금을 '우리 민족의 피의 대가라고도 해야 할 귀중
한 자금'이라고 인식했다. 그리고 가능한 한 이 자금을 '자립경제'를 달성
하는 데 사용하겠다는 각오와 자세를 견지했다. 정부가 내세운 청구권자
금의 사용원칙은 다음과 같았다. ① 혜택이 모든 국민에게 골고루 돌아가
고, 특정 집단이나 개인 또는 지역에 편중되지 않도록 특별히 배려한다.
② 후손에게 과거의 치욕을 되풀이하지 않도록 경고하고 겨레와 더불어
길이 남을 대단위 사업을 일으킨다. ③ 특정 개인이나 단체의 이권 대상
이 되지 않도록 한다. ④ 많은 국민이 건설에 참여할 수 있는 사업을 추진
한다. ⑤ 우리의 필요와 요구에 따라 용도를 결정한다.

정부는 위의 원칙에 따라 네 가지 중점사업을 설정했다. ① 한강, 낙동
강, 금강 등 수계 유역개발, 다목적댐 건설, 홍수·한발방지, 전력생산, ②
어선·어구 도입, 어획고 증대, 어민생활 향상, ③ 철도·항만·선박 등 사회
간접자본 확충, 공업지대 육성, ④ 기간산업 확충, 공업화의 전환점 마련
등이었다.

정부는 '청구권자금의 운용 및 관리에 관한 법률'(1966. 2. 19)을 제정하여 ① 무상자금은 농업·임업·수산업의 진흥과 원자재 및 용역의 도입, 경제 발전에 이바지하는 주요사업에 사용한다, ② 유상자금은 중소기업과 기간 산업 및 사회간접자본 확충에 사용한다, ③ 원화자금은 앞의 사업을 지원 한다는 등의 방침을 제시했다. 그에 따라 자금의 집행은, ①은 농어민 소 득증대에 기여할 수 있는 농업용수개발, 농업기계화, 농업증산, 농업시험 연구시설 도입, 산림육성, 어선건조자재 도입, 어선장치와 동력개량, 수산 물처리 가공시설 확충, 수산증식사업, 공업기술개발, 중화학공업의 중심 인 포항종합제철 건설 자본재 수입, ②는 균형 잡힌 산업개발과 국민생활 향상을 위해 소양강 다목적댐 건설, 포항종합제철 건설, 산업기계공장 확 충, 농수산공장 건설, 해운진흥을 위한 선복船腹 확장, 수송 및 하역시설, 경부고속도로 건설, 철도시설 개량, 통신시설 개량, ③은 농수산진흥, 과 학기술진흥, 포항종합제철 건설, 종합국토개발사업 지원 등에 집중투입되 었다.

정부는 청구권자금 특별회계와 청구권자금 관리위원회를 설치하고, 청 구권 및 경제협력 사절단을 도쿄에 파견해 자금의 도입에 관한 업무를 맡 도록 했다. 자금 사용 등에서는 경제기획원장관이 주도적인 역할을 했다. 정부는 각종 구매에서 발생할 수 있는 허위, 부정, 회뢰 등을 막기 위해 여러 관리규정을 마련하고, '민족의 혈세'라는 관념을 수시로 주입했다. 그렇지만 청구권자금의 집행 과정에서 특혜에 따른 정치자금 수수, 매판 자본가 발호, 한일의 경제유착, 일본의 경제침략 등에 대한 소문과 비판 이 끊임없이 제기된 점도 무시할 수 없다.

청구권자금의 사용실적

1966년부터 1975년까지 도입된 대일 청구권자금 중 무상자금 3억 달러는 ① 농업·임업·수산업·용역 및 자본재에 40.4%인 1억 2,132만 달러, ② 원자재 도입에 44.3%인 1억 3,283만 달러, ③ 부채상환에 15.3%인 4,586만 달러 등이 사용되었다. 유상자금 2억 달러는 광공업 부문에 56.9%인 1억 1,373만 달러, 그중에서 포항종합제철 건설에 44.3%인 8,868만 달러(포항종합제철 건설에는 무상자금에서도 3,080만 달러 사용), 중소기업 육성에 11.1%인 2,223만 달러가 사용되었다. 사회간접자본에는 유상자금의 41.9%와 무상자금의 2%가 충당되었다. 소양강 다목적댐과 경부고속도로 건설, 철도시설 개량, 해운진흥, 상하수도 확충, 시외전화 시설 등이 그것이다.

청구권자금은 제2차 경제개발 5개년계획(1967~1971)에 많이 활용되었다. 산업구조를 근대화하고 자립경제의 확립을 촉진한다는 명목하에 ① 식량자급, 산림녹화, 수산개발, ② 화학·철강·기계공업 건설, ③ 7억 달러 수출, 수입대체 촉진, 국제수지 개선, ④ 고용증대, 가족계획 추진, ⑤ 국민소득 증가, 영농다각화, 농민소득 향상, ⑥ 과학 및 경영기술진흥, 기술 수준과 생산성 제고 등에 집중투하되었다. 제2차 경제개발 5개년계획의 소요금액은 9,800억 원이었다. 그중 국내조달이 61.5%, 해외조달이 38.5%였다. 소요 외화는 14억 2천만 달러로, 이 기간 동안 일본으로부터 무상자금 및 유상자금 3억 달러, 상업 베이스 4억 4,300만 달러가 도입되었다.

청구권자금의 산업 부문별 사용실태를 보면, 농림 부문에 7.8%인 3,886만 달러, 광공업 부문에 55.6%인 2억 7,799만 달러, 사회간접자본 및 서비스 부문에 18%인 9,000만 달러가 투입되었다. 청구권자금의 상당액은 경

청구권자금으로 건설된 포항종합제철소 전경

1966년부터 1975년까지 도입된 대일 청구권자금은 농림 부문, 광공업 부문, 사회간접자본 및 서비스
부문 등 다양하게 활용되었다. 이 가운데 상당액은 산업구조를 근대화하고 자립경제의 확립을 촉진
한다는 명목하에 경제개발계획에 필요한 해외자본의 수요에 집중투하되었다. 이밖에도 포항종합제
철 건설을 비롯하여 소양강 다목적댐과 경부고속도로 건설 등 사회간접자본 건설에도 사용되었다.

제개발계획에 필요한 해외자본의 수요에 충당했다. 신규제품 생산 및 기존시설 확충에 필요한 기계장비시설 등을 도입하는 데 총 3억 2,132만 달러 중 51.6%에 해당하는 1억 6,580만 달러를 사용했다. 주로 국내에서 생산할 수 없는 일반기계, 수송기계, 비철금속 광물제품, 정밀기계, 전기기계 등이었다. 소양강 다목적댐의 건설에는 총 290억 원이 투입되었는데, 그중에서 청구권자금은 32.1%인 93억 원이었다. 경부고속도로 건설에 투입된 430억 원 중에서 청구권자금은 4.4%인 18억 9천 2백만 원이었다.

한편 정부는 1970년 3월 '대일 민간청구권 신고에 관한 법률'을 제정하고, 예금·일본은행권·유가증권·해외송금·기탁금·보험금의 소유자, 군인·군속 또는 노무자로 소집 혹은 징용되어 1945년 8월 15일 이전에 사망한 자의 유가족에게 신고하도록 했다. 1971년 5월부터 1972년 3월까지 109,540건이 접수되었다. 그중 재산관계 신고는 97,753건, 신고금액은 16억 3,674만 원이었다. 피징용 사망자신고는 11,787건이었다.

정부는 1974년 12월 21일 '대일 민간청구권 보상에 관한 법률'을 제정하고, 1975년 7월부터 77년 6월 30일까지 보상을 실시했다. 재산관계 93,685건에 66억 4,100만 원, 피징용 사망자 9,546건에 28억 6,100만 원, 합계 95억 200만 원의 보상이 이루어졌다. 정부는 또 1973년 3월 10일 '독립유공자사업기금법'을 제정하고, 청구권자금에서 기금 20억 원을 조성했다. 이를 통해 생계부조금 9억 2,900만 원, 장학금 1억 2,600만 원이 독립유공자에게 지급되었다.

한국의 국민총생산 곧 GNP 총액은 1966년 1조 7,192억 원, 1975년 4조 1,077억 원이었다. GNP 총액에 대한 청구권자금의 구성비는 1966

년 1.39%, 1975년 2.84%였다. 청구권자금에 의한 GNP 성장률은 1967년 1.2%, 1975년 3.1%였다.

일본 경제에 대한 의존 심화

청구권자금의 유입은 한국 경제가 일본 경제에 의존하는 구조를 만들어냈다. 일본은 한국에 현금을 지불한 게 아니라 물자와 서비스를 제공했기 때문에, 청구권자금의 유입은 일본 기업의 수출증대와 한국진출로 직결되었다.

당시 미국이 베트남전쟁에서 막대한 군사비를 지출하면서 달러의 약세가 급속히 진행되었다. 그에 따라 일본의 수출산업이 큰 타격을 입자 많은 일본 기업은 값싼 노동력을 찾아 아시아 여러 나라로 진출했다. 한국에서는 1970년에 '수출자유지역설치법'(외국에 수출하기 위한 물건을 생산하는 지역을 특별히 지정하여 세금감면, 노동운동 금지 등의 조치를 정한 법률)을 공포하고, 마산 수출자유지역 등지의 노동쟁의를 규제하여 일본 기업을 적극적으로 유치했다.

한국은 일본 기업이 생산한 제품을 값싸게 수출함으로써 수출고를 크게 신장시켰다. 그러나 한국에 있는 일본 기업이나 수출산업은 부품과 기계설비 등을 대부분 일본에서 수입하여 제품을 생산했기 때문에, 수출을 하면 할수록 일본으로부터 수입이 증가하는 딜레마에 빠졌다. 1966년부터 1978년경까지 한국의 총수입액 중에서 일본이 차지하는 비중은 대개 40% 전후였다. 그에 따라 일본에 대한 무역적자도 큰 폭으로 증가했다. 1970년대 한국의 대외교역(수출 및 수입)에서 차지하는 일본의 비중은 60%

가 넘었다. 그만큼 일본에 대한 의존도가 높았음을 의미한다.

박정희 정부는 수출주도산업화 전략을 추진하면서 무역불균형 해소를 위해 국내 전략산업을 육성하는 정책을 추진했다. 그리고 소비재 수입을 억제함으로써 무역불균형을 축소하려고 노력했다. 중화학공업을 육성하여 부품 및 소재 등 기계공업 부문의 수입대체 및 국산화 시책을 추진했다. 품목별로 국산화율을 제시하고 국산화 업체를 지정하여 육성했다.

한국과 일본의 경제 교류가 확대되는 가운데 일부 정치가들이 결탁해 특정 기업에 편의를 제공하고 그 대가로 정치자금을 받는 유착구조가 형성되기도 했다. 또 한국에 진출한 일본 기업이 여성노동자 등을 저임금으로 혹사시키는 경우도 생겨났다. 경제성장을 등에 업은 일본인 남성들이 한국에 몰려와 매춘을 일삼기도 했다. 일본 기업이 사원 단체여행으로 매춘을 권장한 사례도 있었다. 1970년대에 유행한 이른바 '기생관광'은 한일의 불균등한 경제관계가 빚어낸 어두운 현실의 단면이었다.

한일 경제 교류의 부정적인 측면은 식민지 지배에서 유래한 경우도 있었다. 조선질소비료주식회사는 1930년대에 흥남에 대규모 화학콤비나트를 건설하여 세계 굴지의 기업으로 발전했다. 한국인 노동자를 혹사시킨 것은 말할 필요도 없다. 패전 이후 일본으로 철수하여 신일본질소비료회사(후에 질소주식회사)가 된 이 회사는 구마모토공장에서 유기수은을 방류하여 '미나마타병'을 발생시켰다. 이 '괴질'은 신경마비·언어장애 등을 일으키고, 중증장애아를 출산하게 했다. 조선질소비료주식회사의 창업자는 '사람을 마소처럼 부려라'라고 윽박질렀다. '사람을 사람으로 생각하지 않는 인간차별'의 기업경영 방침이 식민지 지배가 끝난 뒤에도 반성 없이 일본에 계승되었다고 볼 수 있다.

미나마타병의 발생은 일본에서 공해추방운동을 확산시키는 계기가 되었다. 그 결과 1967년 국민의 건강보호와 생활환경 보전을 목적으로 한 '공해대책기본법'이 제정되고, 환경보전 전반을 감시하는 환경청이 설치되었다(1971). 그렇지만 일본에서 금지된 화학약품 등이 한국에서는 버젓이 사용되었다. 게다가 공해를 수출하는 일본 기업이 끊이지 않았다. 1970년대 한국이 조성한 온산공업단지에서 전신 신경이 마비되는 '괴질'이 발생했다. 이른바 '온산병'이라고 불린 이 공해병의 배후에는 일본 기업의 '공해수출'이 자리 잡고 있었다.

한일 경제관계의 인맥과 금맥

박정희 정부는 해방 이전 만주국에서 목격한 관동군의 계획경제로부터 영감을 얻어 국가주도의 경제개발 정책을 추진했다고 말하는 이들도 있다. 중공업 발흥, 도시와 철도건설, 위생개선 등이 그것이다.

박정희 정부가 4차례나 추진한 경제개발 5개년계획은 사회주의를 방불케 했던 만주국의 계획경제와 비슷하다. 부국강병의 이념과 동원방식도 닮았다. 독일과 소련 등에서 발원하여 만주국을 경유한 총력건설의 속도전은 1960년대 이후 한국에서 부활했다. 이것은 냉전 시대 남북한의 체제경쟁이나 사회동원에 적지 않은 영향을 미쳤다. 그런 가운데 한국과 일본 사이에는 '유착'이라는 말이 떠돌 정도로 깊은 인맥과 금맥이 형성되었다. 그 기원은 일제시기까지 거슬러 올라간다. 한일의 유착은 박정희 시대 한일 경제관계를 이해하는 데 빼놓을 수 없는 요소이므로 몇 가지 사례를 소개한다.

먼저 박정희 대통령과 미쓰비시상사 후지노 주지로藤野忠次郎 사장의 경우를 살펴보자. 한일 국교 정상화 이전까지 일본의 대한對韓 거래는 미쓰이물산이 주도했다. 그런데 1962년 2월 박정희가 후지노를 접견한 이후 한국은 자금·기술·경험 등의 도입에서 미쓰비시를 파트너로 삼는 케이스가 많아졌다. 미쓰비시는 상사, 중공업, 전기뿐만 아니라 무기생산에서도 세계 굴지의 기업이었다. 후지노는 식민지 지배에 대해 사죄하고, 한국의 경제개발 5개년계획에 참가하여 중공업입국에 기여하고 싶다는 뜻을 피력했다. 그리고 한국 거래액의 20%는 자본으로 투자하겠다고 약속했다. 박정희는 일본 육사에 재학할 당시 미쓰비시를 방문하여 군함과 잠수함을 보고 감동했던 적이 있기에 미쓰비시를 주요 거래선으로 선택했다.

박정희와 후지노는 서로 배짱이 맞았다. 둘은 미쓰비시가 주위의 공산국과 거래할 때는 박정희 대통령의 허가를 얻는다, 김일성 집단과는 거래하지 않는다, 대통령을 직접 대화의 상대로 삼는다 등을 서로 확인했다. 그 후 후지노는 항상 연말연시에 박정희 대통령을 만나 국제정세나 경제정책 등에 관해 의견을 교환했다.

미쓰비시는 1963년 한국 철도청의 철도차량 구입, 경인선 전철 기초조사를 수주했다. 그리고 한일 국교 정상화 이후에는 한국시장에 전력투구하여 중공업, 전기, 은행 등의 사업에 진출했다. 대한조선공사의 확장, 신진자동차 기술제휴, 미쓰비시은행 서울지점 개설, 엘리베이터 제조합작, 당인리발전소 건설, 쌍용시멘트공장 건설, 경인선 전철화사업, 서울지하철 건설, 수출공업단지 조성, 포항종합제철소 건설, 섬유사업 등에 깊게 관여했다. 미쓰비시는 중화학공업 등에서 기술선도형의 진출로 한국 산업을 하청 내지 가공기지로 재편했다. 박정희와 후지노의 개인적 신뢰가 국가와 기업의 상호관계로까지 확장된 케이스였다.

포항종합제철소의 건설 과정에서 맺어진 박태준과 야스오카 마사히로安岡正篤의 인연도 주목할 만하다. 박태준은 박정희 대통령의 특명에 따라 포항종합제철소를 건설하고 경영한 인물이다. 곧, 허허벌판에 세계유수의 제철소를 지어 박정희의 꿈대로 철강보국鐵鋼報國을 실현한 철강인인 셈이다. 야스오카는 양명학의 대가로, 역대 수상들의 스승이자 정치·경제·행정 분야의 정신적 지도자였다. 그는 동양사상을 기초로 한 지도자론을 강의하여 일제시기에 이미 제왕학과 재상학의 거두가 되었다. 1945년 8월 13일 종전조서終戰詔書에 손을 대고, 쇼와昭和와 헤이세이平成의 원호를 발안했다. 패전 전에는 대동아성의 고문으로서 조선총독부의 고위관리들과 교류했다. 그는 대동아전쟁이 '아시아 민족의 해방'과 '대동아공영권의 확립'을 목표로 한다고 믿었다. 따라서 태평양전쟁은 '의로운 전쟁(義戰)'이고, 만주사변과 중일전쟁도 옳은 전쟁이라고 평가했다. 황국사관에 물든 국수주의자인 셈이다.

박태준과 야스오카의 만남을 주선한 이들은 이케다 기요시池田淸(조선총독부 경무국장, 홋카이도장관, 경시총감, 오사카부지사, 중의원의원), 야기 노부오八木信雄(경기도경찰부장, 경무국 경무과장, 보안과장, 황해도지사, 전라남도지사), 박철언朴哲彦(미 극동군사령부 군속) 등이었다. 이들은 최고위 친일파라 볼 수 있는 윤치호尹致昊·최린崔麟·최남선崔南善·박영철朴榮喆·한상룡韓相龍 등과도 교류했다.

한국 정부는 포항제철을 건설하기 위해 대한국제제철차관단(KISA)과 교

박태준 포항종합제철소 사장
포항종합제철소 용광로 화입식에 참석한 이낙선 상공부장관(왼쪽)과 박태준 사장. 박태준이 박정희
대통령의 특명에 따라 포항종합제철소를 건설하는 과정에는 박태준과 야스오카 마사히로라는 한일
간의 인맥이 큰 역할을 했다. 일본 철강업계의 기술과 노하우를 얻기 위해 박철언과 야기 등이 야스
오카를 설득하고, 야스오카는 박태준이 일본의 철강업계 거두들과 교섭하도록 다리를 놓았다.

섭했으나 그들의 거부로 자금원을 확보하는 데 실패했다. 이에 한국 정부는 박태준의 건의를 받아들여 청구권자금을 전용하기로 방침을 굳혔다. 청구권자금을 전용하는 데는 일본 정부의 동의가 필요했다. 그리고 포항제철소를 건설하는 데는 일본 철강업계의 기술과 노하우가 없으면 안 되었다. 박철언과 야기 등이 야스오카를 설득하고, 야스오카는 박태준이 일본의 철강업계 거두들과 교섭하도록 다리를 놓았다.

한국 측이 일본 측을 설득하기 위해 간곡하게 피력한 논리는 다음과 같았다. 일제시기 한반도의 제철사업은 철광석 등 원료산지와 근접한 지대나 수송이 편리한 지역에 집중했다. 겸이포, 청진, 무산 등이 그곳인데, 지금은 모두 북한에 속한 지역이다. 한국은 제철시설을 열망하고 있다. 한국은 기초교육이 튼튼하여 약간의 실습과 지도가 있으면 제철사업이 가능하다. 자질은 일본에 비해 손색이 없다. 제철기술은 원래 한반도에서 일본에 전수한 것이다. 일본은 예전에 한국에서 철기문화를 받아들여 고대문화를 꽃피웠다. 이제 그 대가로서 현대의 제철기술을 한국에 이전하는 것은 의미 있는 일이 아닌가?

야스오카는 한국이 공산 세력에 대항하는 최전선인데, 제철이 북한보다 빈약하다면 보강할 필요가 있다고 여겼다. 한일은 일의대수一衣帶水의 이웃 나라이다. 박태준이 1969년 2월 야스오카에게 협력을 요청하지, 그는 박태준을 야하타제철의 이나야마稻山 사장을 비롯하여 후지제철·일본강관 등 철강 대기업 사장 등에게 소개했다. 야스오카는 포철의 필요성을 설명한 젊은 박태준을 높게 평가했다. 야하타와 후지는 곧 합병하여 신일본제철이 되고, 이나야마는 경단련 회장에 취임하여 포항제철의 건설을 도왔다. 일본 정부도 양해하고 협력했다.

야스오카는 박태준의 초청으로 1976년 5월 경북대학교 퇴계학연구 국제회의에 참석하여 '선철先哲의 교학'이라는 특별강연을 했다, 그리고 포항제철을 방문하여 현장을 확인하고 회포를 풀었다. 박태준은 박정희 대통령의 숙원사업을 야스오카의 도움을 받아 완성했다. 일본의 자금과 기술이 그 뼈대를 이루었다. 포항제철은 1970년대 말까지 철강 850만 톤을 생산하여, 한국의 조선, 자동차, 가전, 전자공업의 발전에 지대한 파급효과를 미쳤다.

모방에서 극복으로—삼성과 일본

초창기 한국 기업 중 일본과의 관계를 무시할 수 있는 예는 거의 없다. 기업인 대부분이 일제 치하에 태어나 자라면서 일본의 영향을 받은 데다, 해방 후 기업 성장 과정에서도 일본으로부터 자본·기술·경영 등의 도움을 받았기 때문이다. 그중에서도 삼성과 이병철은 가장 전형적인 예일 것이다. 삼성은 1950년대 후반에 이미 13개 계열사를 거느린 국내 최대 규모의 기업이었다. 그리고 이병철은 1910년에 태어나 식민지시대의 격변을 모두 체험했다. 삼성과 이병철은 한국의 대표 기업이자 기업가이고, 일본을 가장 적극 활용했다. 따라서 둘 다 일본적 색채가 아주 강했다.

이병철은 20세에 일본에서 대학을 다니다 귀국하여 1936년 삼성을 창업했다. 해방 후 1950년대에는 무역업(삼성물산)을 시작으로 제당업(제일제당), 모직업(제일모직)에 진출했다. 일본에서 기계설비를 도입하려고 노력했지만, 이승만 정부의 배일 정책으로 독일제 플랜트를 사용했다. 일본과 본격적으로 교류한 것은 이승만 정부가 무너진 1960년대 이후였다.

이병철은 플랜트뿐만 아니라 신규 사업에 진출할 때도 일본에서 컨설

팅을 받았다. 그는 일본을 기술과 정보의 수집창구로 활용했다. 일본이라
는 창을 통하여 세상을 내다봤다. 그렇게 하기 위해 틈만 나면 일본을 방
문했다. 이병철은 1960년부터 매년 정초가 되면 도쿄를 방문해서 일본인
과 접촉했다. 인적 네트워크를 구축하고, 세계의 정치·경제를 탐구했다.
샤프, 신일본제철, 이토추상사 등의 회장을 만나 정보를 얻고 아이디어
를 완성했다. 특히 이토추상사 회장 세지마 류조와 친했다. 그 결과는 새
로운 사업진출뿐만 아니라 임원인사와 직제개편에도 반영되었다. 이른바
'도쿄구상'이 그것이다. 이병철은 세 아들과 손자를 모두 일본에서 공부
시키고, 삼성그룹 임원의 70%가 일본어를 구사할 수 있도록 만들었다. 그
리하여 삼성은 일본을 통해 기술과 정보를 얻고 세계를 이해하는 일본지
향의 기업문화를 갖게 되었다.

　삼성의 제당과 모직은 1950년대까지만 해도 황금알을 낳는 거위였다.
그러나 1960년대에 들어서 한계에 직면했다. 이병철은 전자산업이 기술·
노동력·부가가치·내수·수출 등에서 한국의 경제발전단계에 적합하다고
판단했다. 그는 1960년대에 가전家電에서 기반을 다진 뒤 반도체, 컴퓨터,
전자교환기 등 산업전자로 기업을 확대했다. 전자산업이 '무에서 유를 창
조하는 고부가가치산업'이라는 산요전기 회장의 조언을 받아들였다. 마
침 한국 정부도 제2차 경제개발 5개년계획(1967~1971)에서 전자공업을 수
출전략산업으로 육성했다.

　1980년대 초 삼성이 반도체산업에 진출할 때도 일본 전문가의 조언을
받았다. 반도체는 모든 전자제품의 핵심부품으로서 시장성이 커서 전략
산업이 될 수밖에 없었다. 정부도 전자제품 부품 소재의 국산화를 적극적

으로 촉진했다.

이병철에게 일본은 신호등이자 모방 대상이었다. 일본을 따라하면 삼성도 일본처럼 될 것이라고 믿었다. 이병철은 일본을 기술과 자본의 제휴선으로 활용했다. 전자산업에서 산요전기, NEC, 스미토모상사 등과의 제휴가 그것이다. 조선업과 기계공업은 일본IHI, 석유화학은 미쓰이석유화학, 합성섬유는 일본 도레이 및 미쓰이물산과 제휴했다. 일본을 쫓아가려면 일본에서 자본과 기술을 그대로 들여오는 게 최선이다, 일본의 경험을 따라가야 기술격차를 줄일 수 있고 독자 기술도 개발할 수 있다. 이병철은 그렇게 믿고 일본 기술을 도입하면서도 독자 기술의 개발을 추진했다.

삼성은 1970년대 후반부터 대일 의존에서 조금씩 탈피하기 시작했다. 통신·의료·항공·화학 등은 미국·영국·독일 등과 합작했다. 일본이 기술이전을 꺼린 데다가, 정밀기술은 미국과 유럽이 우세했기 때문이다. 삼성이 어느 정도 기술을 축적한 것도 한 요인이었다.

이병철은 오너가 그룹을 완벽하게 지배하는 경영기법을 일본에서 배웠다. 그룹 회장으로서 의사결정권을 행사하고, 비서실을 통해 계열사를 조정·통제·감시·평가하고 전략을 수립했다. 삼성의 인력교육과 훈련 과정은 일본의 주요기업을 벤치마킹하여 운영했다. 이병철이 깊게 사귄 이토추상사의 회장 세지마 류조는 제2차 세계대전 당시 대본영 참모와 관동군 참모를 지냈다. 세지마는 국내외에 전개된 방대한 일본 군대의 전략통이자 정책통이었다. 그는 이병철에게 일본의 전쟁사와 대본영 조직에 대해 이야기하고, 이병철은 거기서 아이디어를 얻어 비서실을 설립 운영했다. 후일 세지마는 삼성의 도약과 그 비서실을 보고 일본군 대본영의 성공모델이라고 평가했다.

이병철은 삼성의 성장 과정에서 일본을 적극적으로 활용했다. 일본을 통해 정보와 지식을 얻는 등 배움의 터전으로 활용했다. 일본은 모방의 대상이었다. 부족한 자본, 기술, 경영방식을 일본과 제휴하여 보완하면서 일본처럼 되려고 노력했다. 1970년대 중반까지 일본을 배우고 모방하는 것을 전략으로 선택했다. 그러면서도 이병철은 일본을 극복하려는 의지를 가지고 있었다. 삼성이 자본과 기술을 어느 정도 축적한 1970년대 후반부터 이병철은 기술 및 자본의 제휴선을 미국과 유럽 쪽으로 돌렸다. 생산기술과 품질관리는 일본이 낫다, 그러나 기술의 원천은 미국이 아직도 월등하다, 머리는 일본에 두되 눈은 세계를 향해야 한다, 수동적인 도입에 만족하지 말고 도입 이후의 기술 학습을 적극적으로 추진해야 한다. 이병철은 이런 태도를 견지한 것이다.

1980년대 이후 첨단사업이 확대되고 기술경쟁이 치열해지자 선진국의 기술장벽은 더욱 높아졌다. 반도체사업이 특히 그랬다. 삼성은 1980년부터 종합기술원 설립을 추진했다. 1987년에 이것을 완공하고, 독자 브랜드에 의한 수출전략을 구사했다. 'SAMSUNG'이라는 브랜드가 그것이다.

삼성이 극일을 이룬 것은 그 아들 이건희 때부터였다. 1988년 4MD를 개발하여 메모리 반도체에서 세계 1위로 올라섰다. 일본의 도시바는 트렌치 방식을 택한 데 비해 삼성은 스택 방식을 택한 것이 주효했기 때문이다. TV에서도 일본 기업은 아날로그 방식을 고집했는데 삼성은 디지털 방식을 채택했다. 그 결과 삼성은 소니를 제치고 세계 1위에 올라설 수 있었다. 일본을 모방한 끝에 마침내 극복할 수 있게 된 것이다.

고도경제성장의 지속과 무역불균형의 심화

3저호황과 고도성장의 회복

1980년대 들어 한국 경제는 심각한 위기에 직면하게 되었다. 박정희 대통령이 서거한 이래 정치불안이 지속된 데다가, 중화학공업에 대한 과잉투자가 부담으로 돌아온 것이다. 이에 앞서 이란혁명이 불러온 제2차 오일쇼크(1978)로 석유제품을 비롯한 원자재 가격이 폭등했다. 세계 경제가 불황에 빠지고 선진국은 보호무역주의로 돌아섰다. 국제시장의 금리가 올라 원리금 상환부담이 가중되었다. 한국에서는 '외채위기'가 닥칠지 모른다는 우려가 번졌다. 군사정변으로 정권을 장악한 전두환 중심의 신군부는 강압적으로 중화학공업의 통폐합을 단행하고 물가통제 정책을 밀고 나갔다.

다행히 한국 경제는 1980년대 중반 이후, 특히 1986년부터 1988년 사이에 '저달러, 저금리, 저유가'라는 이른바 '3저'에 힘입어 침체에서 벗어나 한 단계 더 도약할 수 있는 계기를 맞았다.

'저달러'는 쌍둥이 적자(재정적자, 무역적자)에 시달려온 미국이 1985년 플라자합의를 통해 달러화의 평가절하를 용인한 데서 기인한다. 이로 인해 '엔고현상'이 나타나 해외시장에서 일본 제품에 대한 한국 제품의 가격경쟁력이 강화되었다. 그 결과 수출이 증대되고 무역수지와 경상수지가 흑자로 전환되었다. 외채가 축소되었음은 물론이다.

각국은 제2차 오일쇼크 이후 침체에 빠진 경기를 부양시키려고 금리 인하 정책을 펼쳤다. 플라자합의에 의한 달러화의 평가절하는 그 추세에 더 큰 힘을 실어주었다. 그리하여 1985년 이전 8%를 상회하던 유로달러 Eurodollar의 금리는 1986년 이후 6~7% 수준을 유지하게 되었다. 이른바 '저금리'가 실현된 것이다. 국제금리의 하락은 한국의 외채상환 부담을 감소시키고 경상수지를 호전시켰다.

더욱 다행스럽게, 1985년 12월 석유수출국가기구(OPEC) 회원국들이 고정유가제를 폐지하고 시장점유율 확대 정책으로 돌아서면서 '저유가' 현상이 나타났다. 이로 인해 국제 원유가의 기준이 되는 미국 서부 텍사스 중질유(WTI) 가격은 1985년 이전 배럴당 약 30달러였으나, 1986년 이후 10달러 대까지 하락했다. 유가 하락은 소비 원유의 전량을 해외에 의존하는 한국 경제에 생산비 절감과 가격경쟁력 회복을 가져왔다. 그에 따라 무역수지와 경상수지도 흑자를 기록했다.

'3저호황'에 힘입어 한국의 수출은 1986년 28.3%, 87년 36.4%, 88년 29.0% 성장했고, GNP는 같은 해 각각 12.9%, 13.0%, 12.4%라는 높은 성장률을 달성했다. '단군 이래 최대 호황'이라는 말이 사람들 입에 오르내렸다. 적자기조에 있던 경상수지는 1986년 46억 2천만 달러, 1987년 98억 5천만 달러, 1988년 141억 6천만 달러의 흑자를 기록했다. 그 결과 총외채는 큰 폭으로 감소했다.

한일 무역불균형과 개선 정책

'3저호황'은 역설적으로 한국 경제가 과도하게 세계시장에 의존하고 있음을 극명하게 보여주었다. 결국 1989년 '3저현상'이 소멸되자 한국 경제는 다시 침체국면에 빠지고, 큰 폭의 무역수지 적자로 돌아섰다. 여기서 한국 경제의 대외의존성을 잘 보여주는 대목은 일본과의 무역관계였다.

1980년대 중반 플라자합의 이후 일본은 엔화강세의 충격을 완화하기 위해 적극적으로 해외투자와 시장진출을 시도했다. 그에 따라 한국과의 무역량도 크게 늘어났다. 한국은 엔고를 활용하여 미국 등과도 교역량을 늘려 나갔다. 그런데 일본이 1990~92년에 해외투자와 무역시장 확대의 초점을 동남아국가연합으로 전환하자 한일 간의 무역량이 급격히 감소했다. 반면에 한국은 1993~96년에 경기과열과 설비투자 증가 등으로 인해 일본에서 설비와 자본재를 대거 수입하지 않으면 안 되었다. 엔고현상이 계속되고 있었으므로 대일 무역적자폭은 급격히 벌어졌다. 한국의 수입에서 일본이 차지하는 비중은 1986년 34.4%에서 1996년 20% 정도로 감소한 반면, 대일 무역적자액은 같은 해에 각각 54억 달러에서 157억 달러로 3배가량 대폭 늘어났다. 이는 한국의 산업이 핵심적인 부품과 생산시설 등을 일본에 지속적으로 의존하고 있었기 때문에 발생한 현상이다.

대일무역에서 한국의 적자폭이 커지는 것을 단순히 수직적 분업이라는 경제구조의 현상으로만 보고 방치할 수는 없었다. 한국인들은 근대에 일본의 식민지로 전락한 것을 원통하게 여기는 민족감정이 여전히 생생했기 때문에, 일본에 대한 과도한 무역적자는 곧 일본의 경제침략, 또는 경제종속으로 받아들였다. 한국에서 정착된 '무역역조'라는 용어는 이런 국민감정을 반영한 것이었다. 역대 정부는 이런 상황을 타개하기 위해 일본에 대해 수시로 '무역역조'의 시정을 요구하고, 부속품 국산화 촉진 정책 등을 추진하여 일본에 의존적인 산업구조를 개선하려고 노력했다.

특히 1980년대는 대일 '무역역조' 문제가 수출주도산업 발전전략의 핵심과제로 떠올랐다. 정부는 대일 무역적자를 줄이기 위한 고육지책으로 수입 다변화제도와 전략산업 육성 정책을 추진했다. 1978년부터 도입한 수입 다변화제도는 무역적자가 심한 나라로부터의 수입을 정부 관리하에 다른 나라로 돌리는 것이었다. 실제로는 일본이 그 대상이었다. 연도별 수입 다변화 품목은 1981년 924개, 1987년 381개, 1993년 258개, 1998년 88개였다. 일본은 이 제도를 철폐하라고 끊임없이 한국에 요구했다. 그 후 자유무역을 표방하는 GATT체제가 출범하자 무역 정책에 의한 대일 적자해소는 점차 어려워졌다.

한국 정부는 일본과 협상을 통해 '무역역조'를 시정하는 방향으로 선회했다. 1984년부터 1994년까지 한일 사이에는 정상회담이 자주 열렸다. 양국은 이 기회를 활용해 경제협력을 위한 각종 제도와 위원회를 마련했다. 전두환 대통령과 나카소네 수상은 1983년과 1984년의 정상회담에서 '한일 신시대'를 선언하고, 기술이전과 기술 교류를 통해 '무역역조'를 개선하기 위해 노력하기로 합의했다. 노태우 대통령과 미야자와 기이치宮澤喜一 수상은 1992년의 정상회담에서 무역불균형 완화와 산업과학기술 협력증진을 위한 구체적인 실천계획을 만들었다. 거기에는 한일산업기술협력재단 설치, 한국 상품의 일본시장 확대, 산업 간 교류협력 추진, 한일경제인 포럼 구성, 일본 종합상사에 대한 무역업 개방, 환경협력, 투자 및 기술이전 환경개선 등이 포함되었다.

그렇지만 일본으로부터의 수입에 의존하는 한국의 수출산업구조가 바뀌지 않는 한, 아무리 정상 간에 협상을 했다 하더라도 무역불균형이 시정될 수는 없었다. 합의가 성과를 내지 못하면 갈등만 증폭될 뿐이다. 한국은 대일 적자가 일본의 지나친 기술보호주의, 무역장벽, 시장의 폐쇄성, 공존공영의식의 결여 때문이라고 주장했다. 반면 일본은 한일의 산업기술 격차, 혁신능력의 차이, 분업구조의 산물이라고 주장했다. 사태의 본질을 파악하는 시각이 이렇게 다르니 함께 실천할 수 있는 올바른 처방이 나올 리 없었다.

이에 정부는 무역불균형을 해소하기 위한 또 하나의 카드로 전략적 산업 정책을 추진했다. 중화학공업화의 한계가 드러난 1977년, 경제기획원에 '국산화촉진위원회'를 설치하고 기계·전자·화학·산업시설 및 기술용역 등의 국산화를 통합 조정해 나갔다. 또한 1980년대 이후에는 기계류와 부품 소재의 국산화 정책(1987~1995), 자본재산업 육성대책(1995~1999)을 시행했다. 국산화 대상품목을 발굴 지정하고, 장기저리의 정책금융을 지원했다. 품질검사와 개선을 지원하고 우수상품에는 인증마크를 붙이도록 했다. 또 대일 수출을 촉진하는 대신 수입선을 다른 나라로 전환하는 것을 골자로 한 '대일 무역역조 개선계획'을 발표했다(1986). 일본은 이것이 한일무역협정뿐만 아니라 GATT 원칙에도 위배된다며 시정을 요구했다.

일본 의존의 완화와 수직적 분업구조의 약화

1980년대 이후 국제적으로 조성된 '3저'라는 호조건 속에서 한국의 중화학공업이 발전함에 따라 한일 간의 수직적 분업구조에 약간의 변화가 나타났다. 한국은 일본에 대한 의존도를 낮추기 위해 기술도입 및 투자유치를 다각화했고, 일본은 부메랑 효과를 두려워하여 한국에 대한 적극적인 투자를 주저하기 시작했다. 이에 더하여 박정희 정부 붕괴 이후 기존

네트워크의 약화와 정치정세의 불안이 일본의 대한 투자를 감소시켰다.

1986년 이후 일본의 대한 투자건수가 3~4년 동안 일시적으로 증가한 것은, 1985년 플라자합의 이후 엔화강세와 자본잉여로 일본 자본이 해외로 적극 진출했기 때문이다. 일본은 1990년대 들어서 직접투자의 핵심시장을 아시아의 신흥공업국, 동남아시아, 중국 등으로 전환했다. 그에 따라 대한 투자건수와 평균 투자금액도 점차 감소했다. 1992년 일본의 버블경제가 붕괴한 이후 일본 자본의 해외진출은 전반적으로 줄어드는 경향을 보였다.

1992년을 경계로 한국에 대한 기술이전에서도 일본은 미국에 1위 자리를 내주었다. 기술이전의 액수도 1993년부터 1위인 미국과 2위인 일본 사이에 규모의 차이가 크게 벌어졌다. 일본은 기술이전의 중심을 한국에서 아세안과 중국으로 옮겼다. 미국의 기술은 일관방식의 고급인 반면, 일본의 기술은 하청조립식의 하급이 주종을 이루었다. 1994년 한국에 도입된 첨단기술인 전기·전자 분야의 기술을 보면, 167건 중 미국이 61.6%, 일본이 21.6%이었다. 일본은 고급기술이라도 표준화된 것이면 한국에 이전해야 하는데, 더 이상 기술이전을 꺼리게 됨으로써 한일 간에 존재했던 수직적 분업관계가 무너져가는 현상이 나타났다.

일본이 한국에 본격적으로 직접투자를 시작했던 것은 1967년부터였다. 1962~1997년 사이 일본의 직접투자 건수는 3,316건으로, 전체의 22%였다. 1979년까지는 70%가 넘는 압도적 우세를 보였다. 1980~91년에는 급속히 감소했지만, 여전히 40~60%를 유지했다. 그러다 1992~98년에는 20~30%대, 1999년 이후에는 10%대로 감소했다. 한 마디로, 일본의 대한 직접투자는 하향정체 경향이었고, 투자 건수는 많았지만 한 건당 투자규모는 작았다고 할 수 있다.

고도성장의 폐해와 그늘

한국 경제의 고도성장은 사회구조와 생활양식을 급속히 변화시켰다. 노동자의 수가 급격히 증가하고, 농어촌 인구가 대거 도시로 몰려들었다. 그에 따라 지역 간 불균형이 발생하고 주거난과 교통난이 심각해졌다. 핵가족 형태가 주류로 자리잡고, 주거 형태는 단독주택에서 아파트 등의 다세대 공동주택으로 바뀌었다. 1965년에 17,500대에 불과했던 승용차는 1980년대에 국산자동차의 대량생산으로 급증했다. 그 결과 2004년에는 1천만 대를 돌파해 거의 모든 가구가 '마이카'를 보유하게 되었다.

경제가 발전함에 따라 지역 간, 기업 간, 계층 간 격차가 사회문제로 부상했다. 정부가 대기업을 우대함으로써 중소기업은 상대적으로 더 힘든 길을 걸었다. 난개발이나 공해산업으로 인한 환경오염도 심각했다. 노동운동의 탄압이나 노동권의 침해가 항상 정치권의 주요 이슈가 되었다. 빈부격차의 확대 등도 심각한 사회문제로 떠올랐다.

1990년대 중반에는 고도경제성장의 업보를 상징하는 충격적인 사건이 연이어 발생했다. 서울에서는 1994년 부실하게 가설된 성수대교가 내려앉았고, 이듬해 불법증축된 삼풍백화점이 붕괴되는 어처구니없는 사고가 발생했다. 이로 인해 수백 명이 죽거나 다쳤다. 또 이 무렵부터 한국인이 '어렵고, 힘들고, 위험한(difficulty, dirty, danger)' 3D 업종을 기피하는 현상이 심해져, 그 빈자리에 외국인노동자가 유입되기 시작했다. 반면에 한국 기업의 해외진출이 러시를 이루었다. 그 과정에서 한국인 고용주에 의한 인종차별, 부당노동행위가 비판의 대상이 되었다. 국제화와 맞물려 새로운 형태의 인권 문제에 직면하게 된 것이다.

한국 경제는 '3저호황'의 이점을 누렸음에도 체질을 강화하는 데 허점을 드러냈다. 국제수지의 흑자로 자금사정이 호전되었는데도 설비투자와 연구개발 등에 대한 투자를 게을리 했다. 대신 부동산투기와 주식투자 등에 열을 올렸다. 경쟁의 원천이 가격에서 기술로 옮겨가는 국제경제의 흐름 속에서 투기적 부문에 집중함으로써 국제시장에서 경쟁력을 증대시킬 수 있는 호기를 놓쳤다. 그것이 결국 1997년 한국의 경제위기를 초래했다. 김영삼 정부 말기의 악재였다.

수평적 분업구조의 출현과 상호협력의 모색

외환위기와 일본 자본의 새로운 투자 패턴

1997년 아시아 전역을 강타한 금융위기에 휩쓸린 한국사회는 전례 없는 대혼란을 겪었다. 한국은 외환부족으로 인해 '국가부도'의 위기에 몰렸다. 정부는 어쩔 수 없이 국제통화기금(IMF)에 구제금융을 요청하고 대대적인 경제구조의 조정에 나섰다. 불량기업을 정리하는 한편, 정보통신·생명공학 등의 미래형 첨단산업을 육성했다. 그리고 벤처기업 창업을 유도했다. 그렇지만 구조조정 과정에서 수많은 근로자가 일자리를 잃음으로써 중산층이 붕괴되는 사태를 맞았다. 정부는 실업자를 구제하기 위해 다양한 프로그램을 만들었으나 고용불안이 증가하고 퇴직연령은 낮아졌다. 중소기업과 '3D 업종'에 외국인노동자의 고용이 증가하고, 공장의 대규모 해외이전으로 산업의 공동화현상이 새로운 문제로 떠올랐다.

1997년의 외환위기는 한일 경제관계와 일본의 대한 직접투자 패턴이 변화하는 계기가 되었다. 한국은 외국 자본 유치를 원활하게 하고자 규제를 완화하고 각종 개혁을 추진했다. 김대중 정부는 국제통화기금의 압력 하에 신자유주의적 경제 정책을 추진했다. 외국 자본의 투자지분 50% 상한선 철폐, 외국 자본에 의한 인수합병의 자유화 등이 단행되었다. 일본에 대해서는 1970년대 이래 시행해온 수입 다변화제도를 해제함으로써 (1999) 자동차 등을 포함한 일본 수입품이 한국 시장에 대거 몰려들었다.

김대중 정부는 2000년 12월 외국인투자촉진법을 개정하여 외국 자본이 부동산 및 주식시장에도 자유롭게 투자할 수 있도록 했다. 그리하여 1990년대 이후 하향일로에 있던 외국인 투자가 다시 상승기조로 돌아섰다. 특히 일본은 한국의 부동산시장이나 금융시장의 수익률이 높아질 것을 예상하고 투자를 확대했다. 문화·오락사업에도 일본의 직접투자가 급증했다. 김대중 정부가 IT 및 문화산업을 두텁게 지원한 것이 일본 자본의 투자를 촉진했다.

외환위기 이전 시기(1962~1997)에 일본의 대한 투자 건수는 전기·전자, 기계·장비, 섬유·의류, 식품, 서비스업 등이 많았다. 한일의 산업별 수직적 분업구조를 보여주는 현상이었다. 그런데 외환위기 이후(1997~2004)에는 이런 산업에 대한 직접투자가 급격히 줄어들고, 금융·보험, 부동산·임대, 비즈니스 서비스, 문화·오락, 통신, 도매·소매산업에 대한 직접투자가 급격히 증가했다. 외환위기를 극복하려는 한국 정부의 과감한 개방조치와 일본의 한국 시장에 대한 전략변화가 맞아떨어진 결과였다. 이는 한일의 수직적 분업구조가 깨지고 수평적 분업구조가 형성되어간 것으로 해석할 수 있다.

대일 무역적자 확대와 수출상품의 경합

한일 국교 정상화 이후 한국의 산업구조는 수출지향형 공업화로 발전했다. 원재료, 생산재, 자본 등을 주로 일본에서 수입하여 염가의 노동력으로 제품을 생산해 미국에 수출하는 형태였다. 1966년의 한일 무역총액은 3억 5,900만 달러였는데, 1995년에 496억 5,524만 달러, 2006년에 784억 6,000만 달러로 증가했다.

한국 경제의 산업구조는 일본 의존형이었다. 그렇기 때문에 발전하면 할수록 일본으로부터의 수입이 증가하는 시스템이 정착되었다. 외환위기 이후 일본의 수입비중은 20% 이하로 감소하는 추세였지만, 대일 무역적자폭은 2002년에 147억 달러, 2008년에 327억 달러로 폭증했다. 대일 '무역역조'의 시정이 아직도 한국 경제의 큰 과제로 살아 있는 것이다. 1966년부터 2006년까지 한일 간 무역총액은 9,925억 9,400만 달러였다. 그중 한국의 대일 수출총액은 3,557억 달러, 수입총액은 6,368억 3,800만 달러로서, 2,810억 8,200만 달러의 적자였다.

김대중 정부와 노무현 정부는 대일 무역적자를 완화하기 위해 종래 정부주도의 전략적 산업 정책을 개정 보완했다. 산업발전법(1998), 신상업발전계획(1998), 부품소재특별법(2000), 신성장동력육성계획(2003) 등이 그것이

〈표 1〉 한일 수출상품의 경합구조

구분	2000년				2006년				2012년			
	한국		일본		한국		일본		한국		일본	
1	전기전자	26.9	전기전자	25.1	전기전자	26.3	자동차	21.9	전기전자	21.7	자동차	20.4
2	기계류	17.3	기계류	21.3	자동차	13.1	전기전자	19.8	자동차	12.8	기계류	19.9
3	자동차	8.9	자동차	18.6	기계류	13	기계류	19.5	기계류	10.8	전기전자	15.8
4	광물성연료	5.4	정밀기기	7	선박	6.6	정밀기기	5.5	광물성연료	10.5	정밀기기	5.7
5	선박	4.8	기타	3.5	광물성연료	6.4	기타	4.7	선박	6.9	철강	4.9
6	플라스틱	4.2	철강	2.7	정밀기기	5.7	철강	4	정밀기기	6.9	기타	4.4
7	철강	3.5	유기화학	2.5	플라스틱	4.7	플라스틱	4	플라스틱	5.2	플라스틱	3.6
8	유기화학	2.9	플라스틱	2.3	철강	4.3	유기화학	3	철강	4.6	선박	2.9
9	인조장섬유	2.8	선박	2.1	유기화학	3.9	선박	2.9	유기화학	4.2	유기화학	2.9
10	편물	1.5	고무	1.3	철강제품	1.8	철강제품	2.2	철강제품	2.3	철강제품	2
	합계	78.2	합계	86.4	합계	85.8	합계	87.5	합계	85.9	합계	82.5

출처: 윤대엽, 「상상된 위기: 경제적 상호의존의 심화와 한일 갈등의 역설」(미정고, 2013. 3)

다. 실제로 대일 교역에서 부품소재가 차지하는 비중은 2000년 39%에서 2004년 44%까지 확대되었고, 2004년의 대일 무역적자 246억 달러 가운데 70%는 부품 소재에서 발생했다. 결국 부품소재산업을 육성하지 않으면 한국은 '백년 하도급 국가'라는 오명에서 벗어나지 못할 처지였다. 정부가 각종 법률을 만들면서까지 전략적 산업 정책을 추진한 까닭을 알 수 있을 것이다.

한편, 오늘날 세계시장에서 한국의 기술과 제품이 새로운 선진모델로 인정받고 있는 것 또한 사실이다. 2011년 미국 시카고에서 열린 세계 최대의 가전 견본시에서 한일의 대기업은 정보단말 등 선진기술경쟁에 불꽃을 튀겼다. 실제로 〈표 1〉에서 보듯이 한국과 일본의 10대 수출품 중에서 9개 품목이 서로 경합하고 있다. 이들이 한국과 일본의 수출에서 차지하는 비중이 각각 2000년 78.2%, 86.4%, 2012년 85.9%, 82.5%인 점을 감안하면 한일 양국이 세계의 무역시장에서 얼마나 치열하게 생존경쟁을 벌이고 있는지를 짐작할 수 있을 것이다.

모방에서 추월로—전자와 제철의 사례

일본의 전자산업은 1950년대 미국과 유럽의 기술을 도입하여 발전했으며, 한국의 전자산업은 1960년대 일본의 기술을 받아들였다. 럭키금성이 주도한 라디오 진공관, 흑백TV 생산이 그것이다. 삼성도 곧 전자산업에 진출했다. 한국의 전자산업은 일본을 가장 철저히 학습하고 모방한 사례였다. 두 나라 모두 전자산업을 수출확대를 위한 전략산업으로 설정하고, 국가 차원의 진흥 정책을 실시했다. 전자산업은 노동집약적 산업으로서 고용 문제를 해결하는 데 적격이었다.

한국은 1973년 중화학공업화 정책을 추진하면서 전자산업을 6대 전략산업의 하나로 선정하고 지원했다. 여기에는 박정희 대통령의 개인적 관심도 크게 작용했다. 1966년 일본의 경제단체연합회 회장이며 도시바 사장인 도코 도시오土光敏夫가 박정희 대통령에게 수출산업으로 육성하라고

초기 전자산업을 주도한 금성사의 흑백TV 조립 광경
한국의 전자산업은 일본을 가장 철저히 학습하고 모방한 사례였다. 일본의 전자산업은 1950년대 미국과 유럽의 기술을 도입하여 발전했으며, 한국의 전자산업은 1960년대 일본의 기술을 받아들여 발전했다. 럭키금성이 주도한 라디오 진공관, 흑백TV 생산이 그 좋은 예이다.

권고했기 때문이다.

한국은 일본의 제도와 법률을 베껴서 활용했다. 한국전자공업협동조합과 상공부가 작성한 전자공업진흥법(1969)은 일본의 전자공업진흥임시조치법(1957)을 모방한 것이었다. 정책 수단에서도 일본이 실시해온 보조금, 저리융자, 세제혜택, 공동행위 허용 등의 방식을 원용했다. 정부는 전자공업진흥 8개년계획을 입안하고 연구개발기금을 설치해 시설투자자금을 지원했다. 1970년에는 전자공업육성기금을 신설했다. 외국인 투자와 기술도입을 촉진하고자 수출자유지역을 만들고 구미에 전자공업단지를 조성했다.

1980년대 이후 첨단사업이 확대되고 기술경쟁이 치열해지자 선진국의 기술장벽은 높아졌다. 특히 반도체사업이 그러했다. 한국은 컬러TV와 VTR 등에서 미국과 유럽의 전자업체와 기술제휴 또는 합작활동으로 전환했다. 그에 따라 일본 기술에 의존하는 구조는 약화되었다. 그리고 독자 기술의 개발에 매진했다. 한국의 전자산업은 미국과의 기술협력을 통해 새로운 발전모델을 구축해 나갔다. 일본을 모방하는 데서 벗어나 추월하는 길을 택한 것이다.

한두 기업의 예를 들어보자. 컴퓨터와 반도체에서 삼성은 미국 마이크론으로부터 64KD램의 기술을 받아들였다(1983). 일본은 샤프 등이 공정기술을 전수했으나, 다른 기업은 부메랑 효과를 우려하여 기술이전을 꺼렸다. 삼성은 종합기술원을 설립하고 독자적인 기술개발에 진력했다. 수출과 판매에서도 'SAMSUNG'이라는 자체 브랜드를 사용했다. 1988년에는 4MD를 개발했다. 당시 반도체에서 세계 1위였던 도시바는 웨이퍼 밑으로 파고들어가는 트렌치방식을 썼는데, 삼성은 파는 것보다는 쌓는 게 더 쉽다는 생각에서 스택방식을 채택했다. 그 결과 삼성은 메모리 반도체에서 세계 1위로 올라섰다. 일본 기업은 아날로그방식으로 TV를 생산했는데, 삼성은 디지털방식으로 전환했다. 삼성의 디지털TV는 소니를 제치고 세계시장에서 1위를 차지했다. 일본의 모방에서 벗어나 독자적인 창조의 길로 나아간 것이다.

철강은 '산업의 쌀'에 비유되는 기초소재산업이다. 포항종합제철은 일본의 자본과 기술 전수로 건설되었다. 여기에는 단순히 경제적 요인만이 아니라 군사적·정치적 요인이 복합적으로 작용했다. 철강은 군수산업이자 중화학공업화의 초석이었기 때문이다.

포항제철은 부국강병과 국가소유라는 일본의 정책이념을 받아들였다. 일본은 건설비의 대부분과 일관제철기술을 제공했다. 1기 공사설비는 미쓰이, 미쓰비시 등 일본의 설비업체가 100% 공급했다. 정부는 국가지원과 정부통제를 골자로 하는 철강공업육성법을 제정하고 철강공업육성자금을 조성했다(1970). 상공부장관에게 생산공급과 가격조절에 대한 감독권을 부여했다.

포항제철은 일본의 정책이념을 모방했으면서도 제도와 운영을 달리함으로써 혁신을 이룩했다. 국가소유였지만 실제로는 정부의 간섭을 받지 않았다. 박정희의 정치적 집념과 박태준의 기업가정신이 결합하여, 포항제철은 독점적 공기업이면서도 상업적 기업전략을 지속적으로 구사할 수 있는 입지를 확보했다.

1980년대 한국 경제는 경공업에서 중화학공업으로 전환되었다. 포항제철은 기술 및 제품을 혁신하고 부품을 국산화했다. 유럽으로 기술도입선을 다변화하고, 미국 등의 세계시장과 열린 네트워크를 형성했다. 1992년에는 광양 4기 종합제철소의 준공으로 연간 조강 2,100만 톤 체제를 확립했다. 2002년 '포항종합제철주식회사'는 '주식회사 포스코'로 개명했다. 이후 포스코는 몇 년에 걸쳐 세계 철강회사 중 경쟁력 1위 회사로 선정되었다. 일본 따라잡기를 실현하고 일본을 앞서 가기 시작한 것이다.

일본의 식민지였던 한국이 불과 50여 년 만에 주요 산업에서 일본을 바짝 따라잡을 수 있는 역량을 확보하게 된 이유는 무엇일까? 거기에는 몇 가지 독특한 요인이 있었다. 먼저 한일관계의 측면을 살펴보자. ① 일본은 근대 이래 경제성장의 기본요소인 제도와 기술 등을 축적하고 있었다. ② 일본과 한국 사이에 지식과 정보의 이동이 자유로웠다. ③ 한국이 일본으로부터 제도와 기술 등을 흡수할 수 있는 문화적 능력을 갖추고 있었다.

다음에 한국이 갖추고 있던 긍정적 조건을 들면 다음과 같다. ① 한국은 해방 이후 세계시장에 대해 매우 개방적이었다. 특히 수출지향의 공업화 정책을 택한 것이 한국사회를 세계 속의 일원으로 편입시키는 데 기여했다. ② 한국의 교육 수준이 매우 높고, 각종 제도와 법령 및 관습 등이 이미 근대적인 것으로 바뀌어 있었다. 한국 정부의 끊임없는 개혁 정책이 국제사회의 표준에 더욱 가깝게 만들었다. ③ 한국은 선진국의 제도, 자본, 기술 등을 적극적으로 도입했다. 한국인은 이것들을 자신의 처지에 맞게 활용하면서 개선과 개발을 게을리 하지 않았다.

교류협력과 상호의존

　최근 한국과 일본의 경쟁에서 새로운 현상이 나타나고 있는 점을 주목할 필요가 있다. 단순히 경쟁만 하는 것이 아니라 협력과 의존을 동반하고 있다는 사실이다. 박형薄型 텔레비전에서 한일은 서로 부품을 나눠 쓴다. 전에는 일본이 일방적으로 파는 입장이었던 자동차부품의 경우에도 일본기업이 한국 제품을 쓰기 시작했다. 일본의 조선造船 메이커에서 한국 대기업의 임원이 활약하고 있다. 중동에서는 한일기업연합이 발전소를 건설하여 운영 중이다.

　현재 일본은 한국의 제2 무역상대국이고, 한국은 일본의 제3 무역상대국이다. 1위는 모두 중국이다. 동아시아 3국이 상호의존관계를 형성하면서 세계의 경제지도를 바꿔가고 있다는 징표이다. 이런 가운데 한국이 일본 의존형의 산업구조에서 어떻게 탈피하느냐가 과제로 떠오르고 있다. 세계적 기업으로 성장한 한국의 대기업이 일본에 진출하고, 각 산업 간에 전략적 제휴와 분업이 확대되고 있지만, 상호보완을 위해서는 교류와 협력을 더욱 강화할 필요가 있다. 신일본제철과 포항제철의 제휴관계는 상호보완관계의 좋은 실례이다. 앞으로 한일 자유무역협정의 체결이 하나의 촉매가 될지도 모르겠다.

05

한일조약을 맺을 당시 한국과 일본을 왕래
하는 양국인은 1년에 1만 명 정도였다. 그 후 한일관계가 밀
접해짐에 따라 그 수는 기하급수적으로 증가하여 2010년 전후에
는 550만 명을 넘어섰다. 인간의 왕래는 물자, 정보, 문화 등의 교류를
수반한다. 1998년부터 한국은 식민지 잔재를 불식하기 위해 고수했던 일

인간왕래와
문화 교류

본 대중문화의 수입금지를 해제했다. 이후 한국 문화에 대한 일본인의 편견도 많이 완화되어, 최근에는 양국에서 한류 또는 일류라 불리는 문화의 공동향유 현상이 나타났다. 아울러 문화와 스포츠 등에서 한일의 교류와 협력, 그리고 경쟁도 빈번해지고 있다.

귀환, 그리고 왕래의 재개

패전·해방 공간의 일본인과 한국인의 귀환

근대 이래의 한일관계에서 중요한 특징은 양국 국민의 교차거주와 이동왕래가 대단히 왕성하고 빈번했다는 점이다. 일본인은 식민자로서 한국에 건너오고 한국인은 유랑민으로서 일본에 건너갔다. 일본인의 한국 이주는 한국강점 이전부터 성황이었던 데 비해 한국인의 일본 이주는 그 이후에 격증했다. 일제가 패망하고 한국이 독립하자 일본인은 한반도에서 대부분 썰물처럼 빠져나갔지만, 한국인은 3분의 1 이상이 일본에 잔류했다. 이것도 다른 제국과 식민지 사이에서는 볼 수 없는 특징이다.

전쟁의 종식과 함께 한반도에 거주하던 일본인들은 본국으로 귀환하기 시작했다. 떠나는 일본인에게 한국인들이 폭력을 행사하는 경우도 있었다. 특히 원성이 자자했던 경찰기구에 대한 습격·점거·접수 등이 빈발했다. 또 황국신민화 정책에 분개했던 한국인들은 신사나 봉안전 등을 파괴했다. 쌓인 원한을 풀기 위한 일종의 보복이었다. 이런 공격은 미군의 진주가 늦어 일본의 군대와 경찰이 건재했던 38선 이남보다는, 소련군에 의해 곧바로 일본의 군대와 경찰이 붕괴되었던 북한에서 많았다.

소련군은 일본의 군인, 관리, 경찰 등을 억류했다. 1945년 9월 5일 이전에 소련군에 억류된 일본군은 약 6만 3천여 명이었다. 이들 중 일부는 만주 연길을 거쳐 소련으로 압송되었다. 그 후 북한 각지에서 연길로 보내진 일본인 수는 1만 8천여 명이었다. 그중에는 경찰과 관리 등 2천 8백 명이 포함되어 있었다.

소련군의 진주와 더불어 북한에 거주하던 일본인의 대탈출이 시작되었다. 많은 사람들은 일찌감치 38선 이남으로 남하했으나, 소련군이 조기에 38선을 봉쇄하는 바람에 남하 기회를 놓친 사람도 적지 않았다. 개중에는 굶주림, 추위, 전염병 등으로 사망한 이들도 많았다. 함흥시내에서는 1945년 8월부터 1946년 1월 말까지 사망자가 5,400명이나 되었다. 미국과 소련의 협상이 지지부진하자 목숨을 걸고 38선 이남으로의 탈출하는 자가 속출했다. 1945~1946년 사이에 일본으로 귀환한 일본인 가운데 304,469명이 북한에서 탈출한 사람이었다. 소련군과 북한 정부는 일본인 기술자나 전문가 등을 일부러 억류하면서 공장가동, 광산개발, 설비유지 등 국가건설에 활용하기도 했다.

일본인의 귀환은 38선 이남에서도 이루어졌다. 8·15 직후 소련군이 서울에 입성한다는 소문이 나돌자 서울의 일본인들은 크게 동요했다. 그들은 앞다투어 은행예금을 인출하고, 가재도구를 헐값에 내다팔고, 될 수 있는 대로 빨리 일본으로 돌아가려고 서둘렀다. 부산을 비롯한 항구는 화물수송선, 범선, 어선 등 각종 선박을 이용해 귀환에 나선 일본인들로 붐볐다.

남한에서의 귀환은 대체로 비교적 평온한 가운데 진행되었다. 남한에 주둔한 일본 군인들은 미군에 의해 1945년 11월 하순까지 평화롭게 송환되었다. 일반 일본인들 역시 미군정의 계획적인 수송에 의해 1946년 3월까지 대체로 귀환을 완료했다. 8·15 직후부터 1946년 사이에 남한에서 귀환한 일본인은 571,765명으로 집계되었다. 일본인들이 귀환함으로써 한반도에서 한일 양 민족의 잡거는 소멸되었고, 일본인들의 한국사회에 대한 영향력도 힘을 잃게 되었다.

재일한인의 귀환에 대해서는 앞에서 자세히 설명했으므로 여기서는 그 대강만 간단히 언급하겠다. 일본이 항복하자 재일한인의 본국귀환 열기도 폭발했다. 앞장선 것은 강제로 연행되어 일본에 온 사람들이었다. 8·15 직후에도 일본에서는 여전히 강압적인 통치체제가 유지되고 있었다. 재일한인에게 다양한 위협이 가해질지도 모른다는 불온한 분위기도 형성되었다. 그런 상황 속에서 드러내놓고 해방을 기뻐할 수도 없었던 한국인은 한시라도 빨리 일본 생활을 청산하고 귀환하기를 바랐다.

해방 당시 약 2백만 명에 달했던 재일한인 중에서 140만여 명이 일본 정부의 귀환 정책에 따라 1950년 말까지 남한으로 돌아왔다. 태반은 1946년 봄까지 귀국한 것으로 보인다. 여기엔 강제연행된 이들만이 아니라 1938년 이전에 자발적으로 일본으로 건너가 정주했던 이들도 포함되어 있었다. 일본에 남은 한인은 1946년 현재 50~60만 명이었다. 일본뿐만 아니라 만주와 중국에서도 백만 명 이상의 한국인이 8·15 직후 한반도로 귀환했다. 또 중국, 미국, 소련 등에서 활동하던 독립운동가들도 새나라 건설을 위해 속속 조국으로 돌아왔다.

왕래의 단절과 재개, 그리고 '기생관광'

패전과 해방 직후 1~2년 사이에 대량으로 이루어진 한국인과 일본인의 본국귀환은 세계사의 인구이동에서도 괄목할 만한 사건이었다. 한국인과 일본인은 각각 본국으로 돌아갔지만, 상대국에서 체득한 문화경험은 개인과 사회에 적지 않은 영향을 미쳤다. 서로 상대방의 문화를 받아들일

억류 재일동포의 귀환
일본 정부에 의해 억류되어 있던 재일교포 246명이 부산항에 도착했다(1960. 11. 21). 1965년 정식
외교관계가 수립되기 전까지 한국과 일본 사이의 왕래가 어려웠기 때문에 한국에서 일본으로 밀항하
는 사람들이 더러 있었다. 일본은 이들을 적발해 오무라수용소에 구금했다가 강제송환했다. 한국인
밀입국자와 일본인 불법어로자의 송환 문제는 1950년대 한일회담에서 의제로 다루어질 정도로 중요
한 외교현안이 되었다.

수 있는 인적 자원이 된 것이다.

그렇지만 한국에 곧이어 닥친 남북분단과 6·25전쟁 등은 한일의 인간 왕래를 단절시키는 외적 요인이 되었다. 물론 한국과 일본은 1965년까지 정식 외교관계가 없었기 때문에 대규모 왕래는 어려웠다. 다만 1950년대 에는 소수이기는 해도 한국에서 일본으로 밀항하는 사람들이 더러 있었 다. 일본 당국은 이들을 적발해 오무라수용소에 구금했다가 강제송환했 다. 일본 어민이 불법어로 혐의로 한국 해양경찰에 억류되는 일도 자주 일어났다. 한국인 밀입국자와 일본인 불법어로자의 송환 문제는 1950년 대 한일회담에서 의제로 다루어질 정도로 중요한 외교현안이 되었다.

1965년 한일 국교 정상화는 양국 국민의 왕래에 주요 전기가 되었다. 당시 한 해의 왕래자 수는 약 1만 명 정도였다. 그 후 일본의 대한 투자가 증가함에 따라 일본의 비즈니스맨이 한국을 방문하는 경우가 많아졌다. 장기체류자도 나타났다. 한국인의 도일도 늘어났다. 사업과 친척방문 등 이 목적이었다.

1970년대에 급증한 일본인 남성의 한국 여행은 이른바 '기생관광'(또는 '매춘관광')이라는 나쁜 이미지를 만들어냈다. 당시 한국은 경제개발 제일 주의에 빠져 있었다. 특히 투자자본을 마련하기 위해 온 나라가 외화벌이 에 골몰했다. 관광산업도 한몫을 거들었다. 한국에는 윤락행위방지법이 있었지만, 특정 지역 내의 성매매와 특수 관광호텔에서 외국인을 상대로 성을 매매하는 여성에는 해당되지 않았다. 관광기생에게는 허가증을 주 어 호텔을 자유롭게 출입할 수 있게 하고, 국가경제를 위해 중요한 역할 을 하고 있다는 교양교육도 실시했다. 때마침 고도경제성장의 꿀맛을 즐기고 있던 일본인 남성 여행자 또는 장기체류자가 주요고객이었다. '기생관광'은 1980년대 초까지 성황이다가 점차 자취를 감췄다. 한일의 여성이 연대하여 반대운동을 전개한 데다가, 한국 경제가 성장하면서 그럴 필요가 적어졌기 때문이다. 일본인의 여행 패턴이 바뀐 것도 한 원인이었다. 젊은 남녀의 여행이 점차 늘어나는 추세였다.

상호방문의 급증과 문화 교류

1988년의 서울올림픽 개최와 한국의 해외여행 자유화 조처는 한일의 인간왕래를 급격히 증가시키는 전기가 되었다. 1992년의 관광객 수를 보면, 한국에 입국한 일본인은 약 140만 명이고, 일본에 입국한 한국인은 약 90만 명이었다. 그 수는 해마다 증가하는 경향을 보였다. 특히 한국과 일본이 월드컵을 공동개최한 2002년을 전후하여 양국의 상호방문객 수는 대폭 늘어났다. 일본인의 한국 입국은 2000년에 247만 명, 2002년 232만 명, 2004년 244만 명이었고, 한국인의 일본 입국은 같은 해 각각 110만 명, 127만 명, 156만 명이었다. 당시 일본에서는 이른바 '한류' 붐이 불어 중년여성들의 한국여행이 인기를 끌고 있었다. 이에 상응하여 한국에서도 일본의 패션이나 음식이 유행하고 일본여행이 급속히 늘어났다.

역사 문제 등을 둘러싸고 한국과 일본이 갈등과 대립을 되풀이했음에도 인간의 왕래는 기본적으로 증가추세를 보였다. 일본인의 한국 입국자 수는 2009년에 300만 명을 돌파하여 2010년 302만여 명, 2011년 329만여 명, 2012년 352만여 명을 기록했고, 한국인의 일본 입국자 수는 2010년 244만여 명, 2011년 166만여 명, 2012년 204만 명을 기록했다. 한 해에

560만 명이 한국과 일본을 왕래한 것이다. 연간 만 명 정도가 왕래하던 1965년경에 비하면 560배의 증가를 보인 셈이다. 이렇게 인간왕래가 급증한 것은 기본적으로 양국의 경제발전 덕택이었지만, 상호 비자면제와 여행인프라의 정비 등이 보조 역할을 했다. 2012년 현재 한일 간 항공편 운항은 39개 노선에 1주당 700회를 웃돌고 있다.

관광을 통한 인간의 왕래는 물자, 정보, 인식 등 문화 전반의 교류를 동반한다. 따라서 한일 관광객 수가 최근 20년 만에 2.5배 이상으로 급증했다는 것은 한일 문화 교류가 그만큼 활성화되었다는 증거라고 볼 수 있다. 2003년을 예로 들면, 한국에 입국한 일본인은 총 외국인 입국자 수의 절반을 상회한다. 반면에 한국의 총 출국자수에서 일본으로 출국한 수는 4분의 1 정도이다. 한국인의 일본입국은 상용목적이 3분의 1 정도인 데 비해, 일본인의 한국입국은 상용목적이 2% 미만이었다. 생활이나 여가 속의 상대국 여행이라는 측면에서 본다면 한일 간에 아직 차이가 많다는 것을 확인할 수 있다.

학술 교류와 유학생 수의 추이

한일 국교 정상화 이후 일본은 다시 한국의 발전모델로 부상했다. 특히 박정희 정부 시기, 곧 1960~70년대 정부와 기업은 모두 일본에서 행정과 경제 등의 노하우를 수용하는 데 열심이었다. 한국에는 그것을 쉽게 받아들일 만한 기반, 곧 식민지 유산이 부문에 따라 건재한 경우도 있었다. 여기에다 일본이 공여하는 '청구권자금'에도 일본의 물자와 서비스를 도입한다는 조건이 붙어 있었으므로, 국가건설의 각 분야에서 일본의 이론과 경험을 도입하는 것은 실용과 실리를 추구하던 시대 분위기와 부합되었다. 그리하여 민족감정을 덧나게 하는 일본의 대중문화 수용은 단호히 거부하되, 과학과 기술 등의 학술을 도입하는 것은 장려되었다.

학술 교류의 실정을 단적으로 보여주는 것은 유학생이었다. 한국과 일본의 유학생 교류는 무역불균형 이상으로 한쪽에 편중되어 있었다. 정부 초청 장학생의 경우, 1967~2000년에 일본이 초청한 한국인 학생은 2,277명, 한국이 초청한 일본인 학생은 121명이었다. 일본에 유학한 한국 학생이 20배 정도 많았다. 국력과 학술의 격차를 상징한다고 볼 수 있다. 한국인 장학생은 주로 이공계에 집중되었다.

각 분야에서 한일 교류가 활성화됨에 따라 일본으로 유학하는 한국인 수도 늘어나고 분야도 다양화되었다. 어학연수 및 학위과정 이상의 한국인 유학생 수는 2001년 14,925명, 2005년 19,022명, 2010년 27,965명이었다. 반면에 일본인 유학생 수는 2003년 2,486명, 2005년 2,638명, 2010년 3,876명을 헤아렸다. 대학 간의 학술 교류도 활발하여 2000년의 한일 대학 간 결연은 522건에 이르렀다.

문화협력과 교류 증진

정부 차원의 문화협력

한국과 일본은 1965년 국교를 정상화할 때 '문화재 및 문화협력에 관한 협정'을 체결했다. 이 협정에 의거하여 일본에 소재한 한국 문화재 일부가 한국에 인도되었다. 그리고 양국은 미술관, 박물관, 도서관 등의 시설이 보유하고 있는 문화재에 대하여 서로 연구의 편의를 제공하기 시작했다. 그 후 문화협력은 학술뿐만 아니라 문화 전반으로 확대되었다. 특히 1980년대 이후 양국 간에 정상회담이 빈번하게 열림에 따라 문화 교류는 양국 협력의 중요 분야로 자리 잡았다.

전두환 대통령과 나카소네 야스히로 수상은 1983년 1월(서울)과 1984년 9월(도쿄) 정상회담을 갖고 공동성명을 발표했다. 두 정상은 국민적 기반에 입각한 교류 확대가 양국 관계의 발전에 중요하다는 점을 인식하고, 학술, 교육, 스포츠 등의 문화 교류를 점차 확대해 나가기로 합의했다. 특히 21세기를 향하여 젊은 세대 간의 상호이해가 중요하다는 관점에서 청소년 교류를 촉진하기로 했다.

일본의 무라야마 도미이치 수상은 1994년 8월 전후戰後 50주년을 맞아 '평화우호교류계획'을 추진하겠다고 발표했다. 그 핵심은 역사를 직시하기 위한 자료수집과 연구자 지원, 각계각층 대화와 상호이해를 촉진하기 위한 교류사업이었다. 전자는 인터넷을 통해 일본의 패전 전 공문서 등을 열람할 수 있는 아시아역사자료센터의 설립, 후자는 지적 교류, 유학생 교류, 청소년 교류, 시민과 지역 교류 등으로 실현되었다.

김대중 대통령과 오부치 게이조 수상은 1998년 10월 8일 '21세기를 향한 새로운 한일 파트너십' 공동선언을 발표했다. 여기에서 두 정상은 양국 간의 문화·인적 교류를 확충해 나갈 것을 천명하고, 2002년 월드컵 공동개최의 성공적 지원, 문화 및 스포츠 교류, 연구원·교사·언론인·시민단체·지방관계자 등의 교류, 유학생과 청소년 교류, 한일 역사 공동연구 등

김대중 대통령과 오부치 게이조 일본 수상의 정상회담

1980년대 이후 한일 양국은 정상회담을 통해 정부 차원의 문화협력과 교류를 확대해 나갔다. 전두환 대통령과 나카소네 수상이 두 차례 정상회담을 가진 것을 시작으로 김대중 대통령과 오부치 수상, 노무현 대통령과 고이즈미 수상, 이명박 대통령과 후쿠다 수상의 정상회담이 이어졌다. 역사 문제 등의 현안이 빈발했음에도 한일관계가 기본적으로 흔들림 없이 유지되어온 것은 양국 국민 사이의 교류가 확대·심화되었기 때문이다.

의 학술 교류, 무대예술이나 민속예능의 교류를 촉진하기로 합의했다. 한국에서 일본 문화를 개방하겠다는 방침도 밝혔다. 이런 구상은 '행동계획'으로 구체화되어 대부분 실천에 옮겨졌다.

이상과 같은 문화협력 구상은 노무현 대통령과 고이즈미 준이치로 수상(2003. 6), 이명박 대통령과 후쿠다 야스오^{福田康夫} 수상(2008. 4) 사이의 정상회담에서도 확인·보강되어 현재에 이르고 있다. 역사 문제 등의 현안이 빈발했음에도 한일관계가 기본적으로 흔들림 없이 유지되어온 것은 양국 국민 간 교류의 확대·심화 덕택이라고 할 수 있다.

주요 관변 친선단체의 활동

한국과 일본에는 정부와 긴밀한 관계를 유지하면서도 독자적인 방법으로 한일 교류와 친선에 이바지하고 있는 단체가 무척 많다. 그중에서 두드러진 것들로 다음과 같은 단체들이 있다.

한일의원연맹은 국회의원 상호이해와 친선을 도모하고, 교류를 통해 세계평화와 번영에 이바지한다는 목표로 1972년 5월에 설립되었다. 매년 1회 합동총회를 개최하는데, 한일의 거물 정치인이 다수 소속되어 한일 간의 주요현안을 해결하는 데 큰 힘을 발휘해왔다. 이 연맹과 관련이 있는 민간 외교창구로서는 한일친선협회가 있다(1976. 11. 설립).

한일협력위원회는 국교 정상화 이후 민간 차원의 대화창구로서 1962년 2월에 설립되었다. 회원은 양국의 원로 지도층 인사들이고, 양국에서 총리와 수상을 역임한 인사가 회장을 맡았다. 매년 1회 합동총회를 개최한다. 1960년대 이래 한일의 경제협력이나 외교교섭을 주도해온 인사들이 회원을 구성하고 있기 때문에, 과거 경험을 후세에 전수하는 역할도 하고 있다.

한일여성친선협회는 한일 간의 이해와 친선, 여성의 공동관심사에 대한 전문 분야별 교류를 도모하기 위해 1978년 5월에 발족했다. 매년 1회 합동총회를 연다.

한일포럼은 김영삼 대통령과 호소카와 모리히로 수상의 정상회담(1993. 11) 당시 양국 정부가 협조를 합의하여 설립한 상설 대화채널이다. 정부 관계자 외에 의회, 경제계, 언론계, 학계, 문화계 등의 여론주도층 인사들이 참석하여 매년 1회 합동총회를 개최한다. 2002년 월드컵의 한일 공동 개최를 제안하여 실현시킨 경험이 있다.

한일문화교류회의는 1999년 6월에 발족했는데, 한일관계를 전반적으로 조망할 수 있는 인사와 문화·예술계 인사들을 중심으로 구성되었다. 문화·예술의 교류 촉진, 행동계획 등을 논의하기 위해 매년 1회 전체회의를 개최한다.

이상의 친선단체들은 정부끼리 논의하거나 실행하기 껄끄러운 문제들을 다룰 수 있다는 장점을 가지고 있다. 그리하여 국민의 여론을 배경으로 한일 간의 주요현안을 해결해 나가는 공공외교의 측면을 담당하고 있다. 이 외에도 한일 간에서 활약하는 NPO, NGO 등이 수없이 많다. 그들의 역할은 관련된 주제를 다룰 때 함께 언급할 것이다.

문화와 사람 교류의 확산

김대중 대통령과 고이즈미 준이치로 수상은 2002년 7월 정상회담을 갖고, 월드컵 공동개최의 성공을 기념해 청소년과 스포츠 교류 등을 지원하는 '한일 공동미래 프로젝트'를 추진하기로 합의했다. 그에 따라 2003년부터 2년여 동안 연인원 10,800여 명의 교류가 이루어졌다(청소년 3,800명, 스포츠 3,400명, 워킹홀리데이 프로그램 3,600명). 교류의 주요내용은 친선모임 참가, 전통문화 체험, 문화유적지 방문, 홈스테이, 대학과 시설 방문, 산업시찰, 상대국 언어 연수, 각 종목의 친선시합 등이었다.

노무현 대통령과 고이즈미 수상은 2003년 6월 도쿄에서 정상회담을 갖고, 국교 정상화 40주년인 2005년을 '한일 우정의 해'로 설정하고 2002년 월드컵 공동개최의 성공을 이어가기 위해 학술·스포츠 등의 교류를 증진하기로 합의했다. 그에 따라 클래식 콘서트 교환공연, 애니메이션 공동제작, 공동학술회의, TV프로그램 공동제작·교환상영 등이 추진되었다.

그런데 2005년은 불행하게도 한일 역사갈등이 오히려 최고조에 달한 해가 되었다. '을사조약' 100주년과 겹쳐 한국의 언론 등이 이 조약의 부정적 측면을 강조한 반면, 일본 시마네현은 '다케시마의 날'을 제정했다. 불에 기름을 붓는 격으로, 고이즈미 수상은 야스쿠니신사를 참배했다. 그럼에도 '한일 우정의 해'를 계기로 시작된 '한일 축제한마당'은 서울과 도쿄에서 수만 명의 한국인과 일본인이 함께 참가하는 최대 규모의 공동이벤트로 발전했다. 2007년의 참가단체 수는 일본 측 19개, 한국 측 34개였고, 관람객 수는 약 20만 명이었다. 2012년의 일본 측 참가단체는 13개, 한국 측은 9개, 관람객 수는 약 4만 명이었다.

오늘날 한국과 일본의 교류는 지방까지 확산되고 있다. 한일의 지방자치단체가 서로 결연을 맺은 것은 1968년이 처음인데, 그 수는 해마다 증가해 2011년에는 140개 정도가 되었다. 이들은 행정, 경제, 환경, 문화, 스포츠 등에 대한 정보를 수집·교환하고, 발표와 토론 등을 통해 경험과 노하우를 나누고 있다. 결연기관끼리 공무원의 파견 등도 활발하다.

한국과 일본은 문화 교류 등을 지원하기 위해 여러 기구를 설치 운영하고 있다. 대사관은 물론이고 문화원, 국제교류기금, 한일문화교류기금 등이 그것이다. 이 기관들은 각종 회의, 연수, 행사, 연구 등을 주선하고 지원한다. 그리하여 한일 간에는 이제 '풀뿌리 교류'라는 말이 결코 낯설지 않게 되었다.

대중문화, 금지와 개방 그리고 공유와 혼효

역사와 맞물린 대중문화 교류

최근 한국과 일본의 문화 교류에서 일반인들에게까지 두드러지게 영향을 미치고 있는 것은 드라마, 영화, 만화, 음악 등의 대중문화이다. 그것도 일방통행이 아니라 쌍방통행이다. 10여 년 전만 해도 상상조차 할 수 없던 일이 현실에서 일어나고 있다.

한국은 해방 이후 1998년까지 일본의 대중문화 상품을 공식적으로 수입하거나 판매하는 것을 금지해왔다. 한국 정부는 이런 규제를 단계적으로 완화 또는 철폐하여 2004년 이후에는 일본 드라마 방송, 일본어 가사의 음악 소프트웨어 등의 판매도 허가했다. 마치 그 반대급부인듯, 일본에서는 2000년 이후 〈쉬리〉, 〈공동경비구역 JSA〉, 〈엽기적 그녀〉 등의 한국 영화가 인기를 끌었다. 2002년 한국과 일본이 월드컵을 공동개최한 이후에는 한일합작 드라마 〈프렌즈〉가 흥행에 성공했다. 2003~2004년에는 한국 드라마 〈겨울연가〉가 큰 반향을 일으켜 이른바 '한류' 붐이 조성되었다.

그런데 한일의 대중문화 교류는 한일관계의 역사와 맞물려 복잡한 사연을 안고 있었다. 일본이 한 세대 이상 한국을 식민지로 지배하고 문화동화 정책을 추진함으로써 한국에는 일본의 대중문화가 깊게 침투되어 있었다. 일본의 대중문화를 호흡해온 한국인들은 일제에서 해방된 뒤에도 상당 기간 동안 그것을 소비할 수 있는 잠재적 고객일 수밖에 없었다. 그리하여 한일 간의 자연발생적 문화접촉이나 비공식적인 문화유입은 국교 정상화 이전부터 존재해왔다.

그렇지만 천신만고 끝에 민족해방을 이룩한 한국은 문화면에서도 자주독립을 표방하지 않으면 안 되었다. 그리하여 일본풍이 짙게 배어 있는 대중문화는 이른바 '왜색문화'라 하여 척결의 대상이었다. 따라서 일본 대중문화의 공식적인 수입은 엄격히 금지되었다. 그 결과 관습처럼 되어버린 일본 대중문화에 대한 수요는 비공식적 루트를 통해 충족되는 상황이 오랫동안 지속되었다.

한국이 해방된 지 50여 년이 경과하는 동안 나라 안팎의 문화환경은 크게 바뀌었다. 각종 통신수단이 발달하여 대중문화는 실시간대로 국경을 넘나들고 있다. 대중문화 유통을 금지할 수단이 별로 없어진 것이다. 이런 상황 속에서 한국의 대중문화도 분야에 따라서는 세계 수준에 도달할 만큼 역량을 축적했다.

각국에서 대중문화는 이제 외교와 산업의 주요부분을 차지하게 되었다. 이러한 문화환경의 변화를 배경으로 한국은 일본 대중문화의 유입을 공식적으로 허용했다. 이에 호응하여 일본은 한국 대중문화를 다량으로 소비하는 시대를 맞았다. 이제 그간의 우여곡절을 돌아보자.

'왜색문화'의 온존과 배척(1945~1960)

이승만 정부 시기에는 한일 간에 국교가 성립되지 않았기 때문에 공식적인 문화 교류가 거의 이루어지지 않았다. 이승만 대통령이 강력한 반일 정책을 내건 탓도 있지만, 식민지 지배유산인 일본의 대중문화는 '왜색문화'라는 이름 아래 전부 배척의 대상이 되었다. 일본에 나라를 빼앗기고 문화를 유린당한 경험이 있는 한국으로서는, 일본 대중문화를 불식하지 않고서 일본과 문화 교류를 재개한다는 것을 국민정서상 용납할 수 없었다. 그러므로 한국이 문화면에서 자주독립을 이룩하기 위해서는 '왜색문화'의 배격은 반드시 거쳐야 할 과정이었다.

한국인들은 식민지 지배하에서 자기 말과 글을 마음대로 사용할 수 없었다. 자신과 고장의 이름조차 일본식으로 바꿔야 했다. 각 면 단위로 일본식 성황당인 신사가 지어졌다. 직장과 일상에서 쓰는 용어는 대부분 일본식 표현이었다. 따라서 해방된 한국이 가장 먼저 할 일은 일본의 문화, 곧 문자와 언어 등을 폐기하는 것이었다. 신사는 해방되자마자 거의 대부분 파괴되었다. 인명과 지명은 물론이고 각 분야에 침투되어 있는 일본식 용어나 표기를 한국식으로 바꾸는 작업이 추진되었다. 서울시가 1946년 10월 혼초本町를 충무로로, 고가네이초를 을지로로, 메이지초를 명동으로 바꾼 것은 한 예에 불과하다. '왜색용어'를 한국의 고유어로 바꾸는 이른바 '국어순화운동'은 그 후에도 수십 년 동안 전개되었다.

한국은 '왜색문화'의 불식을 표방함과 동시에 일본의 문화 동화 정책하에 사라져간 한국의 전통문화를 되찾으려는 노력을 기울였다. 한국 정부는 짧은 기간 내에 전통문화를 재건함으로써 국민의 문화통합을 이룩하고 자주독립국가로서 정체성을 확립하기 위해 진력했다.

그렇지만 한 세대 이상 지속된 일본의 식민지 지배 속에서 한국인의 생활에 깊숙이 뿌린 내린 일본풍 문화가 쉽게 근절될 수는 없었다. 1950년대 말까지 거리에는 일본식 간판이 많이 남아 있었다. 건설업·인쇄업 등에서는 오늘날까지도 일본식 용어를 그대로 사용하는 경우가 많다. 일본어로 된 대중가요가 암암리에 사랑받았고, 일본어 음반도 슬그머니 유통되었다.

이렇게 수요가 있는 한 일본 대중문화 상품의 비공식적인 유입은 근절될 수 없었다. 더구나 이승만 정부는 남북분단과 6·25전쟁 등의 혼란을 겪으면서 '왜색문화'에 체계적으로 대응하지 못했다. '왜색문화'를 금지하는 법률이나 정책을 정부 차원에서 마련하지 못한 채, 지방의 행정조직이나 경찰이 '왜색문화'를 임의로 단속하고, 문화교육부가 '왜색음악'의 단속 방침을 알리는 강연회를 수시로 개최한 것 정도였다.

1950년대까지 한국에서 일본의 대중문화는 배척을 당하면서도 좀처럼 없어지지 않는 잡초와 같은 생명력을 지녔다. 그것은 식민지 문화의 유산이면서 일상에서 자연스럽게 소비되는 생활문화의 한 부분이었다. 일본 대중문화는 한국에 넓고 깊은 뿌리를 내렸다. 그렇기 때문에 오히려 한국인의 정신과 정서를 해치는 나쁜 요소로 지목되어 오랫동안 규제의 대상이 될 수밖에 없었다.

일본 문화의 수입규제와 한국 문화의 육성(1961~1988)

1960년대에 들어 한국은 공식적으로 일본과 문화 교류를 시작했다. 대학에 일본어과가 설치되고, 정부 차원에서 청소년과 도서 등의 교류가 점차 늘어났다. 1965년의 한일 국교 정상화는 이에 박차를 가했다. 박정희 정부는 국가발전을 위해 일본의 지식과 기술을 받아들이는 데 열심이었다. 반면에 국민감정에 거부감을 주는 일본의 대중문화를 받아들이는 데는 인색했다. 한국 유학생은 일본에 보내되, 일본 가수는 한국에 오지 못하게 했다. 한국의 필요에 맞게 선택적으로 일본 문화를 수용한 셈이다.

한국의 여론은 언제나 일본의 대중문화가 '저질', '퇴폐'라는 이유를 들어 유입을 금지하라고 목소리를 높였다. 실제로 공식적으로 수입된 것은 아니지만, 비공식 루트를 통해 들어온 일본의 잡지, 레코드 등의 대중문화가 종종 물의를 일으켰다. 문화 정책을 담당하는 공보부는 1964년 대대적으로 '왜색 레코드'를 단속했다. 1965년부터는 한국인이 작사작곡하고 한국인이 부른 노래라 해도 '왜색 가요'처럼 인식되면 콘서트에서 부르거나 라디오, TV에서 방송하는 것을 금했다. 이미자가 불러 히트한 〈동백아가씨〉 등, 이른바 트로트풍의 가요 159곡도 규제에 묶였다.

박정희 정부는 일본의 대중문화를 통해 공산주의나 반정부사상이 침투할지 모른다고 우려했다. 그리고 외국 대중문화에 대한 규제 정책을 실시했다. 1961년 '반공법'에 기초하여 '공연법'을 만들었다. 그 골자는, 외국인이 상업적인 공연을 하거나 외국인이 출연하는 공연의 경우 정부허가를 받도록 한 것이었다. 1960년대에는 출판, 인쇄, 영화, 방송, 음반 등의 문화에 관련된 법률이 잇달아 제정되어 각 문화 부문마다 엄밀한 규제가 시행되었다.

일본 문화의 수입을 억지로 규제한 또 하나의 이유는 한국 문화산업의 경쟁력이 약하다는 사실이었다. 20세기 전반에는 출판, 음악, 영화, 방송 등이 새로운 산업으로 각광받기 시작했다. 그런데 한국은 그 시대에 일본의 식민지 지배를 받고 있었으니 독자적인 문화산업을 구축할 수 없었다. 그리하여 해방되고 수십 년이 지났음에도 경쟁력이 강한 일본의 대중문화가 들어오면 한국의 유치한 대중문화산업은 괴멸적 타격을 입을 것이라는 우려가 팽배했다. 따라서 산업 정책 면에서도 일본 문화를 규제하는 것은 상당한 지지를 받았다.

그러나 공식적으로는 일본 대중문화의 수입이 금지되고 있었음에도 일본 잡지와 서적은 물론이고 음반, 카세트테이프, 비디오 등이 한국의 거리에서 많이 팔렸다. 일본인 작가나 출판사의 허가를 받지 않은 채 복제되거나 한글로 번역된 이른바 '해적판'도 활발하게 유통되었다.

1970년대 말 이후 비공식적으로 들어온 일본 문화는 더욱 널리 확산되었다. 그와 비례하여 경계와 우려의 목소리도 높아졌다. 일본의 대중문화는 선정적·폭력적이며 퇴폐적이고 저속하여 청소년에게 악영향을 끼친다는 게 그 이유였다. 게다가 1982년 일본의 고등학교 역사 교과서 검정에서 일본 문부성이 '침략'을 '진출'로 바꾸도록 했다는 보도가 전해지자, 일본 대중문화에 대해서도 '문화제국주의의 침략'이라는 비판여론이 들끓었다. 그리하여 일본 대중문화에 대한 규제는 전두환 정부 시기에도 좀처럼 풀리지 않는 정책으로 자리 잡았다.

일본 문화에 대한 경계는 한국 문화의 재건과 표리를 이루었다. 박정희 정부는 1972년 '문예중흥'을 선언하고 문화발전을 위한 5개년 계획을 추진했다. 전국 각처의 문화유적지를 정비하고 복원했으며, 특히 일본과 관련된 사적지를 대대적으로 손질했다. 왜구, 임진왜란, 식민지 지배와 관련된 사적지는 그 자체로 국민교육의 생생한 교실이 되었다. 국난극복의 현장이었기 때문이다. 여기에는 출범 때부터 민족문화의 유지 발전을 내세웠던 북한 정부에 대항하려는 의지도 숨어 있었다.

한국 정부는 수립 직후부터 '문화외교'를 외교 정책의 중요 분야로 선정했다. 문화홍보사업을 통해 한국이라는 나라와 한국이 놓인 상황을 세계에 알리고 이해와 협력을 구하기 위해서였다. 한국 정부는 특히 일본에 한국 문화를 소개하는 데 열심이었다. 그리하여 한일 국교 정상화 이전임에도 1962년 양국의 합의하에 주일한국공보관이 도쿄에 개설되었다. 이곳에서는 처음에는 고전예술을 중심으로 소규모의 문화소개사업이 실시되었다. 그러다 1970년대 후반에는 〈한국 미술 5천년전〉 같은 대규모 전시회를 개최할 정도로 발전했다. 한국인 가수도 일본에서 활약했다. 이에 비해 일본 문화의 한국 소개는 매우 늦어졌다. 노能와 같은 전통무대예술 공연이 허가된 것은 나카소네 수상이 한국을 방문한 1983년 이후였다.

일본 문화 규제완화와 한국 문화의 진흥 모색(1989~1997)

1987년 국민의 직접선거로 집권한 노태우 정부는 인권과 언론의 자유를 신장하고 문화의 자율화를 추진했다. 사회주의국가와 외교관계를 수립하는 '북방외교'도 전개했다. 그에 따라 외국 영화나 서적이 폭넓게 공식적으로 수입되고 판매되었다. 1988년의 서울올림픽은 문화개방 정책에 하나의 분수령이 되었다. 1992년에는 외교부 산하에 한국국제교류재단이 설립되어 한국 문화와 한국학을 세계에 알리는 역할을 담당했다. 김영삼 정부에서도 이런 기조는 계속 유지되었다.

한국과 일본은 정상 간의 합의로 1988년 8월 '한일21세기위원회'를 개설했다. 마침 한국에서는 민주화운동의 성공으로 각종 문화 관련 규제가 완화된 참이었다. 또 올림픽을 개최할 수 있을 만큼 국민의 문화역량이 축적되었다는 자부심이 넘쳤다. 이를 바탕으로 일본 문화에 개방적 자세를 취해야 한다는 여론도 나타났다.

한일 양국 정부의 합의하에 1992년에 한국 문화를 대대적으로 소개하는 〈한국문화통신사〉가 일본에서 개최되었다. 한국에서 일본 대중문화는 여전히 규제대상이었지만, 일본 문화를 소개하는 〈일본문화통신사〉도 1994년 한국에서 개최되었다. 이때 일본의 극단 '사계'가 뮤지컬 〈지저스 크라이스트 슈퍼스타〉를 서울에서 공연했다. 이처럼 일본 문화의 유입이 공식적으로 허가되는 사례가 서서히 늘어났다.

사실 한국 정부는 1980년대 말부터 일본 대중문화에 대한 규제를 완화하자는 논의를 시작했다. 노태우 대통령 스스로 한국은 일본의 음악이나 영화 등의 대중문화를 충분히 수용할 수 있다고 발언했다. 문화부장관도 구 공산주의권 문화까지 수용하는 마당에 일본 대중문화만 금지하는 것은 바람직하지 않다는 의견을 제시했다. 외무부도 일본 대중문화 수입을 점진적으로 개방하는 게 좋다는 뜻을 밝혔다. 그리하여 김영삼 정부는 1994년 2월 '3단계 개방방안'을 발표하기에 이르렀다. 김영삼 정부는 마침 남북관계 등을 고려하여 일본을 중시하는 외교 정책을 구사하고 있었다.

1980년대 이후 국제사회에서는 문화상품을 비롯한 무역의 자유화가 급속히 확대되고, 지적 재산권의 보호가 점점 까다로워졌다. 한국도 이런 흐름에 동참하여 '만국 저작권 조약' 등에 가입하고, 국내 문화산업을 진흥하는 정책을 추진했다. 노태우 정부는 '문화가 국가번영을 주도한다'는 슬로건을 내걸고 '문화발전 10개년계획'을 추진했다. 그 일환으로 영화아카데미, 영화진흥기금, 서울종합촬영소 등이 설립되었다. 김영삼 정부도 '영화진흥법'을 제정하고 한국예술종합학교와 부산국제영화제 등을 개설했다. 일본 문화의 개방에 앞서 국내의 문화역량을 강화하려는 정책이었다.

그런데 정부와 언론 일각은 여전히 일본 대중문화에 대한 거부감을 표시했다. 수준이 낮다, 나쁜 영향을 미칠 수 있다, 종속관계에 빠질 수 있다 등이 그 이유였다. 때마침 일본군 '위안부' 문제, '전후 50주년 결의' 문제 등이 부상하여 반일여론이 조성되자, 일본 대중문화의 개방은 실행에서 멀어져갔다. 게다가 1997년 한국이 외환위기에 휩쓸리면서 한일 문화 교류는 시급한 우선과제가 될 수 없었다.

일본 문화의 수입개방과 협력확대(1998~현재)

김대중 정부는 출범 직후인 1998년 4월 '한일문화교류정책자문위원회'

를 구성하고 일본 대중문화의 단계적 개방 방침을 마련했다. 김대중 대통령은 민주화운동을 하면서 일본의 지원을 받은 인연도 있어서 일본을 중시하는 외교 정책을 추진했다. 그 기축의 하나가 일본 문화에 대한 규제를 철폐하는 것이었다.

김대중 대통령의 방일에 맞춰 그해 10월에 시작된 일본 대중문화에 대한 제1차 개방(1998. 10. 20)은 영화, 비디오 소프트 분야는 '4대 국제영화제 수상작'에 한한다는 조건을 달았다. 일본어판 만화와 잡지는 모두 공식적인 수입과 판매를 허용했다. 한일이 공동제작한 영화, 일본 배우가 출연한 한국 영화의 상영도 허락했다. 1998년 일본 영화 〈하나비〉, 〈가케무샤〉 등이 처음으로 한국 개봉관에서 일반인을 대상으로 상영되었다.

제2차 개방(1999. 9. 10)은 영화, 비디오의 개방 기준이 되는 공인 국제영화제 수상작을 70개로 확대했다. 그에 따라 백여 편의 일본 영화가 상영될 수 있게 되었다. 다만 극장용 애니메이션 영화는 제외되었다. 일본인 가수의 콘서트도 처음으로 허가되었다. 2,000석 이하의 실내공연장에서 이루어지는 대중가요 공연도 허가했다.

제3차 개방(2000. 6. 27)은 연극, 영화에 대해서는 성인용(18세 미만 관람불가)을 제외하고 전면 허락했다. 극장용 애니메이션 영화도 국제영화제 수상작인 경우 상영할 수 있게 되었고, 음악 CD(일본어 가창을 포함하지 않는다는 조건), 게임소프트웨어, 텔레비전 방송(스포츠, 다큐멘터리, 보도 프로그램) 등도 수입과 판매를 허락했다. 대중가요 공연은 전면개방되었다.

일본 문화의 급속한 개방으로 일본 영화의 상영은 2000년에 24편으로 늘어났다. 〈러브레터〉는 67만 명, 〈춤추는 대수사선〉은 29만 명의 관객을 끌어들였다. 일본 가수 '차게 앤 아스카'는 이틀 만에 2만 명의 청중을 불러 모았다. 미야자키 하야오宮崎駿의 작품 〈이웃집 토토로〉(1989), 〈모노노케 히메〉(1997), 〈센과 치히로의 행방불명〉(2002) 등도 호평을 받았다. 그러나 일본 문화의 개방은 2001년 일본 역사 교과서 왜곡사건으로 일시 주춤했다. 민간단체나 자치단체들도 일본과의 문화 교류를 일시 중단했다. 문화와 외교가 연동되어 있음을 다시 한 번 보여준 사례였다.

그럼에도 한국 정부는 제4차 개방(2004. 1. 1)을 단행했다. 일본 영화의 상영에 대한 모든 규제를 없앴다. 음악 CD, 게임소프트 분야도 완전 개방되었다. 방송에서는 오락 프로그램과 극장용 애니메이션을 제외한 거의 대부분에 대한 규제가 풀렸다.

한국의 일본 대중문화 개방과 2002년 한일월드컵 공동개최는 한일 문화 교류에 종래에는 없던 새로운 사업을 등장시켰다. 한일합작 TV드라마(프렌즈), 영화(2009 로스트메모리즈) 등이 제작된 것이다. 양국 배우가 함께 출연하는 작품도 잇달아 만들어졌다. 이런 흐름은 일본에서 '한류', 한국에서 '일류'라는 문화 소비현상으로 이어졌다.

김대중 정부는 일본 문화개방과 더불어 적극적으로 국내 문화산업 육성 정책을 구사했다. 1999년에는 '문화산업진흥기본법'을 제정해 '문화산업진흥기금'을 마련했다. 그에 따라 게임종합지원센터, 문화산업지원센터 등이 설립되어 문화인재를 양성했다. 〈쉬리〉, 〈공동경비구역 JSA〉, 〈친구〉 등 우수한 영화가 만들어진 것은 그 덕택이기도 했다. 일본 영화는 다수 수입되었지만 〈센과 치하로의 행방불명〉, 〈러브레터〉 등을 제외하면 그닥 관객을 끌지 못했다. 그리하여 일본 문화의 개방에 대한 한국인의 우려와 경계는 점점 완화되었다.

문화의 상호침투와 공동소비 – '한류'와 '일류'

'한류'는 한국의 대중문화를 즐기는 현상이 하나의 조류로 형성된 것을 일컫는다. 용어의 뉘앙스로 보아 중국 등에서 먼저 일어난 현상이 일본으로 전이된 것 같다. 2000년 이후에 나타난 두드러진 현상이다.

일본은 한국 문화를 특별히 규제하지는 않았다. 한국 문화에 대한 수요도 별로 없었다. 다만 1965년 국교 정상화 이후 몇 차례 한국 문화에 대한 관심이 잠깐씩 높아진 시기가 있었다. 1970년대 사업차 한국을 방문하는 일본인들이 늘어났을 때, 1988년 서울올림픽을 계기로 일본인 관광객이 늘어났을 때 등이다. 그때도 일본 텔레비전에 한국어 강좌 프로그램이 방영되고 한국에서의 쇼핑이 늘어나는 정도였다. 오히려 1980년대까지만 해도 한국 음식은 맵고 짜서 건강이나 머리에 나쁘다거나, 한국인에게서는 김치와 마늘 냄새가 난다는 등, 한국 문화에 대한 거부감이 강했다. 게다가 군사독재와 민주투쟁이라는 과격한 이미지가 겹쳐 한국 문화를 운위할 형편이 아니었다. 다만 1970년대 이래 재일한인 연구자와 일본인 연구자들이 협력하여 '일본 속의 조선 문화' 같은 주제로 잡지에 기사를 연재함으로써 고대 이래 한국과 일본이 문화적으로 대단히 밀접한 관계에 있었다는 점이 알려진 정도였다.

그런데 2000년 이후 일본에서 한국의 영화나 TV 드라마 등을 즐기는 이들이 폭발적으로 늘어났다. 그들은 한국을 방문하여 로케이션 장소를 찾거나 출연배우를 만나는 등 적극적인 팬 활동을 펼치고 있다. 2003년부

WITH
BAE YONG JOON
CHOI JI WOO
PARK YONG HA
PARK SOL MI

Winter Sonata

冬のソナタ

─ 韓国KBSノーカット完全版 ─

DVD
VIDEO

한류 열풍을 불러일으킨 〈겨울연가〉 일본판 DVD 자켓

일본 대중문화의 개방을 계기로 한 일본 대중문화산업의 한국 '침략'은 기우에 불과했고, 오히려 한국 문화산업이 일본에 진출해 '한류' 붐을 일으켰다. 역사 문제를 둘러싼 한국과 일본 사이의 갈등과 긴장관계에 구애받지 않고 공동투자, 공동제작, 공동출연, 원작교류 등이 활발하게 추진되었다. 대중문화에서 잡종혼효, 공동소비 등의 하이브리드 현상이 확산된 것이다.

터 위성방송을 통해 방영된 〈겨울연가〉는 절대적인 인기를 끌어, 관련 상품 매출만 한 해 35억 엔이었다. '한류' 현상은 일본인의 한국방문을 촉진하여 관광수입까지 합치면 2004년에 3천억 엔을 넘었다고 한다. '한류'의 주인공은 중년이나 노년 여성들이다. 1960~70년대 한국에 온 일본인은 주로 남성 비즈니스맨이었고 1980년대 후반에는 관광차 온 젊은 남녀들이었다. 그들에 비해 중년이나 노년 여성들은 소비활동이 왕성하여 한국 경제에 더 큰 도움이 되었다.

그렇다면 무엇이 일본판 '한류'를 가져왔을까? 일본인 연구자 하야시 나츠오는 세 가지 이유를 들었다. 첫째, 한국 문화는 일본 문화와 '비슷하면서도 무엇인가 다른' 재미를 가지고 있다. 한국의 작품에는 북한과의 대항관계나 스파이의 고뇌, 병역경험, 부모와 자식의 깊은 정 등이 짙게 표현되어 있다. 등장인물의 외모나 배경의 풍경이 일본과 비슷하여 친근하면서도 어딘가 다른 점이 있어서 흥미를 유발한다. 둘째, 한국 대중문화 상품의 국제경쟁력이 향상되었다. 1990년대 말부터 한국 내에서 국산 영화의 관객이 급속히 증가했다. 외국 영화보다 더 인기를 끈 것은 영화의 수준이 그만큼 향상되었기 때문이다. 이런 경쟁력 강화가 일본 등지에서 인기를 끈 요인이 되었다. 한국 정부의 지원 정책이 성공을 거둔 셈이다. 셋째, 교류에 의한 이익확대를 목표로 삼는 기업과 정부 수준의 협력이 진전되었다. 한국에서 일본 문화를 개방하자 문화상품의 수출입 및 판매에 종사하는 기업도 늘어났다. 이들은 한국 문화상품의 거래에 적극적으로 뛰어들었다. 한일 기업제휴도 늘어났다. 정부는 이들을 밀어주었다. 2005년을 '한일 우정의 해'로 정하고 유명 배우를 기용해 선전활동을 벌였다. 양국 정부는 대중문화의 교류를 통해 관광객을 유치하고 국가 이미지를 개선하는 데 활용했다.

일본 대중문화의 개방을 전후하여 한국의 대중문화는 많은 변화를 겪었다. 일본 문화산업의 한국 '침략'은 기우에 불과했고, 오히려 한국 문화산업이 일본에 진출해 '한류' 붐을 일으켰다. 한국에서는 일본 소설이 언제나 베스트셀러 상위권을 독점하고, 그것을 원작으로 하는 드라마와 영화 등이 인기를 끌고 있다. 역사 문제를 둘러싼 한국과 일본의 갈등과 긴장이 고조되어도 한일의 대중문화 소비는 그다지 영향을 받지 않는다. 공동투자, 공동제작, 공동출연, 원작 교류 등이 활발하여 일본 문화와 한국 문화를 딱 잘라 구별하기도 어렵다. 대중문화에서 잡종혼효, 공동소비 등의 하이브리드 현상이 확산된 셈이다.

06

한국과 일본은 경제와 문화 등에서 교류와 협력이 강화되는 반면 역사와 독도 등을 둘러싼 갈등과 대립은 심화되는 상황을 맞고 있다. 이는 주로 침략과 지배, 사죄와 보상에 대한 일본 정치인의 퇴영적인 언동에 기인하지만, 최근에는 한국 측의 끈질긴 추궁에 대해 일본 국민이 반발하는 데서 비롯되기도 한다.

역사갈등과 평화공영

한국과 일본 정부는 한일조약에서 미흡하게 처리된 '과거사' 문제를 보완하는 조처를 취해왔지만, 피해자와 운동가 등의 요구를 만족시킬 수는 없었다. 한국과 일본의 정부와 민간은 역사인식의 간극을 좁히고 상호이해를 촉진하기 위해 공동연구와 자료협력 등을 추진했지만 역사화해로 나아가는 출구를 찾지 못하고 있다.

역사인식을 둘러싼 마찰과 조율

역사갈등의 연원과 구도

한국과 일본은 양국관계의 역사를 어떻게 인식하고 있는가? 또 상대방을 어떻게 평가하고 있는가? 형제끼리도 역사관이 다를 수 있고 친구끼리도 상대방을 깔볼 수 있는데, 하물며 나라와 민족이 다른 두 국민이 똑같은 역사관과 좋은 인상을 가질 수는 없을 것이다. 그렇지만 몇 백 년, 몇천 년 전의 역사 문제는 차치하고라도 지금 살아 있는 사람들과 관련이 깊은 역사 문제, 곧 일본이 한국을 침략하고 지배한 사실, 그리고 이에 대한 사죄와 보상 등에 대해 서로 너무 다르게 인식하면 그 자체가 갈등의 씨앗이 되고 불신의 바탕이 된다. 한일 양국은 이런 사안들에 대해 한일회담 과정에서 14년 동안이나 설전을 벌이고서도 서로 견해 차이를 좁히지 못한 채 1965년 한일조약을 체결했다. 그리고 그 바탕 위에서 현재의 상호관계를 구축해왔다.

이런 우여곡절이 있었기 때문에 한국과 일본은 역사 문제를 둘러싸고 작은 빌미만 생겨도 갈등과 대립을 되풀이하는 게 당연한 일처럼 되어버렸다. 역대 양국 정부는 이런 사정을 너무나 잘 알고 있어서, 역사 문제가 정치·외교의 현안으로 불거지지 않도록 주의를 기울여왔다. 그런데 최근에는 양국의 국내사정과 국제환경이 바뀌어 그런 관리가 제대로 기능할 수 없는 상황이 되어버렸다. 그리하여 역사 문제는 오히려 더 복잡하고 곤란해지는 경향을 보이고 있다.

일본인이 한국의 역사와 문화를 폄하하고 한국인의 능력과 자질을 무시하는 데는 넓고 깊은 배경이 있다. 특히 근대 일본에서 탈아입구脫亞入歐의 풍조가 만연함에 따라, 한국은 후진국 또는 야만국 등의 오명을 쓰고 일본과 항상 비교대상이 되어 일본의 우수성과 특수성을 부각시키는 호재로 활용되었다. 한국 역사에는 봉건시대가 존재하지 않아서 유럽이나 일본의 역사에 뒤떨어져 있다든지, 조선왕조는 유교의 공리공론에 빠져 스스로 개혁할 동력을 지니지 못했다는 등의 한국사관이 근대 역사학의 권위를 등에 업고 일본 역사학계의 정론으로 확립되었다.

이렇게 형성된 이른바 '식민주의적 한국사관'은 학교교육과 언론매체를 통해 대부분의 일본인에게 침투되어 한국침략과 지배를 정당화하는 논리로 작용했다. 심지어 그런 한국사관은 한국인과 외국인에게도 부식되어 한국사를 보는 중요한 시각으로 확립되었다. '식민주의적 한국사관'은 오늘날 많이 약화되었지만 그 기본 틀은 아직도 일본사회에 복류하고 있다. 오늘날 일본의 보수정치가들이 가끔 문제를 일으키는 이른바 역사 '망언'은 이런 '식민주의적 한국사관'이 불쑥 튀어나오는 것이다.

역사인식은 원래 내셔널리즘과 밀접히 연결되어 있어서 언제든 국민의 관심을 끄는 속성을 지니고 있다. 이 점을 간파한 정치가들은 때때로 애국심에 불타는 역사인식을 피력함으로써 인기를 모으고 권력을 획득한다. 국내사정이 곤란하고 국제환경이 불안할 때 그런 현상이 더욱 자주 나타난다. 애국주의적 역사인식은 자연히 비교대상이 되는 다른 나라의 역사를 깔보고 짓밟게 된다. 상대방이 이에 반발해 이의를 제기하면 여기서 역사인식의 충돌, 곧 역사 문제가 발생하게 마련이다. 현재 일본과 한국 사이에 일어나고 있는 역사갈등도 크게 보면 이런 범주에 속한다.

오늘날 한국과 일본 사이에서 벌어지고 있는 역사갈등은 1910년 '한국병합'까지 거슬러 올라간다. 한국과 일본은 당시부터 '한국병합'의 성격, 곧 '병합조약'의 합법성과 불법성, 정당성과 부당성을 둘러싸고 서로 다른 견해를 가지고 있었다. 한국은 '한국병합'이 불법적이고 강제적으로 이루어졌기 때문에 부당하며 무효라고 주장한 반면, 일본은 양국의 합의에 따라 합법적으로 이루어진 데다가 국제적 승인을 받았으니 정당하고 유효하다고 주장했다.

한국은 대한민국임시정부를 거쳐 지금 정부에 이르기까지 불법론·부당론을 일관되게 견지하고 있다. 반대로 일본은 메이지천황의 '병합조칙'에서부터 패전 이후 지금의 정부에 이르기까지 합법론·정당론을 유지하고 있다. 다만 1990년대 이후 일본 정부는 식민지 지배에 대해 사죄와 반성을 표명함으로써 정당론에서 부당론으로 선회한 듯한 인상을 주고 있다.

일본의 패전과 한국의 해방, 그리고 한일회담은 한국과 일본이 역사인식을 정리하고 넘어갈 수 있는 좋은 기회였다. 그러나 두 나라의 의지와 자세는 너무도 달랐다. 한국은 정부수립 직후 작성한 일본에 대한 배상요구서에서, 일본의 한국 지배가 '한국 국민의 자유의사에 반한 일본 단독의 강제행위로서 폭력과 탐욕의 지배였다'고 정의했다. 반면에 일본은 이것을 일본인의 해외활동의 일환으로 보고, '한국 통치의 근본 방침은 물심양면에서 일본인과 한국인을 똑같게 만드는 것이며, 한국을 문명화로 이끄는 최고의 선정이었다'고 평가했다. 양쪽 모두 1910년 당시의 역사인식에서 한 치도 벗어나지 않았다.

제국주의 시대를 마감하고 새로 출범한 한국과 일본의 정부가 이런 자세를 고수하고 있었으니, 두 나라의 대표가 마주 앉은 한일회담에서 역사 인식을 둘러싸고 정면충돌이 일어난 것은 당연한 일이었다. 한일회담에 임하면서 한국은 역사 문제를 해결하고 평화조약을 체결하려는 의향을 표명했다. 반면 일본은 역사 문제는 안중에도 없고 오로지 재일한인 등의 현안을 처리하는 데만 관심이 있었다. 그 결과 한일조약은 두 나라의 역사인식이 혼재되어 있는 형태로 타결되었다. 그리하여 역사 문제는 양국 사이에 긴장이 조성될 때마다 폭발하는 낡고도 새로운 현안으로 상존하게 되었다.

역사 '망언'의 특징과 배경

한국에서는 일본의 주요인사, 곧 고위관료나 유명 정치인이 한일관계의 역사에 대해 비뚤어진 언사를 늘어놓는 것을 '망언'이라는 말로 표현한다. 한국을 매도하기 위해 사실을 악의적으로 왜곡하는 말이라는 뜻이다. 한일 간에 불거지는 역사갈등은 대개 이 '망언'에서 비롯된다. 한일회담 과정에서 일본 측 대표가 식민지 지배를 미화하는 발언을 한 것 등이 전형적인 예이다.

그런데 일본 요인의 '망언'은 한일조약이 체결되어 양국 사이에 국교가 재개된 이후에도 빈번하게 나타났다. "한일합병 시대에 일본은 의무교육을 실시해서 지금까지 훌륭하게 지켜지고 있다"(다나카 가쿠에이 수상, 1974. 1), "일본은 한국을 침략한 적이 없다"(오쿠노 세이스케奧野誠亮 국토청장관, 1988. 4~5), "한일합병은 원만히 맺어진 것으로서 무력으로 이루어진 것이 아니다"(와타나베 미치오渡邊美智雄 전 외무대신, 1995. 6), "일한병합조약은 법

일본 정치인의 역사왜곡 망언 규탄대회(1995. 6. 9)
일본의 고위관료나 유명 정치인이 한국을 매도하기 위해 사실을 악의적으로 왜곡하는 '망언'은 한일
조약이 체결되어 양국 사이에 국교가 재개된 이후에도 빈번하게 나타났다. 끊이지 않고 계속되는 일
본 주요 인사들의 '망언'은 한국인이 일본인의 역사관과 세계관에 대해 아주 나쁜 인상을 형성하는
데 중요한 빌미를 제공했다.

적으로 유효하게 체결되었다"(무라야마 도미이치 수상, 1995. 10), "종군위안부
는 상행위였다"(오쿠노 세이스케 전 법무대신, 1996. 6), "창씨개명은 조선인들이
일본의 성씨를 달라고 해서 이루어졌다"(아소 다로麻生太郎 자민당 정조회장,
2003. 5), "일본은 조선을 식민지 지배하면서 반성할 점도 다수 있지만 현
대의 기초가 된 좋은 일도 많이 했다"(에토 다카미江藤隆美 전 총무처장관, 2003.
7)는 등의 발언이다. 그때마다 한국 정부는 일본 정부에 항의의 뜻을 전했
고, 한국 언론도 비판의 칼날을 세웠다. 그리하여 일본의 주요인사의 '망
언'은 한국인이 일본인의 역사관과 세계관에 대해 아주 나쁜 인상을 갖게
만드는 데 중요한 빌미가 되었다.

　일본 요인의 '망언'에 담긴 역사인식의 요지는 다음과 같이 정리할 수
있다. ① 일본은 한국을 '강점'한 것이 아니라 합의에 따라 '합법적'으로
'합방'했다. ② '한일합방'은 국제적으로 승인을 받았다. ③ 일본은 '한일
합방' 이후 한국의 발전과 한국인의 생활향상을 위해 노력했다. 따라서
'침략'이나 '식민지 지배', '수탈' 등의 용어를 사용하는 것은 진실과 어긋
난다. ④ '창씨개명', '일본어교육', '징병' 등은 한국인과 일본인을 똑같이
대우하려는 '일시동인', '내선일체'의 이념을 구현하기 위한 조치였다. ⑤
'한일합방'과 그 후의 일본통치는 오늘날 한국의 발전에 도움을 주었다.

　위와 같은 '망언'은 빈도와 농도는 약해졌지만 지금까지도 이어지고 있
다. 일본의 요인들은 왜 그런 '망언'을 되풀이하는 것일까? 그 배경을 살
펴보면 다음과 같은 몇 가지 요인을 들 수 있다. ① 일본에는 내셔널리즘
이 강한 역사관이 복류하고 있다. 천황을 존숭하는 분위기와 일본사의 특
수성·우수성을 확신하는 역사이해가 널리 퍼져 있다. ② 한일관계사에 대

해 잘 알지 못하고 관심도 없으면서 한국을 짓밟고 혼내려는 심정을 발동한다. 한국에 대한 침략과 지배의 사실을 인정하고 싶지 않은 반면, 사사건건 일본에 대드는 한국이 밉고 싫다. ③ 일본의 내셔널리즘을 선동하여 집단적 자위권 등을 행사할 수 있는 '보통국가'로 변신하고 싶어 한다. 여기에는 중국·한국 등의 국력신장과 일본의 답보상태에 대한 우려와 초조가 배어 있다. ④ '망언'을 뒷받침해주는 '수정주의 역사관'이 등장했다. 냉전체제가 붕괴한 틈을 타서 자유주의라는 이름을 빌려 종래에 확립된 역사해석을 뒤집으려는 연구와 교육이 활발해졌다. '수정주의 역사관'은 일본의 내셔널리즘과 교묘히 결합되어 있다.

개선 경향을 보인 일본의 역사인식

1984년 한국의 전두환 대통령은 처음으로 일본을 방문하여 히로히토[※] 천황과 회견했다. 회견의 목적은 양국 간의 '불행한 역사'를 청산한다는 것이었지만, '통석의 염' 운운하면서 스스로 전쟁책임을 언급하지 않은 천황의 자세는 한국인을 실망시켰다. 당시 한국은 경제발전과 더불어 국민의 정치의식과 역사의식이 고양되어 일본 정부와 주요인사의 역사인식에 대해 민감한 반응을 보이는 상황이었다. 특히 일본 정치가 등이 식민지 지배를 정당화하거나 일본의 가해사실을 부정하는 발언을 하면, 한국인들은 이를 한국의 독립성을 부정하는 도발적 태도라고 비판했다.

일본에서 이런 도발적 역사인식이 유통된 데는 다양한 사정이 숨어 있다. 우선 천황의 전쟁책임이 미군의 점령 정책 및 헌법 제정과 연동하여 불문에 붙여졌다. 이것이 그 후 일본인들이 침략에 따른 가해사실을 직시하는 데 큰 장애가 되었다. 게다가 일본의 대다수 민주 세력은 공산주의 국가를 이상화하면서 한국을 가난한 독재국가라고 무시했다. 또 일본인 들에게는 식민지시대부터 존재했던 한국인에 대한 차별의식이 남아 있었 다. 게다가 생활 수준이 향상됨에 따라 일본인들의 의식 전반이 보수화되 었다. 서구 중심의 가치관이 침투한 것도 인근 여러 나라에 대한 폐쇄적 인식을 조장했다. 요컨대 1980년대까지만 해도 일본은 한국에 대한 가해 사실을 인정하는 역사인식의 수준에 올라가 있지 않았다고 볼 수 있다.

일본 정부의 역사인식은 패전 50주년을 맞은 1995년을 전후하여 괄목 할 만한 변화를 보였다. 일본에서 민주주의가 국민 사이에 뿌리를 내리 고, 40여 년 동안 정권을 오로지했던 자민당이 짧은 기간 동안이나마 권 좌에서 밀려난 게 동인이 되었다. 일본 국민들이 중국과 한국의 경제발전 을 현실로 받아들여, 일본에서 아시아로 회귀하려는 분위기가 형성된 것 도 무시할 수 없는 배경이었다.

1990년대 이후 일본의 역대 수상과 정부의 역사인식을 간단히 살펴보 면 아래와 같다. 자민당의 미야자와 기이치 수상은 '일본이 아시아 태평 양 지역 사람들에게 견디기 어려운 고통과 슬픔을 안겼다는 것을 깊이 반 성하고 유감의 뜻'을 표명했다(1992. 1). 비자민 연립정부를 탄생시킨 호소 카와 모리히로 수상은 '일본의 침략행위와 식민지 지배 등으로 많은 사람 들에게 견디기 어려운 고통과 슬픔을 준 것을 깊이 반성하고 사과한다'고 말했다(1993. 8). 일본 수상으로서는 처음으로 명확하게 '침략'이라는 용어 를 사용한 것이다. 그는 취임 직후 '앞의 대전은 일본의 침략전쟁이자 잘 못된 전쟁'이라고 발언하여 보수파의 공격을 받기도 했다.

1994년 6월 사회당을 중심으로 하는 무라야마 도미이치 연립정부가 탄생했다. 이를 계기로 일본 중의원은 전후 50주년을 맞아 '역사를 교훈으로 평화에의 결의를 새롭게 하는 결의'를 채택했다(1995. 6. 9). 자민당 의원들은 이에 반발했다. 그리하여 결의안은 "세계의 근대사상 수많은 식민지 지배와 침략적 행위를 생각하고, 우리나라가 과거에 행한 이러한 행위와 타국민, 특히 아시아의 제국민에게 끼친 고통을 인식하고 깊은 반성의 뜻을 표명한다"는 식의 애매한 표현으로 수정되었다.

사회당을 중심으로 한 연립정부는 이를 보완하는 뜻에서 각의결정을 통해 '전후 50주년 종전기념일을 맞아서'라는 수상 담화를 발표했다(1995. 8. 15). 이른바 '무라야마 담화'이다. 그 핵심은 다음과 같았다. "우리나라는 멀지 않은 과거의 한 시기에 국책을 잘못하고 전쟁에의 길을 걸어 국민을 존망의 위기에 빠뜨리고 식민지 지배와 침략에 의해 많은 나라들, 특히 아시아 제국의 사람들에게 다대한 손해와 고통을 끼쳤습니다. 나는 미래의 잘못을 없애기 위하여 의심할 여지도 없는 역사의 사실을 겸허하게 받아들여, 여기에서 다시 통절한 반성의 뜻을 표하고 마음으로부터 사과의 뜻을 표명합니다."

'무라야마 담화'는 각의결정을 거쳤다는 점, 근대에 일본이 근린 제국을 침략하고 지배한 사실을 분명히 지적하고 통절한 반성과 사과를 표명했다는 점에서 종래 수상 개인의 소신 표명보다 내용과 형식이 크게 진일보한 것이었다. '종전 50년'을 맞아 전후 결산의 일환으로 발표된 '무라야마 담화'는 이후 일본 정부의 역사인식을 규정하는 가이드라인이 되었다.

그런데 '무라야마 담화'에서는 침략과 식민지 지배의 대상이 분명하지 않았다. '근린 제국'이라고 뭉뚱그려 표시한 것이다. 이를 한국으로 특정하여 지칭한 것이 김대중 대통령과 오부치 게이조 수상의 '21세기를 향한 새로운 한일 파트너십' 선언이었다(1998. 10. 8). 이 선언에서는 "일본이 과거의 한 시기 한국 국민에게 식민지 지배에 의해 다대한 손해와 고통을 끼쳤다고 하는 역사적 사실을 겸허하게 받아들이고, 이것에 대해 통절한 반성과 마음으로부터의 사과" 말씀을 드린다고 언급되었다.

오부치 수상의 발언은 '무라야마 담화'의 연장이라고 볼 수 있다. 김대중 대통령은 이를 진지하게 받아들이고, 불행한 역사를 넘어 화해와 선린 우호의 길로 나아갈 것을 천명했다. 두 정상의 공동선언은 이후 한일관계를 이끌어가는 길잡이가 되었다. 김정일 국방위원장과 고이즈미 준이치로 수상의 '평양선언'(2002. 9)에도 이와 거의 똑같은 구절이 들어 있다. 한국, 북한, 일본이 역사인식에서 처음으로 공감하는 단계에 이른 것이다.

그 후 일본의 역대 정부와 수상은 공식적으론 '무라야마 담화'에 담긴 역사인식을 존중하고 계승한다는 태도를 취했다. 최근 아베 수상이 침략전쟁을 부정하는 듯한 발언을 했지만, 한국과 중국은 물론 미국까지 비판하고 나서자 결국 '무라야마 담화'를 준수한다는 식으로 한 발 물러섰다.

일본 정부와 역대 수상의 역사인식에서 또 주목할 만한 것은 '한국병합 백 년'을 맞아 민주당의 간 나오토 수상이 발표한 담화(2012. 8)였다. 여기서 간 수상은 '무라야마 담화'를 계승하면서 "3·1운동 등의 심한 저항에서도 보였던 대로, 정치적·군사적 배경 아래 당시의 한국인들은 그 뜻에 반해 행해진 식민지 지배로 인해 나라와 문화를 빼앗기고 민족의 자긍심에 깊은 상처를 입었습니다"라고 말했다. '한국병합조약'의 강제성을 명시적으로 인정하지는 않았지만, 식민지 지배가 한국인의 의사를 무시한 강제적 행위였음을 처음으로 언급한 것이다. 간 나오토 수상의 담화는 민주당 정부가 급격히 몰락함으로써 한일 양국에서 잊혀버렸지만, 그 선진성만큼은 좀 더 높게 평가할 필요가 있다.

1990년대 이후 지금까지 일본 수상이나 일본 정부의 역사인식은 기본적으로 식민지 지배에 대한 도의적 책임을 인정하고 사과와 반성의 뜻을 표명하는 것이다. 이는 한일조약 체결 당시(1965)와 비교하면 크게 진전된 역사인식이라고 볼 수 있다. 그렇지만 '한국병합조약' 자체가 불법이고 부당하다는 데까지는 나아가지 못했다. 일본 수상 및 일본 정부가 이 점까지 수용한다면 한국과 역사화해를 이룩하는 데 큰 전기를 마련할 수 있게 될 것이다.

일본 역사 교과서 문제의 발단과 추이

한국과 일본이 역사인식을 둘러싸고 해마다 갈등을 빚곤 하는 사안 중에 역사 교과서 기술이 있다. 1982년 3월 일본 정부는 그 다음 해 사용될 고교용 역사 교과서의 검정결과를 발표했다. 그런데 한국과 중국에 관련된 기술이 문부성 검정 과정에서 수정되었다는 사실이 언론에 보도되었다. 예를 들어 '조선침략'을 '조선진출'로, 3·1 독립운동의 '집회·데모'를 '데모와 폭동'으로 고치고, 탄압에 의한 한국인 사망자가 '7천 명 이상'이라는 문구를 삭제했다는 것이다. 한국 정부는 일본 정부에 항의하는 동시에 국사편찬위원회의 조사를 바탕으로 고대사에서 현대사까지 24개 항목의 왜곡사항을 지적했다.

日本歷史教科書 歪曲問題 公聽會
主催:對日 歷史歪曲 糾彈 및 是正要求 國民會議 1982. 7. 30 (金) 宗正文化會館 會議室

일본 역사 교과서 왜곡 문제 공청회(1982. 7. 30)

1982년 3월 일본 정부가 고교용 역사 교과서의 내용 중 '조선침략'을 '조선진출'로, 3·1 독립운동의 '집회·데모'를 '데모와 폭동'으로 고치고, 탄압에 의한 한국인 사망자가 '7천 명 이상'이라는 문구를 삭제하게 했다는 사실이 언론에 보도되어 논란을 불러일으켰다. 역사 교과서 문제는 외교 차원에서는 봉합되는 듯했지만 양국 간 역사인식의 골이 메워진 것은 결코 아니었다. 다만 이때 교과서 문제가 불거짐으로써 한일 양국 사람들이 역사인식에 대해 서로 논의할 수 있는 계기가 만들어졌다는 것은 다행스러운 일이다.

역사 교과서 검정 과정에서 문부성과 출판사 사이의 마찰이 일본 언론을 통해 자세히 알려지자, 일본에서는 교과서 집필자를 중심으로 검정결과 정정을 요구하는 운동이 전개되었다. 일본 여론도 문부성의 자세를 비판하는 쪽으로 기울었다. 이런 분위기 속에서 1984년에는 검정제도 자체가 위헌·위법이라 주장하는 소송(이른바 이에나가 재판)도 새로 제기되었다.

일본의 보도를 접한 한국에서는 일본 역사 교과서의 왜곡된 한일관계사 기술을 비판하는 운동이 고조되었다. 한국사학계와 매스컴 등은 일본 민족의 타율적 역사인식(식민지사관)을 극복하고, 한국 민족의 자주적 역사인식(민족사관)을 확립할 것을 제기했다. 또 한국의 독립을 위해 일본에 맞서 싸운 민족운동의 역사를 후손에게 알리기 위해 연구와 교육을 강화해야 한다는 여론이 비등해졌다. 국민들은 5백억 원 이상의 성금을 모았고, 정부는 이를 바탕으로 천안시에 '독립기념관'을 건설했다. 전시의 주요 콘셉트는 일본의 한국 지배가 얼마나 잔인무도했으며, 한국인의 항일독립투쟁이 얼마나 치열했는지 보여주는 것이었다.

일본 정부는 처음에는 한국 등의 항의에 대해 '내정간섭'이라며 반발했다. 그러나 곧 여론에 밀려 1982년 8월 '아시아 근린 제국과의 우호 친선을 도모'하는 입장에서 교과서 행정을 시정하기로 약속했다. 그리고 같은 해 11월 교과서 검정 기준에 '근린 아시아 여러 나라와의 근현대 역사를 다룸에 있어 국제이해와 국제협조라는 견지에서 필요한 배려를 할 것'이라는 조항을 추가했다. 이른바 '근린제국조항'이 그것이다.

1982년의 역사 교과서 문제는 이렇게 외교 차원에서는 일단락되었다. 그러나 양국 간 역사인식의 골이 메워진 것은 결코 아니었다. 한 가지 다행스러운 것은, 이때 교과서 문제가 불거짐으로써 한일 양국 사람들이 역사인식에 대해 서로 논의할 수 있는 계기가 만들어졌다는 점이다. 유네스코는 이미 1965년에 과거 적대국가 사이에 공동의 역사 교과서 제작을 제창한 바 있었지만, 1982년 당시까지 한국과 일본 사이에서 역사인식의 차이를 극복하려는 움직임은 별로 나타나지 않았다.

'근린제국조항' 이후 한국사 또는 한일관계사에 관련된 일본의 역사 교과서 기술은 조금씩 개선되었다. 일본군 '위안부'에 관한 기술이 한 예이다. 일본 정부는 1993년 고노 요헤이河野洋平 관방장관의 성명을 통해 일본군이 '위안부'의 동원과 관리에 관여한 사실을 인정했다. 그에 따라 김영삼 정부는 일본군 '위안부'의 참상을 일본 교과서에 기술함으로써 역사의 교훈으로 삼아야 한다는 뜻을 밝혔다. 한국의 국회와 언론도 이를 지지했다. 이런 분위기 속에서 1997년부터 일본의 중학교 역사 교과서가 모두 한두 줄이나마 위안부에 관해 기술하게 되었다.

그런데 일본의 보수 세력은 일본군 '위안부'의 기술에 맹렬히 반발했다. 그들은 '자유주의사관연구회'와 '새역사교과서를만드는모임'(새역모)을 결성하고, '새 역사 교과서'를 집필하여 2001년 문부과학성의 검정을 통과했다. 그리고 중학교 역사 교과서에서 위안부에 관한 기술을 삭제하는 캠페인을 벌였다. 그 중심에는 당시 자민당 의원이었던 아베 신조 수상이 있었다. 일본의 이런 움직임은 한일 간에 다시 역사갈등으로 불거졌다.

김대중 정부는 국내외 여론이 대일 강경론으로 비화하자, 일본 중학교 역사 교과서의 한일관계사 기술(33개소)에 대해 수정을 요구했다(2001. 5). 다양한 시민운동단체들도 일본의 역사왜곡을 규탄하고 '새 역사 교과서'

의 채택을 저지하는 운동을 전개했다. 양국 정부는 이 갈등을 극복하기 위해 '한일역사공동연구위원회'를 설치 운영하기로 합의했다.

그러나 일본 정부는 한국 정부의 교과서 수정 요구 자체는 거부했다 (2001. 7). 그 이유는 일본의 교과서 검정이 특정한 역사인식과 역사사실을 확정하는 게 아닌 데다가, 이번 검정은 학습지도요령 및 '근린제국조항'을 포함한 검정 기준에 기초해 엄정하게 이루어졌기 때문이라고 했다. 아울러 일본 정부의 역사인식은 1995년 8월 15일에 발표한 '무라야마 담화'를 계승한다는 점도 밝혔다. 하지만 그 배경엔 다른 나라가 자국 역사 교과서 기술을 이러쿵저러쿵 비판하는 것은 내정간섭이라는 불편한 심기가 깔려 있었다. 이런 연유로 일본 정부는 한국의 항의를 무릅쓰고 우파의 역사관을 담은 고등학교 교과서 '최신 일본사'도 검정 통과시켰다(2002. 4).

일본은 매년 3월 말 번갈아가면서 초·중·고 교과서의 검정결과를 발표한다. 그때마다 한국과 일본은 그 내용을 둘러싸고 마찰을 빚었다. 자민당의 아베 신조 간사장대리는 고이즈미 수상에 이어 북한의 일본인 납치 문제를 정치이슈로 내걸고 보수 우익 세력을 결집해 집권에 성공했다. 그는 수상이 되자마자 전후 60여 년 만에 처음으로 교육기본법을 개정하여 애국심의 고취를 학교교육의 중심목표로 설정했다(2006). 그에 따라 각 교과의 학습지도요령도 보수 우파의 시각으로 개편되어 역사 교과서와 사회 교과서 등에는 독도가 일본 영토라는 기술이 대폭 늘어났다. 또 한일 관계사에 대한 기술도 일본을 옹호하는 쪽으로 바뀌는 경향이 나타났다.

아베는 두 번째 집권 과정에서 '위안부'의 강제성을 부정하고 '고노 담화' 등을 수정하겠다고 공언했다(2012). 그리고 집권 후에는 교과서 검정

기준에서 '근린제국조항'(1982)을 폐지하겠다고 진언한 우파 인사를 문부과학상에 임명했다. 그렇기 때문에 교과서 검정을 둘러싼 한국과 일본의 갈등은 완화되기는커녕 더욱 깊어질 가능성이 많다. 실제로 독도에 관해 기술하면서 '시마네현 다케시마'라는 용어를 사용하고, 한국이 독도를 '일방적' 또는 '불법적'으로 '점거'하고 있다고 표현하는 교과서가 많이 늘어났다. 반면에 일본군 '위안부'에 대한 기술은 점점 줄어들고 있다.

야스쿠니신사 참배를 둘러싼 갈등

일본 수상과 각료의 야스쿠니신사 참배도 한일 역사갈등의 한 요소가 되고 있다. 이 갈등은 나카소네 야스히로 수상이 1985년 8월 15일 이른바 '전몰자를 추도하고 평화를 기념하는 날'에 국무대신과 함께 야스쿠니신사를 공식 참배한 것으로부터 시작되었다. 나카소네 수상은 전후 40년에 해당하는 역사의 마디에 조국과 동포 등을 위해 희생한 전몰자 일반을 추도하고, 아울러 일본과 세계의 평화를 위한 결의를 새롭게 다지기 위한 것이었다고 참배의 이유를 설명했다.

그렇지만 야스쿠니신사는 단순한 종교시설이 아니다. 이곳은 청일전쟁, 러일전쟁, 만주사변, 아시아-태평양전쟁 등 일본이 일으킨 크고 작은 전쟁에서 천황을 위해 목숨을 바쳤다고 일컬어지는 246만 6천여 명 전몰자들의 합사명부를 봉안해놓고 제사를 지내는 곳이다. 여기엔 강화도사건(1875) 당시 죽은 선원들, 대한제국 의병을 진압하다가 전사한 군인, 한국의 젊은이들을 전쟁터로 내몬 조선총독 고이소 구니아키小磯國昭를 비롯하여 도쿄재판에서 A급 전범으로 판결 받은 14명까지 포함되어 있다. 뿐만 아니라 일본의 식민지 지배하에 전장에 끌려가 죽은 2만 1천여 명이 넘는 한국인들도 합사되어 있다.

천황은 야스쿠니신사에서 전몰자들의 영혼을 불러 훌륭했던 전투행위를 치하하고 호국의 신으로 치켜세운다. 그러므로 한국인에게 야스쿠니신사는 예사로운 곳이 아니다. 따라서 수상이나 각료 같은 정치지도자가 야스쿠니신사를 참배한다는 것은 일본의 한국침략과 지배, 아시아와 세계에 대한 전쟁을 찬미하고 선양하는 것이라고 볼 수 있다. 이는 샌프란시스코 강화조약 이후의 국제질서를 부정하는 것이 된다. 또 일본 국내의 관점에서 보더라도 정교분리의 원칙에 위배되고, 무력포기와 평화실현을 추구해온 업적을 짓밟는 것이 된다.

그러니 한국은 일본 수상이나 각료의 야스쿠니신사 참배는 부당하다고 비판할 수밖에 없다. 일본과 맞서 싸웠던 중국은 더욱 그렇다. 일본 정부는 한국과 중국의 항의를 무겁게 받아들여 1986년부터 수상과 각료의 야스쿠니신사 공식참배를 중지했다. 이때만 해도 일본 정부는 국제관계를 중시하고 이웃 여러 나라의 국민감정을 배려하는 태도를 보였다.

그런데 전후 50여 년이 지난 2000년 이후부터 일본 정부의 태도가 바뀌었다. 2001년부터 2006년까지 자민당 정부를 이끈 고이즈미 준이치로 수상은 해마다 야스쿠니신사를 참배하여 한국과 다시 마찰을 빚었다. 그는 조국의 미래를 믿고 전진戰陣에서 산화한 분들의 영령을 추모하며 일본의 평화와 번영이 그들의 고귀한 희생 위에 구축된 것임을 생각하고 평화의 맹서를 새롭게 하기 위한 것이라고 참배의 이유를 밝혔다. 한국 정부는 이에 정면으로 반발했다. 고이즈미 수상이 식민지 지배와 침략으로 세계

평화를 파괴하고 우리 국민에게 말할 수 없는 피해와 고통을 안겨준 전쟁범죄자의 합사명부가 있는 야스쿠니신사를 참배함으로써 우리 국민의 감정에 다시 상처를 준 데 대해 우려와 분노를 느낀다고 했다. 한국의 외교통상부장관은 주한일본대사를 불러 강력히 항의하고 참배 중지를 요구했다. 이런 항의와 유감 표명은 일본 수상과 각료가 야스쿠니신사를 참배할 때마다 되풀이되었다.

한국 정부의 강력한 항의에도 불구하고 자민당은 제70회 당대회(2004. 2. 16)에서 야스쿠니신사 참배를 운동 방침으로 채택했다. 1955년 창당 이래 처음 있는 일이었다. 자민당은 평화의 결의를 다지고 희생자에 대한 감사와 애도의 정성을 바친다는 명분을 내세웠지만, 애국교육의 강화와 더불어 일본 국민의 내셔널리즘을 고양시키려는 정책의지의 표명이었다. 그 너머에는 집단적 자위권의 구사와 헌법 개정 등을 통해 전쟁을 할 수 있는 '보통국가'로 변신하려는 원대한 야망이 숨어 있다.

2012년 12월에 두 번째 집권에 성공한 아베 신조 수상은 자신의 1차 집권 당시 야스쿠니신사를 참배하지 못한 것이 천추의 한이라고 말했다. 이는 수상 재임 중에 야스쿠니신사를 꼭 참배하겠다는 의지를 표명한 것이다. 아베 수상의 의중을 간파한 일본의 각료와 국회위원들은 2013년 여름 사상 최대의 인원이 모여 야스쿠니신사를 참배했다. 박근혜 정부는 아베 정부의 퇴행적 역사관에 대해 수차례 우려를 표명하고, 역사 문제에 진전이 없는 한 정상회담을 유보하겠다는 자세를 보였다.

2013년 12월 26일, 아베 수상은 집권 1주년을 맞아 전격적으로 야스쿠니신사를 참배했다. 그는 일본을 위해 귀중한 생명을 희생한 영령에게 존

야스쿠니 반대 도쿄 촛불행동 집회(위)와 이를 규탄하는 일본 우익들의 반대시위(아래)
2013년 12월 26일 아베 신조 총리는 역사 문제를 둘러싸고 한일관계가 최악의 상황에 빠진 시점에서 전격적으로 야스쿠니신사를 참배해 논란을 불러일으켰다. 한국 정부는 아베 총리가 전쟁범죄자들을 합사하고 있는 반역사적 시설물을 참배한 것은 한일관계는 물론 동북아시아의 안정과 협력을 근본부터 훼손시키는 시대착오적 행위라고 비난했다. 이로써 두 나라 사이의 역사갈등은 장기화될 가능성이 아주 높아졌다.

숭의 뜻을 표하기 위한 것이지, 한국과 중국 국민의 기분을 상하게 할 생각은 털끝만큼도 없다고 말했다. 한국 정부는 아베 수상이 전쟁범죄자들을 합사하고 있는 반^反역사적 시설물을 참배한 것은 한일관계는 물론 동북아시아의 안정과 협력을 근본부터 훼손시키는 시대착오적 행위라고 비난했다. 중국 정부도 강경한 분노를 표시했고, 미국 정부조차 실망했다는 성명을 발표했다. 그렇지 않아도 역사 문제를 둘러싸고 한일관계가 최악의 상황에 빠진 시점에서 아베 수상이 보란듯이 야스쿠니신사를 참배함으로써 두 나라 사이의 역사갈등은 장기화될 가능성이 아주 높아졌다.

독도 영유권 논쟁의 추이

'독도는 역사적·지리적·국제법적으로 명백한 대한민국의 고유 영토이다.' 이것이 한국 정부의 공식 견해이다. 한국 정부는 그 이유로 다음과 같은 근거를 들고 있다. 우선, 독도는 울릉도에서 육안으로 볼 수 있는 거리에 위치한다. 한국인은 6세기 이래 독도를 울릉도의 속도로서 인지해 왔다. 근대에 이르러 대한제국은 칙령 제41호를 반포하여 독도를 한국 땅이라고 확인했다(1900). 또한 일본은 이미 자국민에게 울릉도 도해금지령을 내리고(1696), 근대에 들어서는 울릉도와 독도가 일본 땅이 아니라는 지령을 발포한 바 있다(1877). 그럼에도 일본은 러일전쟁을 빌미 삼아 독도에 망루와 전선을 가설한다는 명목으로 독도를 시마네현에 불법편입시켰다(1905). 이로써 독도는 일본이 한반도를 침탈하는 과정에서 가장 먼저 빼앗아간 땅이 되었다. 한국이 독도 영유권 문제를 특별히 '역사 문제'로 취급하는 것은 이런 연유 때문이다.

일본은 패전 이후 독도를 한국에 돌려줘야 마땅했다. 카이로선언은 일본이 폭력과 탐욕으로 약취한 모든 지역으로부터 축출되어야 한다고 천명했다(1943). 또 연합국 최고사령부 각서 제677호는 "독도를 통치 및 행정상 일본으로부터 분리한다"고 규정했고(1946), 샌프란시스코 강화조약은 이 사항을 재확인했다(1951). 한국은 '해양주권선언'을 발표하여 '평화선'(일명 이승만라인)을 설정하고 독도를 그 선 안에 포함시켰다(1952. 1). 그이후 현재까지 한국은 독도를 실효적으로 영유하고 있다. 이런 사실로 볼때 독도에 대해 역사적·지리적·국제법적으로 확립된 한국의 영유권은 현재에 이르기까지 중단 없이 이어지고 있다고 확인할 수 있다.

반면에 일본은 한국의 논리를 조목조목 반박하며 독도(일본명 '다케시마')영유권이 자국에 있다고 주장한다. 일본 측 주장의 핵심은 다음과 같다. 독도는 역사적 사실에 입각해서도, 국제법상으로도 명백한 일본 고유의 영토이다. 한국에 의한 독도 점거는 국제법상 아무런 근거 없이 이루어지고 있는 불법점거이며, 한국이 이 불법점거에 의거하여 독도에서 행하는 어떠한 조치도 법적인 정당성이 있는 것은 아니다. 일본이 독도를 실효적으로 지배하고 영유권을 확립하기 이전에 한국이 이 섬을 실효적으로 지배하고 있었다는 사실을 보여주는 명확한 근거가 한국 측으로부터 제시되지 않고 있다. 따라서 일본은 독도 영유권 문제를 '국제법상의 영토 문제'로 본다.

일본은 독도 영유권 문제를 국제사법재판소에 제소하자고 한국 측에 제안했지만 한국은 응하지 않았다(1954. 9). 또 한일회담 때도 고사카 젠타로小坂善太郎 외무대신이 최덕신崔德新 외무부장관에게 이 문제를 국제사법재판소에 제소할 것을 제안했지만(1962. 3) 한국이 받아들이지 않은 채 현재에 이르고 있다. 국제사법재판소는 분쟁의 양 당사자가 동 재판소에 해결을 청구한다고 합의해야 비로소 가동하는 체제이다. 따라서 일본이 일방적으로 제소한다 해도 한국 측이 이에 응할 의무는 없다. 또 한국이 자주적으로 응하지 않는 한 국제사법제판소의 관할권은 설정되지 않는다.

독도 영유권을 둘러싼 한일의 외교교섭과 국민동향을 시간의 흐름에 따라 간략히 살펴보면 아래와 같다. 한국과 일본은 독도 영유권 문제를 국민감정과 직결된 주요사안으로 인식하고, 격렬하고 끈질기게 논쟁하면서도 한일관계의 근본을 해치지 않는 선에서 신중하게 다뤄왔다. 일본은 제2차 한일회담(1953. 4. 15~7. 23) 때부터 독도 문제를 거론하기 시작했는데, '이승만라인'과 독도 영유권에 대한 이견 등으로 회담 자체가 결렬되었다는 것은 앞에서 설명한 바와 같다.

일본이 독도 영유권 문제를 본격적으로 제기한 것은 한일회담이 타결을 향해 치닫던 제6차 회담(1961. 10~1964. 4) 때였다. 그 무렵 한일외무장관회담에서 일본이 국제사법재판소 제소를 요구하자, 한국은 국민의 엄청난 반대 등을 이유로 거절했다. 일본은 김종필 중앙정보부장을 상대로 집요하게 국제사법재판소 제소를 요구했다. 김종필 부장은 독도 문제는 당초부터 '기본조약'의 논의사항이 아니라고 반대하다가 제3국의 조정에 맡기는 것은 어떠냐는 뜻을 비쳤다. 그렇지만 양국 모두 이를 받아들이지 않았다. 그런 와중에 일본 외무성 아시아국장 이세키 유지로伊關佑二郎가 '독도는 히비야공원 정도의 크기로 가치 없는 섬이므로 폭파해서 없애버리면 문제가 해결될 것'이라고 말해 파문을 일으켰다. 한국은 한일회담

내내 독도는 역사적으로나 국제법상으로나 한국의 고유 영토이기 때문에 협상의 대상이 아니라는 자세를 견지했다.

독도 영유권 문제는 한일회담을 마무리 짓는 문서인 '분쟁처리에 관한 교환공문의정서' 작성 과정에서 다시 뜨거운 이슈로 부상했다. 일본은 독도가 분쟁 지역임을 명시하자고 강력히 요구했으나, 한국은 독도가 분쟁의 대상이 아니라는 강경한 자세를 고수했다. 이동원 외무부장관은 한일조약 체결을 하루 앞두고 시나 외무성 대신과 회담하면서, "박정희 대통령은 독도 문제를 한일회담의 의제에 포함시키지 말라고 지시하셨다. 그리고 본 건은 한국 정부의 안정과 운명이 걸린 중대한 문제이므로 만약 한국 측이 수락할 수 있는 해결책이 나오지 않는다면 한일회담을 중지해도 좋다고까지 말씀하셨다"고 일본 측을 압박했다(1965. 6. 21). 그리하여 '분쟁처리에 관한 교환공문의정서'에는 독도의 이름이 들어가지 않게 되었다. 다만 양국의 국민감정을 감안하여 국내적으로 한국이 이 의정서에서 독도 문제가 제외되었다고 주장하고, 거꾸로 일본이 독도 문제가 포함되었다고 주장해도 서로 양해하기로 합의했다. 그렇다 해도 한국의 독도에 대한 실효지배를 일본이 인정한 것에는 변함이 없다.

'분쟁처리에 관한 교환공문의정서'는 한일조약 체결 이후 양국 간에 분쟁이 생길 경우 두 가지 방식으로 해결하도록 정했다. 먼저 양국 간 외교라인을 통해 의논하고, 이로써 해결이 안 될 경우에는 조정으로 해결한다. 조정이란 제3국을 중재자로 내세워 문제를 해결하는 것인데, 여기에는 국제사법재판소를 통한 해결이 포함되지 않았다. 그러므로 독도 영유권 문제를 국제사법재판소에서 해결하자는 일본 측 요구는 '한일기본조약'이 체결됨으로써 사실상 소멸되었다고 볼 수 있다. 실제로 일본 정부는 그 후 2012년 이명박 대통령의 독도 방문 이전까지 독도 영유권 문제를 국제사법재판소에 회부하자고 한국에 정식으로 요청한 적이 없다. 또 1965년까지 매년 한국 정부에 보냈던 항의서를 몇 년 동안 보내지 않았고, 한국이 독도 주권을 강화하는 언동을 해도 항의하지 않았다.

그런데 소강상태에 들어갔던 독도 영유권 문제가 1977년을 전후하여 다시 불거졌다. 세계 각국이 배타적 경제수역을 200해리로 확대함에 따라 일본도 1977년 국내법으로 200해리법을 제정하여 새로운 해양질서에 대응했기 때문이다. 후쿠다 다케오福田赳夫 내각은 '독도는 일본 영토인데 한국이 불법으로 점거하고 있다'는 발언을 했다. 독도를 기점으로 200해리 경제수역을 확보하고 싶은데, 울릉도와 독도 사이는 50해리에 불과하므로 그 중간선까지 차지하겠다는 의도였다. 그 시기는 한일조약 체결의 주역들이 정치와 행정의 일선에서 물러나고, '독도밀약'설의 효력도 빛을 바래기 시작한 시점과 맞아떨어졌다.

1994년 유엔 총회는 배타적 경제수역을 200해리로 확장하는 안을 통과시켰다. 그 무렵부터 일본의 독도 영유권 주장이 더욱 강해졌다. 한국은 이에 맞서 독도에 접안시설을 만드는 등 실효지배를 강화해 나갔다. 1998년 1월 일본은 1965년 6월에 '한일기본조약'과 함께 체결한 어업협정을 파기했다. 김대중 정부는 우여곡절 끝에 일본과 '신어업협정'을 체결했는데, 여기서는 독도가 중간수역, 곧 공동관리구역에 들어가 있었다. 이때 한국은 울릉도를 200해리의 기점으로 삼은 데 반해 일본은 독도를 기점으로 삼았다. 이를 기화로 한국에서는 독도 영유권이 손상을 입었다는 비판여론이 일어났다. 그렇지만 2009년 헌법재판소 판결은 '신어업협정'은 어디까지나 어업협정이므로 독도 영유권 문제와는 관계가 없다는 정부의 입장을 지지했다.

일본은 태평양상의 2~3미터 크기 암초에 불과한 오키노토리섬에도 콘크리트를 들이부어 상륙 가능한 인공 섬으로 만들고 200해리의 배타적 경제수역을 선포했다. 일본이 독도를 노리는 배경에는 이와 같이 배타적 경제수역을 포함한 해양영토에 대한 욕심이 도사리고 있음을 알 수 있는 대목이다.

독도 영유권 문제는 일본 시마네현이 2005년 2월 22일 '다케시마의 날'을 제정함으로써 다시 한일 간 쟁점이 되었다. 독도를 시마네현에 편입한 지 100년을 맞아 마련한 이 조치는 한국의 강력한 반발을 초래했다. 고이즈미 수상의 야스쿠니신사 참배, '새 역사 교과서'의 문부과학성 검정 통과 등과 맞물린 '다케시마의 날' 제정은, 한국에게 일본의 역사인식을 전면적으로 재평가하는 계기가 되었다. 노무현 대통령은 '최근 한일관계에 대한 특별담화'를 발표했다(2006. 4. 25). 이를 통해 독도가 일본의 한반도 침탈 과정에서 가장 먼저 병탄된 특별한 의미를 가진 역사의 땅이라고 강조하고, 지금 일본이 독도에 대한 권리를 주장하는 것은 제국주의 침략전쟁에 의한 점령지 권리, 나아가서는 과거 식민지 영토권을 주장하는 것이라고 비난했다. 이는 한국의 완전한 해방과 독립을 부정하는 행위이기 때문에, 한국은 주권회복의 상징인 독도와 자주독립의 역사를 수호하기 위해 국가적 역량과 외교적 자원을 모두 동원하여 지속적으로 강력하고 단호하게 대응할 것임을 천명했다. 이때를 전후하여 한국에서는 독도 교육이 강화되고 독도여행이 자유로워졌다.

그런데 일본에서는 한국에 대항하려는 듯, 보수 세력의 지지를 받으며 제1차 아베 신조 정부가 출현했다. 아베 정부는 해양탐사 등을 원호하기 위해 한국의 독도 영해 12해리까지 순시선을 보내겠다는 성명을 발표하고 출항에 필요한 만반의 준비를 갖추도록 했다. 한국은 당연히 이런 도발에 대해 정면대결도 불사하겠다는 방침을 천명했다. 독도 주변에서 한일 사이에 무력충돌이 일어날지 모르는 아슬아슬한 순간이었다. 결국 한일 양국은 외교교섭을 통해 충돌을 회피했다. '분쟁처리에 관한 교환공문 의정서'의 절차를 따라 문제를 해결한 것이다.

제1차 아베 정부는 또 교육기본법을 개정해 애국심 함양과 영토주권의 교육을 전면에 내걸었다(2006). 그에 따라 민주당 정부가 출현한 뒤에도 각급학교 '학습지도요령'이 개정되고, 사회과 교과서 등에 독도가 일본의 고유영토인데 한국이 불법으로 점거하고 있다는 기술이 증가했다. '외교 청서'와 '국방백서' 등의 기술도 유사한 경향을 보였다. 한국은 일본 정부에 엄중히 항의하는 한편 독도 교육과 독도 홍보를 강화했다. 그리하여 독도 영유권을 둘러싼 한국과 일본의 갈등은 점점 더 첨예해졌다.

한편, 이명박 대통령의 전격적인 독도 방문(2012. 8. 11)은 일본을 경악시켰다. 정치력이 약화된 민주당의 일본 정부는 주한대사를 일시 소환하고, 독도 문제를 국제사법재판소에 제소하자고 한국 정부에 요구했다. 한국 정부는 대통령의 독도 방문은 지방순시의 일환이므로 일본 정부가 왈가왈부할 사안이 아니고, 독도 문제를 국제사법재판소에 가져갈 하등의 이유가 없다고 일축했다. 양국의 매스컴은 자국 정부를 원호하며 독도 문제를 대대적으로 취급했다. 그리하여 독도 문제에 대해 잘 알지 못했던 대다수의 일본인들도 관심을 갖게 되었다.

그런 와중에 일본의 보수 세력이 결집해 자민당의 제2기 아베 신조 정부를 출범시켰다. 그리하여 독도 영유권을 둘러싼 한국과의 갈등은 더욱 심각해졌다. 지금은 일본과 중국이 센카쿠열도(조어도)를 둘러싸고 일촉즉발의 대결을 벌이고 있다. 그 그늘에 묻혀 당장은 독도 문제가 상대적으로 덜 부각되고 있는 것처럼 보인다. 그렇지만 독도 영유권 문제는 언제든 한일관계를 위기로 몰아넣을 수 있는 현안으로 남아 있다.

한편 한국과 일본은 '동해'의 명칭을 둘러싸고도 공방을 되풀이하는 중이다. 한국은 북한과 함께 유엔에 가입한 이듬해 유엔 국제지명표준화회의에서 '일본해'를 '동해'로 변경해줄 것을 요청했다(1992). '일본해'는 제국주의 시대에 사용된 명칭인 반면, '동해'는 광개토대왕비문(414)에 기재된 것처럼 수천 년 동안 인근 주민들이 사용해온 명칭이기 때문에 유엔의 지명 표기 원칙에 더욱 부합한다는 논리였다. 물론 일본은 '일본해'는 메이지유신 이전부터 일본과 서양에서 사용되었다고 주장하면서 반발했다.

유엔은 국제 지명 표기에서는 하나의 지명만을 인정한다는 취지에서 일단 '일본해'라는 명칭을 유지하고 있다. 그렇지만 지역 주민의 의사를 반영하여 국제 지명이 변경되는 사례가 없었던 것은 아니다. 그리하여 한국과 일본은 국제수로기구(IHO) 등의 국제회의와 각종 문헌, 웹사이트 등을 통해 자국의 주장을 널리 알리고 각자의 명칭을 확산시키기 위해 노력하고 있다.

전후보상과 피해자 지원활동

일본의 전후보상 방침

동북아시아 지역의 안정을 위해 피할 수 없는 문제가 식민지 지배와 침략전쟁에 관련된 보상의 실현이다. 일본은 아시아-태평양전쟁을 수행하는 가운데 한국인과 중국인을 강제로 연행하여 가혹한 노동에 종사시켰다. 막바지에는 한국인을 '일본군'으로 징집하여 전장에 내보냈다. 여성도 각종 노역에 동원되었다. '여자정신대'로 출진하여 노역에 종사한 경우 이외에도 '위안부'로 끌려가 일본 군인을 상대로 '성노예'와 같은 생활을 강요당한 사람도 수만 명이나 되었다. 그들의 처지는 비참하기 그지없었다. 그들은 사상死傷이나 질병, 정신적 고통 등에 대한 보상은커녕 노동에 대한 임금조차 받지 못한 경우가 허다했다.

한국은 해방 직후부터 각지의 보상 요구운동을 수용하여 실태조사를 추진했다. 그리고 그 결과를 바탕으로 샌프란시스코 강화조약에 임해서 배상을 요구할 예정이었다. 그러나 일본의 반대 등에 부딪쳐 한국은 강화회의에 참가하지 못했다. 샌프란시스코 강화조약은 식민지 지배 등에 관련된 '과거사' 처리는 양국 간의 협의를 통해 해결하라고 규정했다. 그에 따라 한국과 일본은 1965년 한일조약을 체결할 때 한국 정부가 일본 정부로부터 청구권자금 또는 경제개발자금을 수령하는 방법을 택했다. 그 후 피해를 신고한 개인에 대해서는 한국 정부가 일정금액을 보상금으로 지급했다.

한편으로 1980년대 이후 한국에서는 피해자들이 단체를 결성하여 줄기차게 보상 요구운동을 전개했다. 1990년대에 들어서는 피해자 본인과 유족이 차례로 일본 정부와 일본 기업을 상대로 소송을 제기했다. 일본 정부는 샌프란시스코 강화조약과 한일조약에 의해 국가배상은 이미 종결되었다는 공식 견해를 견지했다. 전후 일본에서 분리된 한국은 일본과 전쟁을 벌인 사이가 아니기 때문에 배상 문제가 없을뿐더러, 분리에 따른 재산·청구권 문제는 한일조약을 체결함으로써 해결되었다는 것이 일본 정부의 기본입장이다. 곧 5억 달러의 경제협력(무상 3억 달러, 유상 2억 달러)이 이에 해당한다(1965. 12. 18 발효, 이후 10년 간 지불). 일본 정부는 이것으로써 '과거사' 처리는 모두 끝났다고 주장한다.

일본의 사법부도 이런 견해를 받아들여 개인배상에 대해 대부분 인정하지 않는 판결을 내렸다. 또 기업책임에 대해서도 패소를 선고하는 경우가 많았다. 개중에는 '화해'를 통해 해결할 것을 권고한 경우도 있었다. 이것은 기업의 법적 책임은 인정하지 않지만 피해자가 소송을 취하하는 대가로 경제적 구제를 행하라는 것이다.

한국 정부도 원칙상 일본 정부와 거의 유사한 자세를 취하고 있다. 한일조약 자체가 한국과 일본이 합의하여 체결한 것이므로 양측의 견해가 전혀 다르다면 오히려 이상한 일이다. 다만 한국 정부는 도의적·인도적 차원에서 전후보상에 미진함이 있다고 보고, 경우에 따라서는 일본 정부가 적절하게 보완대책을 강구해줄 것을 요구했다.

한국의 노무현 정부는 한일회담 문서의 전면공개를 단행하고, 청구권협정의 법적 효력범위에 대해 주목할 만한 새로운 견해를 밝혔다(2005. 8. 26). 곧 일본군 '위안부' 등 일본 정부·군대 등 국가권력이 관여한 반인도적 불법행위에 대해서는 청구권협정에 의해 해결된 것으로 볼 수 없고, 일본의 법적 책임이 남아 있다는 것이다. 또 원폭 피해자, 사할린 잔류 한인 등의 문제도 청구권협정 대상에 포함되지 않았다고 밝혔다. 따라서 일본 정부는 종래와 다르게 별도의 보상조치를 해야 한다는 것이다. 이 사안들은 한일회담 과정에서 의제로 등장하지 않았거나, 한일조약의 체결 이후 새롭게 부각된 사안이라는 게 한국 정부의 주장이다.

물론 일본 정부는 이 사안들도 한일조약에서 '완전히 그리고 최종적으로' 해결되었다는 자세를 견지하고 있다. 그러면서도 일본 정부는 인도적 차원에서 이 사안들과 관련된 피해자들에 대해서는 이미 별도의 보상조처를 취해온 것 또한 사실이다. 그 경위와 내역을 살펴보자.

일본군 '위안부'에 대한 보상과 반발

일본군 '위안부' 문제는 1990년대에 들어와 한국과 일본 사이에서 갑자기 현안으로 부상했다. 두 나라에서 민주주의가 실현되고 여성인권의식이 높아지자 수면 아래 잠복해 있던 전시 성폭력 문제가 새롭게 주목받게 된 것이다. 특히 일본군 '위안부'로 끌려가 인간 이하의 취급을 받으며 '성노예'처럼 생활했던 할머니들이 용기를 내 참상을 증언함으로써 국제사회의 관심을 끌었다. 한국에서는 '정신대문제대책협의회' 등의 민간단체가 이들을 지원하는 운동을 주도했다. 한국 정부는 고조된 여론을 배경으로 일본 정부에 대해 적절한 조처를 취해줄 것을 강력히 요구했다.

일본 정부는 일본군 '위안부' 문제 역시 한일조약으로 완전히 해결되었다는 입장을 견지했다. 다만 도의적인 책임을 통감하고 진상조사와 함께 사과 및 보상 등의 조처를 취하겠다는 방침을 천명했다. 그리고 1991년 12월부터 실태를 조사하여 1992년 7월과 1993년 8월에 그 결과를 발표하고, 자료를 열람할 수 있도록 했다. '위안부 관계 조사결과 발표에 관한 내각관방장관 담화'(이른바 '고노 담화', 1993. 8. 4)는 '위안부' 모집과 이송·생활, 위안소의 설영과 관리 등에 일본군이 간여하고 강제성을 띠었다는 사실을 인정했다. 그 요지는 다음과 같았다.

'위안부' 중에는 조선 여성의 비중이 컸다. 군의 관여 아래 많은 여성의 명예와 존엄에 치유하기 어려운 깊은 상처를 입힌 것에 대해 일본 정부는 사과와 반성의 기분을 말씀드린다. 역사의 진실을 회피하지 않고 이것을 역사의 교훈으로서 직시하고자 하는 뜻에서, 역사연구·역사교육을 통해 이와 같은 문제를 오래 기억에 담아두고, 같은 잘못을 결코 되풀이하지 않겠다는 굳은 결의를 표명한다. 이 문제에 대한 소송 제기와 국제적 관심 등을 고려하여 일본 정부는 앞으로 민간의 연구를 포함하여 충분히 관심을 기울이겠다.

이상과 같은 내용이 '고노 담화'의 줄거리였다. 그 후 사회당 무라야마 수상의 일본 정부는 내각관방장관 발표(1995. 6. 14)를 통해, 과거에 대한 반성의 뜻으로 '여성을 위한 아시아 평화우호기금'(이른바 '아시아여성기금')을 설치하여 전 일본군 '위안부'를 위해 국민·정부의 협력 아래 의료·복지 등의 사업을 시행하겠다고 발표했다. '아시아여성기금'의 발족에 임하여 무라야마 수상은 다음과 같은 뜻의 사과편지를 피해자에게 전달했다 (1995. 7).

일본군 '위안부' 문제는 구 일본군이 관여하여 많은 여성의 명예와 존엄에 깊은 상처를 입힌 용서받을 수 없는 일이다. 나는 일본군 '위안부'로서 심신에 걸쳐 치유하기 어려운 상처를 입은 모든 분들에 대하여 깊이 사과말씀을 드린다. 이번에 발족한 '아시아여성기금'은 정부와 국민이 함께 협력하면서 피해자들에게 국민적 보상과 의료·복지 등을 지원하려는 것이다. 다시는 이런 문제가 일어나지 않도록 하기 위하여 일본 정부는 일본군 '위안부'의 역사 자료를 정리하여 역사의 교훈으로 삼겠다.

무라야마 수상의 사과편지는 국회 결의 등을 거친 것은 아니지만 나름대로 진정성을 가지고 있었다. 그 후의 수상들도 이와 유사한 사과편지를 '아시아여성기금'을 수령하는 피해자들에게 전달했다.

'아시아여성기금'은 1995년 7월 19일에 설립되어 활동을 개시했다. 일본 국민이 '아시아여성기금'에 기부한 돈은 2001년 8월까지 총액 5억 6천 900만 엔이었다. 이를 바탕으로 2004년까지 아시아에서 170명의 피해자들에게 '보상금'을 지불했다. 한국, 필리핀, 타이완의 피해자 1인당 200만 엔이었다. 정부자금으로는 그 이상의 의료·복지를 위해 한국, 필리핀, 타이완의 피해자에게 5년간 약 7억 엔을 지출했다. 사업 내용은 주택개선, 간호서비스, 의료·의약품 보조 등이었다. 그러나 한국에선 이에 대한 반대운동이 거세어 '아시아여성기금'을 수령한 피해자가 절반 정도에 불과한 것으로 알려졌다.

한국 정부는 처음부터 '위안부' 문제가 국제법상 인도에 반하는 중대한 불법행위로서 이에 대한 일본 정부의 법적 책임이 존재한다는 입장이었다. 그러나 김영삼 정부는 금전 배상을 법적으로 주장할 경우 소모적인 논쟁으로 나아갈 가능성이 크므로 한국 정부 차원에서 피해자 구제조치를 취하는 한편, 일본 정부에 대해서는 배상요구를 하지 않는다는 방침을 천명했다(1993. 3). 김대중 정부도 일본 정부에 정부 차원의 배상을 요구하지 않는 대신 진정한 사과와 반성을 촉구했다(1998. 4). 아울러 '아시아여성기금'과 같은 방식의 일본 정부의 대응을 양해하는 입장이었다. 그러나 '정신대문제대책협의회' 등의 민간단체가 일본 정부의 조처를 절대로 받아들일 수 없다고 맞서자 한국 정부도 그들의 주장에 동조하는 방향으로 선회했다. 그 후 한국 정부는 '일제하 일본군 위안부에 대한 생활안정지원법'(동 법률은 2002년 12월 '일제하 일본군 위안부 피해자에 대한 생활안정지원 및 기념사업 등에 관한 법률'로 개정)을 제정하고, 별도로 예산을 편성해 심사를 거쳐 확인된 생존 피해자들에게 병원비와 생활비 등을 지원해오고 있다.

한편 일부 피해자와 이들을 지원하는 '정대협' 등의 시민운동단체는 일본 정부에 대해 일본군 '위안부' 범죄 인정, 진상규명, 국회 결의를 통한 사죄, 법적 배상, 역사 교과서 기술, 위령탑과 사료관 건립, 책임자 처벌 등을 요구하고 있다. 곧 국가가 책임을 인정하고 배상하라는 것이다. 그렇지만 일본 정부는 이를 받아들일 수 없다고 버티고 있다. 오히려 아베 수상을 비롯하여 우파 진영에서는 '위안부'를 강제동원한 사실이 없다고 반론하며 '고노 담화'의 요지조차 부정하는 자세를 보이고 있다.

한국과 일본에는 일본군 '위안부' 문제를 심각하게 받아들이는 시민들이 많다. 그들은 일본이 가해사실을 직시하고 적절한 사죄와 보상을 하라는 운동을 전개하고 있다. 특히 2000년 12월에는 전시중 성범죄를 재판하는 민간 '여성국제전범법정'을 일본 도쿄에서 개최하고, 일본의 국가책임과 천황의 전쟁책임 등을 추궁했다. 한국에서는 일본군 '위안부' 할머니들의 공동생활장소인 '나눔의 집'이 문을 열었다. 일본의 뜻있는 청년들이 이곳을 방문해 자원봉사활동을 하고 있다. 최근 국제사회에는 성폭력을 전쟁범죄로 보는 인식이 널리 퍼져 있다. 2002년 7월에는 전쟁범죄 단속을 목적으로 국제형사재판소가 네덜란드 헤이그에 설치되었다. 2004년 5월 현재 94개국이 조약을 비준한 상태이다.

이명박 대통령은 2011년 12월 17~18일 교토에서 열린 한일정상회담에서 직설적인 화법으로 노다 요시히코野田佳彦 수상에게 일본군 '위안부' 문제의 해결을 촉구했다. 그리고 '위안부' 문제를 해결하지 않으면 일본에게 영원히 부담이 된다고 충고했다. 이에 맞서 노다 수상은 이 문제는 한일조약에서 '완전히 그리고 최종적'으로 해결되었다는 종래의 주장을 되풀이하며, 주한일본대사관 앞에 설치된 '소녀상'의 철거를 요구했다. 한국 측은 일본이 '위안부' 문제에 성의를 보이지 않으면 제2, 제3의 '소녀상'이 세워질 것이라고 반박하고, 일본 측은 오히려 반격의 형태로 한국이 일본의 영토인 독도를 영유하고 있는 것에 대해 이의를 제기했다. 그리하여 한일 간에 일시 소강상태에 들어갔던 역사와 영토를 둘러싼 갈등이 다시 불거졌다. 양국 정상은 '과거를 직시하고 미래지향적인 관계발전에 노력한다'는 점에 대해서는 의견의 일치를 보았다. 그렇지만 회담 1시간의 절반을 '위안부' 문제에 소비한 것에서 알 수 있듯이, 한국과 일본의 '과거사' 처리에 대한 인식의 격차는 넓고 깊었다. 한일 사이에 '과거사' 처리 문제가 '뜨거운 감자'라는 사실을 새삼스럽게 보여준 정상회담이었다.

현재 서울의 주한일본대사관 앞에서는 '위안부' 피해자와 이들을 지원하는 NGO와 시민들이 매주 수요일마다 항의집회를 열고 일본의 공식사과와 보상을 요구하고 있다. 2013년 8월 현재 1,030여 회를 넘긴 이 집회는 언제 끝날지 모른다. 아마도 이들의 주장이 받아들여지지 않는 한 계속될 것으로 보인다.

재한국 원폭 피해자에 대한 지원

한국에는 히로시마와 나가사키에서 원자폭탄을 맞고 귀국한 피해자가 1991년 6월 현재 9,241명 생존해 있다(한국 정부 등록자 수). 그렇지만 한국 원폭피해자협회는 피폭자가 2만 명을 넘을 것으로 추정한다. 일본 정부는 수많은 한국 출신자가 원폭 후유증으로 고생하고 있는 것을 가슴 아프게 생각하지만, 법적으로는 한일조약에 의해 모두 해결되었다는 입장을 취하고 있다. 그리고 원폭 피해자가 한국에 재주하고 있기 때문에 한국 정부가 처리할 성질의 사안이라고 주장한다. 다만 원폭 피해자 문제는 인간의 도리와도 관련된 것이므로 가능한 분야부터 협력하겠다는 것이 일본 정부의 기본자세이다.

한국과 일본 정부는 1970년대 후반부터 원폭 피해자 문제를 협의했다. 정부 간의 합의에 따라 1981년부터 5년 동안 원폭 피해자의 '도일치료渡日治療'(의료비는 일본 측, 도항비는 한국 측이 부담)가 실시되었다(349명). 1986년 한국 정부는 도일치료가 필요한 피폭자는 거의 치료를 받았고, 한국의 의료 수준 향상으로 국내에서도 치료할 수 있게 되었으므로 도일치료는 필요 없다는 뜻을 밝혔다. 그리고 한국 정부의 지원하에 대한적십자병원에 위

일본군 '위안부' 문제는 1990년대 이후 '위안부'로 끌려가 인간 이하의 취급을 받으며 '성노예'처럼 혹사당한 할머니들이 용기를 내 참상을 증언함으로써 국제사회의 관심을 불러일으켰다. 현재 서울의 주한일본대사관 앞에서는 '위안부' 피해자와 이들을 지원하는 시민들이 매주 수요일마다 항의집회를 열고 일본의 공식사과와 보상을 요구하고 있다. 2013년 8월 현재 1,030여 회를 넘긴 이 집회는 '위안부' 할머니들의 주장이 받아들여지지 않는 한 계속될 것이다.

탁하여 진료를 실시했다.

1990년 5월 노태우 대통령이 방일했을 때, 가이후 도시키 수상은 재한국 원폭 피해자에 대해 의료 면에서 총액 40억 엔 정도의 지원을 약속했다. 그에 따라 대한적십자사에 설치된 재한원폭피해자복지기금에 1991년 17억 엔, 1992년 23억 엔을 출연했다. 한국 정부는 1993년 6월 대한적십자사 산하에 원폭복지사업소를 신설하고 피폭자에게 병원진료비, 진료보조비, 사망장제비를 지원하고, 합천에 원폭 피해자 복지회관을 설립하여 운영했다.

한편 1987년 11월 한국원폭피해자협회는 주한일본대사관에 재한 피폭자의 손해보상을 요구했다. 1988년 3월 양국 외무장관은 실무 차원의 조사단 파견을 합의했다. 이들의 조사활동을 바탕으로, 1988~89년에 일본 정부는 각각 4,200만 엔의 의료비를 대한적십자사에 위탁하여 지원했다. 2000년 12월 말 현재 재한 피폭자 등록자 수, 곧 의료비지원 대상자 수는 2,204명이다. 한국 정부의 의료지원금을 포함해 기금의 잔액은 117억 4,115만 원이다.

일본 정부는 2003년 '원호법 확대적용에 관한 기본계획'을 발표했다. 이에 따라 9월부터 대한적십자사를 통해 재한 피폭자에게도 원호수당을 지급하고 있다. 일본 정부로부터 재외 피폭자임을 증명하는 건강수첩을 받은 사람이 대상이다. 그 밖에 '재외 피폭자 도일지원'(건강진단과 치료, 의사연수와 파견 등)사업도 진행 중이다.

일본은 세계에서 유일하게 핵폭탄을 맞은 나라이다. 때문에 원폭 피해자들을 외면할 수 없는 처지이다. 더구나 의료지원은 역사인식 등과 직접 결부된 복잡한 문제라기보다는 피해상황을 눈으로 확인할 수 있고 인도적 성격이 강한 문제이기 때문에 처리하기 쉬운 면도 있다. 일본 정부는 원폭 피해자 문제에 대해서 한국 정부와 협의하며 피해자의 고통을 완화하는 쪽으로 대응하고 있다. 한국 정부도 '원폭피해자기금 관리치침'에 따라 이들에게 병원진료비 등을 지급하고 있다.

사할린 거주 한인의 귀국사업

일제 말기 사할린에는 약 4만 3천 명의 한반도 출신자가 재주하고 있었다. 일본이 징용 등으로 연행한 노동자들이었다. 2004년 현재 약 3만 6천여 명의 한인이 그곳에 거주하고 있는데, 러시아 국적자가 31,500명, 북한 국적이 500명, 무국적 4,000명 등이다. 한국 국적을 가진 자는 없지만, 북한 국적을 가진 자를 제외하고 모두 한국으로 귀국을 희망하고 있기 때문에 한국인이라고 볼 수 있다. 실제로 일제시기에 이곳으로 끌려간 노무자의 대부분이 한반도 남부 출신이었다.

일본 정부는 패전 직후 사할린에 거주하던 일본인들을 모두 귀국시켰다. 그러나 한국인들은 국적이 다르다는 핑계로 방치하거나 심지어 집단학살하는 만행을 저질렀다. 소련도 노동력을 확보하기 위해 이들을 억류했다. 냉전체제 아래서는 이런 사실조차 은폐되어 사할린 거주 한인 문제는 한일 사이의 현안이 될 수 없었다. 다만 일본 정부는 일제 패망 때 한국인의 국적을 일방적으로 박탈하는 등 스스로 잘못한 점도 있기 때문에, 소련 정부에 대해 외상 협의와 사무 차원의 협의를 통해 인도적 관점에서 사할린 거주 한인의 귀환과 친족 재회에 관해 호의적 배려를 해달라고 요청했다. 소련 정부는 이것은 소련이 북한과 상의할 문제이지 일본과 논의할 문제가 아니라는 입장을 취했다. 당시 한국과 소련, 일본과 북한은 국교가 없었다. 그런데 1990년 9월 한국과 소련이 국교를 수립한 것을 전후하여 소련 측의 태도가 완화되자 사할린 거주 한인의 출국이 용이해졌다.

일본 정부는 인도적 관점에서 1988년부터 사할린 거주 한인에 관련된 예산을 편성했다. 그리고 1989년 7월 일본적십자사와 대한적십자사는 '재사할린한국인지원공동사업체'를 설립했다. 이 조직에서 사할린 거주 한인의 한국으로의 일시귀국과 영주귀국을 지원하는 사업을 추진했다. 일시귀국자(1945년 8월 15일 이전에 사할린에 이주하여 계속 거주하고 있는 자, 60세 이상은 동행 1명)에게는 왕복 도항비 및 체재비를 지원했다.

김영삼 대통령과 호소카와 수상의 한일정상회담에서도 사할린 거주 한인 문제가 논의되었다(1994. 3. 7). 그에 따라 영주귀국자를 위한 아파트 건립이 합의되었다(일본이 건축비 32.3억엔 지급, 한국이 요양원 및 아파트 부지 제공). 영주귀국자(65세 이상을 대상으로 1945년 8월 15일 이전에 사할린에 이주하여 계속 거주한 자)에게는 도항비 및 이전비, 주택시설(인천요양원 및 안산아파트) 건설비, 헬퍼 및 광열비, 복지회관 운영비 등을 지원했다. 1999년 3월 인천요양원(수용능력 100명, 입주 96명), 2000년 2월 안산 아파트 형식 집단주택(수용능력 489세대, 1세대는 2명 이하, 입주 927명)이 개설되었다. 영주귀국 시범사업을 통해 2001년 6월까지 1,512명이 영주귀국했다.

사할린에 계속 재주하는 한인에 대한 지원도 이루어졌다. 한일각료간담회(1998. 11)에서 일본의 지원으로 '사할린 내 한인문화센터' 건립 등을 합의한 것이다. 한국에 영주귀국한 자에 대해서는 가족 재회를 위한 사할

사할린 교포의 눈물
두 살 때 징용으로 헤어진 아버지의 묘를 찾은 중소이산가족회 회장 이두훈 씨가 아버지께 술을 올리며 오열하고 있다. 사할린 거주 한인 문제는 일본의 전후보상 등의 '과거사' 처리에서 완전히 빠져버린 사안 중 하나였다. 뒤늦게나마 일본 정부가 인도적 차원이라는 명목으로라도 그 피해를 위로하고 상처를 치유하기 위해 지원에 나선 것은 다행스런 일이다.

린 왕복 도항비를 지원했다. 2001년 6~8월 영주 귀국자 1,120명이 지원을 받았다. 한국과 일본이 반반씩 부담하여 안산시에 요양병원도 건설했다.

사할린 거주 한인 문제는 일본의 전후보상 등의 '과거사' 처리에서 완전히 빠져버린 사안 중 하나였다. 뒤늦게나마 일본 정부가 인도적 차원이라는 명목으로라도 그 피해를 위로하고 상처를 치유하기 위해 나선 것은 다행스런 일이다.

전후보상의 원점을 묻는 소송과 판결

지금까지 살펴본 것처럼, 한국과 일본 사이의 전후보상 문제는 한일조약에 따라 일단 해결된 것 같기도 하지만, 피해자 개개인의 처지에서 보면 충분한 보상을 받지 못한 채 봉합된 것도 있어서 억울한 측면이 많다. 그리하여 한국과 일본에서는 일부 변호사와 활동가 등이 피해자와 힘을 합쳐 손해배상청구소송을 끈질기게 제기하는 운동이 일어났다.

일본 정부는 1995년 '무라야마 담화', 1998년 '김대중·오부치 공동선언', 2010년 '간 담화'를 발표하여 '식민지 지배가 초래한 다대한 손해와 고통에 대해 통절한 반성과 마음으로부터의 사죄'를 표명했다. 그렇지만 식민지 지배, 특히 전쟁에 동원된 피해자의 청구권에 대해서는 '1965년의 한일청구권협정에 따라 완전히 그리고 최종적으로 해결되었다'라는 입장을 견지했다.

전쟁 피해자들은 이를 납득할 수 없어 1990년대에 들어 일본 재판소에 잇달아 소송을 제기했다. 1980년대까지 한국을 비롯한 동아시아 여러 나라에서는 냉전체제와 독재정치 아래 이들의 요구가 묵살되기 일쑤였다.

강제동원 피해자들의 소송운동
1990년대 이후 한일 간의 교류가 활발해지고 민주주의와 인권의식이 높아진 것을 계기로 전후보상
문제가 현안으로 부상하자 강제동원 피해자들의 소송운동이 끈질기게 전개되었다. 지난 20여 년 동
안 일본 정부와 기업을 상대로 70건에 이르는 피해보상소송이 제기되었지만 그중 7건의 화해를 제외
하면 대부분 패소했다.

그 후 인간왕래와 정보의 교류가 활발해지고 민주주의와 인권의식이 높아짐에 따라 전후보상 문제가 현안으로 부상했다. 지난 20여 년 동안 한국을 포함하여 동아시아인들이 일본 정부와 기업을 상대로 일으킨 피해보상소송은 70건에 이른다. 하지만 그중 7건의 화해를 제외하면 대부분 패소했다.

2007년 4월 일본의 최고재판소는 '이런 청구를 재판소에 제소할 수는 없다. 다른 방법으로 해결을 모색하라'라는 결론을 내렸다. 재판을 통한 구제를 막은 것이다. 피해자들의 실망은 컸다. 그러나 재판을 통해 피해 사실을 알리고 지원자들의 연대를 이끌어낸 것은 고무적인 일이었다.

최근 한국의 사법부는 일제하의 피해보상 문제에 대해 잇달아 엄중한 판결을 내려 소송운동에 새로운 돌파구를 열었다. 헌법재판소는 일본군 '위안부'와 원폭 피해자 문제를 한일청구권협정의 규정에 따라 해결하지 않은 한국 정부의 행위(이른바 부작위不作爲)가 위헌이라는 판결을 내렸다 (2011. 8. 30). 곧 이 문제들이 한일청구권협정에 의해 법적으로 해결되었는지 아닌지에 대해 한일 사이에 해석상 분쟁이 발생하고 있는데도 한국 정부가 정해진 절차에 의거하여 분쟁해결을 시도하지 않는 행위가 헌법에 위반된다고 판시한 것이다. 그리고 대법원은 양국 정부 차원에서 이미 소멸되었다고 여겨져온 강제징용 피해자의 개인청구권이 민사사건 차원에서 살아 있다고 인정하는 판결을 내렸다(2012. 5. 24). 2013년에 들어 고등법원은 대법원의 판결에 의거하여, 피소된 일본의 기업은 징용 피해자에게 일정한 금액을 배상하라는 판결을 잇달아 내렸다. 만약 대법원에서도 이런 판결이 내려지고 일본 기업이 이를 실행하지 않으면 재산압류 등의 조처가 취해질지도 모른다.

  한국 사법부가 국제관계와 정치외교에 관련된 현안에 대해 시비를 판결하고 보완조처를 권고함으로써 전후보상 문제는 더욱 복잡하고 미묘해졌다. 삼권분립의 원칙에 기초한 한국에서 행정부는 사법부의 판결을 존중해야 한다. 이런 논리에서 보면 한국 정부는 사법부의 판결을 이행하기 위해 일본 정부를 상대로 교섭 등의 적절한 조처를 취해야 한다. 일본 정부가 한국 정부의 요구를 수용하면 다행이지만, 정면 반발할 경우 심각한 외교 문제로 비화할 가능성이 크다. 그렇게 되면 한일 양국 정부는 지금까지와는 또 다른 차원에서 더욱 난감하고 지루한 공방을 벌일 처지에 놓일 것이 뻔하다.

  2015년이면 일본이 패전하고 한국이 해방된 지 70년이 된다. 그리고 불행한 '과거사' 청산과 새로운 한일관계 수립을 지향한 한일조약 체결 50년을 맞게 된다. 그럼에도 오늘의 한일관계는 아직도 역사의 부채負債에서 결코 자유롭지 못하다. 오히려 양국에서 네오 내셔널리즘이 고조되고 정치권력이 그것을 부추기는 가운데, 역사의 올가미는 양국 관계를 더욱 빡빡하게 조이고 있는 게 엄연한 현실이다. 이런 위기를 어떻게 극복하고 공생공영의 미래를 열어갈 것인가? 한일 양 국민의 지혜와 용기, 분발이 어느 때보다 절실하게 필요한 시점이다.

그러나 삶은 계속되어야 한다
─한국 원폭 2세 환우 김형률 씨 이야기

　2005년 5월 29일 '한국 원폭 2세 환우' 김형률 씨가 35세의 젊은 나이로 세상을 떠났다. 그는 평생 고통스러운 병마에 시달리면서도 한국의 원폭 피해자와 '원폭 2세 환우'의 인권, 그리고 전쟁 없는 평화로운 세상을 실현하기 위해 온몸으로 싸우다가 장작불처럼 스러졌다. 그의 죽음을 계기로 한국에서 수십 년 동안 크게 주목을 받지 못했던 원폭 피해 문제에 대한 관심이 높아지고, 그의 비원과 활동을 계승하려는 운동이 번지고 있다.

　1945년 8월, 히로시마와 나가사키에서 원자폭탄의 피해를 입은 사람 수는 대략 70만 명(히로시마 42만여 명, 나가사키 28만여 명)으로, 그중 10%인 7만여 명(히로시마 5만여 명, 나가사키 2만여 명)이 한국인이었다. 한국인 피폭자 가운데 사망자는 4만여 명(히로시마 3만여 명, 나가사키 1만여 명)이었고, 살아남은 자는 3만여 명이었다. 이들 중에서 2만 3천여 명(히로시마 1만 5천여 명, 나가사키 8천여 명)이 1946년을 전후로 귀국했다. 북한으로 간 피폭자는 2천여 명이었다. 일본에 잔류한 피폭자는 7천여 명(히로시마 5천여 명, 나가사키 2

천여 명)이었다.

한국인 피폭자, 특히 히로시마에서 피해를 입은 이들의 70% 정도는 경상남도 합천 출신이었다. 합천은 원래 물산이 부족한 두메산골인 데다가, 일제의 식민지 수탈로 생활이 어려워지자 주민들은 먹고살기 위해 연줄을 찾아 히로시마로 건너갔다. 그곳에서 원자폭탄의 피해를 입은 사람들 상당수가 고향으로 돌아갔다. 그리하여 합천은 '한국의 히로시마'라는 별명을 얻게 되었다.

고국으로 돌아온 피폭자들은 한국과 일본 정부로부터 의료·경제·정신 등의 측면에서 아무런 지원도 받지 못한 채 오랜 세월을 질병과 가난의 대물림 속에서 살아왔다. 2013년 5월 현재 한국인 피폭 1세 가운데 생존자는 2,645명에 불과하다. 일본에서는 1957년 '원자폭탄 피폭자 의료 등에 관한 법률', 1968년 '원자폭탄 피폭자에 대한 특별조치법', 1994년 '원자폭탄 피폭자의 원호에 관한 법률'이 제정되어 일본인 원폭 피해자 1세 35만여 명에게 각종 복지혜택이 제공되었다. 원폭전문병원을 세워 '원폭 치료 전문시스템'을 구축하고 '피폭자 건강수첩'을 발급하여 전국 어느 병원에서나 저렴한 비용으로 고가의 정밀검사와 치료를 받을 수 있도록 하는 것은 물론, 입원·치료비와 생활비도 지원했다. 일본 정부는 1998년 한 해에만 피폭자를 위해 1,600억 엔을 집행했다. 매년 국제사회의 지원도 받았다.

그러나 일본인 피폭자들이 받은 원호는 한국인 피폭자에게는 그저 그림의 떡이었다. 노태우 대통령의 방일을 계기로 한국 정부는 일본으로부터 1991년 17억 엔, 1993년 23억 엔을 받아, 일본이 발행한 '피폭자 건강수첩'을 소지한 사람에게 한 달에 10만 원의 진료비, 사망자 유가족에게 장례비 70만 원을 지급했을 뿐이다. 1996년에는 합천에 작은 원폭 피해자 복지회관을 설립했다. 이런 지원들도 피폭 1세에 한정된 것이었다. 한국인 피해자 중에서 21세까지 살아남은 자가 3%도 안 된다는 사실은, 그들이 비보호와 푸대접 속에 방치되어 있었다는 현실을 말해준다.

한국인 피폭자에 대한 일본의 쥐꼬리만 한 지원조차 피폭자들의 끈질긴 노력의 덕택이었다. 한국의 원폭 피해자들은 일찍이 1967년 사단법인 '한국원폭피해자원호협회'를 결성하고(1971년 '한국원폭피해자협회'로 개칭) 일본 정부를 상대로 각종 지원을 요구하는 진정과 소송활동을 전개했다. 그리하여 '한국원폭피해자협회' 곽귀훈 회장 등은 2002년 12월 5일 오사카 고등재판소에서 승소했다. 그들은 재외 피폭자에게도 피폭자 원호법을 평등하게 적용하고, 일본의 원폭전문병원에서 무료진찰을 받도록 하며, 피폭자 원호수당을 지급할 것 등을 요구했다. 일본 정부는 국가보상은 인정하지 않지만 인도적 견지에서 상고를 포기한다고 밝힘으로써 35년에 걸친 한국 피폭자들의 투쟁이 결실을 맺게 되었다.

한국의 피폭 1세에 대한 대접이 이렇게 지지부진했을진대 피폭 2세에 대한 지원이나 원호는 꿈조차 꿀 수 없었다. 피폭 2세는 '양친 또는 어느 한쪽이 피폭자이며, 양친 또는 어느 한쪽이 피폭된 이후에 생명이 내려 태어난 자, 출생 시점으로 따지면 히로시마에서는 피폭 피해를 당한 부모로부터 1946년 6월 1일 이후, 나가사키에서는 6월 4일 이후 출생한 사람'을 가리킨다. 한국에서 피폭 2세에 해당하는 사람들은 7,500여 명에서 2만여 명으로 추정된다.

원래 원폭 피해자들은 백혈병, 암 등의 질환뿐만 아니라 정신적 트라우마, 가난, 차별 등의 다양한 고통을 겪어왔다. 특히 피폭 1세들은 자식 걱정에 잠을 못 이뤘다. 혹시 내 아이도 아픈 것은 아니겠지, 멀쩡한 내 자식이 결혼이나 취직에서 불이익을 받으면 어쩌나, 힘들게 살아온 사람들이기에 피해의식이 남달랐다. 그리하여 자식에게 피폭 후유증이 나타난 것 같아도 이를 숨기거나 병인이 다르다고 둘러댔다. 일본 정부와 미국 정부는 물론이고 한국 정부도 방사능과 유전의 관련성을 입증할 수 없다는 태도를 보였다. 이처럼 한국에서는 피폭자들에 대한 억압이 구조화되어 있었다.

이런 상황에서 김형률은 2002년 3월 22일 대구에서 기자회견을 열고 자신이 피폭 1세인 어머니를 둔 피폭 2세로서 그 후유증을 앓고 있다는 사실을 처음으로 밝혔다. 피폭 이후 60년에 가까운 세월이 지나서야 병약한 한 젊은이가 끝나지 않은 원폭의 고통을 세상에 호소한 것이다. 그는 자신의 아픔을 한 개인, 한 가족의 불행이 아니라 역사의 상흔으로 받아들였다. 자신처럼 아픈 원폭 피해자들이 고통의 참된 원인을 인식하지 못하도록 짜여진 '억압의 구조화'를 깨뜨리기 위해 나선 것이다. 그는 국가와 사회에 대해 핵의 폐해와 위험을 경고하고, 전쟁방지와 평화수호를 호소했다.

김형률은 1970년 7월 28일 합천이 고향인 부모의 3남 2녀 중 넷째로 태어났다. 일란성 쌍둥이 김명기는 1년 6개월 뒤 사망했다. 아버지 김봉대는 피폭자가 아니었다. 1940년 히로시마에서 태어난 어머니 이곡지가 원자탄의 세례를 받았다. 간신히 죽음을 면한 이곡지는 외할머니와 함께 고향인 합천으로 돌아왔다. 그 후 합천에서 김봉대와 결혼했다. 이곡지는 18세 때 생명이 위독할 정도로 심한 열병을 앓고, 평생 피부병과 등허리 종양으로 고생했다.

어릴 때부터 병약했던 김형률은 폐렴, 기관지 확장증 등으로 무수히 병원에 드나들었다. 객혈과 객담이 심해 기관지동맥색전술 시술을 받기도 했다. 1995년 폐렴으로 세 번이나 병원에 입원한 그가 간신히 확인한 병명은 '면역글로불린 M의 증가가 동반된 면역글로블린 결핍증'이었다. 그의 면역력이 신생아 정도로 떨어져 있기 때문에 기관지 확장증, 폐렴, 그 밖의 합병증 등을 앓는다는 것이다. 의사는 원폭 피해자인 모체로부터 선천적인 영향을 받은 것 같다는 소견을 피력했다.

1995년 이후 김형률의 건강은 점점 나빠졌다. 반면에 김형률은 '한국 원폭 2세 환우'라는 자신의 존재를 더욱 선명하게 인식하게 되었다. 그는 인터넷과 서적 등을 통해 피폭자의 질병과 유전, 생활과 처지, 국가와 사회의 시각 등에 대해 미친 듯이 정보를 수집하고 동병상련의 환우들에게 이를 전파했다. 이치바 준코市場淳子가 쓴 『한국의 히로시마』 등을 읽으며 자신의 지식과 사고를 단련해 나갔다.

김형률은 2003년 '한국원폭2세환우회'를 결성하고 본격적인 활동에 나섰다. 그에 따르면, '한국원폭2세환우회'는 다양한 원폭 후유증을 앓고 있는 2세 환우들의 인간된 권리와 존엄성을 찾기 위해 만들어졌다. 이울러 '환우회'는 원폭 2세 환우로서 존재할 수밖에 없는 역사적·사회적 필연관계와 모든 사회상황을 자각하면서 환우 모두가 서로 생명의 버팀목이 되어, 원폭 2세들의 건강권과 생존권·생명권까지 위협받고 있는 현실에서 국가권력에 의해 부당하게 인간성과 정체성을 부정당하고 있는 현실적 모순을 극복하기 위해 노력하겠다고 다짐했다. 그가 만든 '한국 원폭 2세 환우 홈페이지'에 가면 다음과 같은 글을 볼 수 있다.

'한국 원폭 2세 환우'들은 일본 제국주의가 일으킨 잔혹한 침략전쟁의 희생 자들이며 전쟁이 끝난 후에 태어난 해방 후 세대들입니다. 그리고 우리의 의 지와는 무관하게 원폭 2세 환우가 되었습니다. 우리의 몸은 21세기를 살고 있지만 (…) 20세기 일본 제국주의가 저질렀던 침략전쟁과 식민지 수탈이라 는 광기의 역사가 지금 이 시간까지도 연장되어 우리의 몸을 지배하고 있습 니다.

그가 사용한 '원폭 2세 환우'라는 명칭은 원폭 피해자의 자녀들이 앓는 병이 개인의 우연적인 질환이 아니라 역사적 사건인 피폭으로 생긴 유전 임을 웅변하는 것이었다. 그렇기 때문에 '원폭 2세 환우'의 존재를 발설 하는 것은 금기를 깨뜨리는 도발적 행위와 같았다. 여기에는 미국과 일본 정부가 떠맡아야 할 경제적·도의적 책임뿐만 아니라 아프지 않은 원폭 2 세들이 혹시 받을지 모를 사회적 차별 문제까지 얽혀 있기 때문이다. 그 러나 김형률은 과감히 '아프면 아프다고 말하고 싶다'고 부르짖었다. 김 형률이 합천과 평택 등을 찾아다니며 권유한 덕택으로 '한국원폭2세환우 회'에는 2005년까지 67명이 등록했다.

김형률은 2003년에 시민단체들과 연대하여 '한국 원폭 2세 환우 문제 해결을 위한 공동대책위원회'를 결성하고, 국가인권위원회에 정부 차원의 원폭 2세 환우 실태조사와 진상규명을 촉구하는 진정서를 제출했다. 그 결과 2005년 국가인권위원회가 국가기관으로서 최초로 원폭 피해자 1세와 2세의 기초현황과 건강실태조사 결과를 발표하기에 이른다. 조사 결과, 국내 원폭 피해자는 1세뿐 아니라 2세 역시 일반인에 비해 사회적으로도 열악한 환경에 처해 있으며 질병 발생 위험도도 높은 것으로 나타났다. 그들은 빈혈, 심근경색, 협심증 등의 만성질환과 우울증, 정신분열증, 각종 암 등에 시달렸다. 10세 미만의 조기 사망률이 52%나 되었다. 대체로 일본 정부의 피폭 2세 실태조사와 비슷한 결과였다. 이에 앞서 2004년에 발표된 국가인권위원회 보고서에 따르면, 원폭 피해자 2세의 경우 일반인 비교집단에 비해 심장계통 질환이 89배, 빈혈 88배, 우울증이 71배 높다는 결과가 나오기도 했다.

김형률 씨는 이어 '공동대책위'와 함께 2005년 6월 임시국회 상정을 목표로 가칭 '한국원자폭탄피해자와 원자폭탄2세환우 등의 진상규명 및 명예회복을 위한 특별법 제정'을 준비했다. 그 법률의 골자는 다음과 같았다. 첫째, 건강권·생존권을 법으로 보장하고 인간다운 생활을 보장할 수 있는 예산행정이 뒷받침되어야 한다. 둘째, 진상규명과 정부 차원의 실태조사를 해야 한다. 셋째, 정기적인 건강검진 및 치료를 위한 의료원호와 생계지원을 해야 한다. 넷째, 국립원폭전문병원을 설립하고, 핵무기의 공포를 겪지 않도록 '한국 원폭 피해자 인권과 평화를 위한 박물관'을 설립해야 한다.

그는 원폭 피해자 문제를 인권 문제로 보았다. 가장 소외받는 자들, 곧 생명의 유지를 위협받고 있는 '원폭 2세 환우'들의 인권을 보장하는 것이

급선무라고 생각했다. 언제부터인가 김형률은 지인에게 이메일을 보낼 때마다 맨 밑에 "삶은 계속되어야 한다"라는 문구를 써넣었다. 그는 한 인간으로서 자신의 삶이 조금이나마 더 지속되기를 바랐다. 그렇지만 그가 정말로 바랐던 것은 자신의 생명이 끝나기 전에 '원폭 2세 환우'들의 꿈이 이루어지는 것이었다.

'원폭 2세 환우'들은 일본 제국주의의 침략전쟁과 대량살상무기인 핵무기를 사용한 미국 정부에 의해서 존재하게 된 전쟁범죄의 피해자들입니다. 자신의 의지와는 상관없이 원폭 피해자가 되어 다양한 원폭 후유증으로 병마와 빈곤의 악순환 속에 놓여 있는 '원폭 2세 환우'들에게 지난 60년 동안 원폭 피해자 문제를 오직 개인의 문제로만 인식하도록 강요해온 것은 명백한 국가권력의 폭력이며 인권침해라고 말할 수 있을 것입니다.(「'한국 원폭 2세 환우' 의 인권과 평화를 위한 증언」, 2005년 2월 17일 '나눔의 집')

원폭 피해자 1세와 달리 2세들은 자신들이 어떤 이유로 아프게 된 것인지, 그 아픔을 어떻게 해결해야 하는지, 누구에게 이런 질문을 해야 하는지 전혀 알지 못한 채 오로지 '개인'의 '아픔'으로 치부하며 살아왔다. 이런 환경 속에서 김형률은 '한국원폭2세환우회'를 만들어 자신을 비롯한 '원폭 2세 환우'들의 목소리를 직접 전달하고자 아픈 몸을 이끌고 전국을 누비고 다녔다. 한 사람의 환우라도 더 찾아 일본 정부를 상대로 소송을 제기하고, 한국 정부로 하여금 특별법을 제정하여 원폭 피해자 문제 해결에 나서도록 노력했다. 그는 원폭 문제를 자신들의 처지를 개선하는 차원

원폭 피해 2세 김형률
2005년 5월 29일, 평생을 고통스러운 병마에 시달리면서도 한국의 원폭 피해자와 '원폭 2세 환우'의
인권, 그리고 전쟁 없는 평화로운 세상을 실현하기 위해 온몸으로 싸우던 김형률은 35세의 젊은 나
이로 세상을 떠났다. 그의 죽음을 계기로 한국에서 수십 년 동안 크게 주목을 받지 못했던 원폭 피해
문제에 대한 관심이 높아지고, 그의 비원과 활동을 계승하려는 운동이 번지고 있다.

에 두지 않고 인권과 반전 그리고 평화의 문제로까지 이끌고 나왔다. 그러나 그 일은 너무나 어렵고 힘들었다. 뜻있는 사람들과 단체가 그의 지향과 활동을 이해하고 협력했지만, 그는 살아 있는 동안에 결실을 보지 못하고 숨을 거두었다.

김형률은 2000년대 초입 한국 시민사회운동의 한가운데 있었다. 그는 생애의 마지막 순간까지 부모와 형제자매, 국경을 넘은 모든 원폭 피해자들, 자신의 삶이 뿌리내린 이 세상에 대한 믿음과 사랑을 잃지 않았다. 그 근원에는 인간의 존엄에 대한 깊은 성찰이 자리하고 있었다. 한국과 일본에는 그에게 감화를 받은 의사, 변호사, 시민활동가, 노동운동가, 역사학자, 정치인, 기자, 영화감독 등이 많다. 그들은 매년 김형률 추모제를 거행하고, '원폭 피해자 및 자녀를 위한 특별법 추진 연대회의'를 구성하여 그의 유지를 실현하고자 노력하고 있다. '김형률추모사업회' 회장인 한홍구 성공회대 교수는 김형률을 '심장에 남는 사람'이라고 표현하고, "그가 꿈꾸었던 세상, 아픈 사람이 아프다고 말할 수 있고, 국가와 공동체로부터 합당한 보호를 받을 수 있는 세상이 될 수 있도록 우리가 더 힘을 모아야겠다"고 말한다. 한국 국회에는 2013년 현재 원폭 피해자와 관련된 3개의 법안이 발의되어 있다.

김형률이 분투했던 국제연대의 실현도 어렵지만 포기할 수 없는 과업이다. 일본과 미국이 공동관리하는 방사선영향연구소는 2001년 5월부터 5년 동안 암과 유전자 등에 관한 '피폭 2세 건강영향조사'를 실시하고 2007년 그 결과를 발표했다. '유전효과가 있다는 증거는 없다'는 게 결론이었다. 이는 김형률의 증거와 주장, 그리고 한국 국가인권위원회와 일본 정부의 피폭 2세 실태조사 결과와 정면으로 배치되는 내용이었다.

　그렇지만 일본과 미국의 강경한 분위기에도 불구하고 일본의 피폭 2세들은 김형률의 유지를 계승하겠다는 뜻을 밝히고 있다. 나카시마 다케시 반전피폭자회 사무국장은 "일본에는 피폭 2세라는 어휘는 존재하지만 피폭 2세의 존재는 인정받지 못하고 있고, 피폭 2세 문제 자체가 사회적으로 말살되어 있다"고 말했다. 이런 상황은 일본 정부가 만든 방사선영향연구소가 원자폭탄 피폭의 유전성과 내부피폭 문제를 부인하고, 원폭 투하 직후 7년 동안 일본을 점령했던 미군정이 "원폭의 피해로 죽을 만한 사람은 모두 죽었다. 더 이상의 피해는 없다"고 선언하며 피해를 축소·은폐한 데서 비롯되었다고 강하게 비판했다. 그러면서 "히로시마, 나가사키, 비키니, 체르노빌, 후쿠시마 등 더 이상 핵으로 인한 피해자가 생기지 않도록 방사능의 피해를 고발하며 피폭 2세 운동가로서 살았던 고 김형률 씨의 삶을 다시 되새기면서 함께 싸우겠다"고 다짐했다. 김형률의 불같은 삶을 좀 더 자세히 알고자 하는 분은 『삶은 계속되어야 한다─원폭 2세 환우 김형률 평전』(휴머니스트, 2008)을 참조하기 바란다.

역사인식의 상호이해를 향한 모색과 연대

'한일역사공동연구위원회'의 설치와 활동

한국과 일본이 역사 문제를 둘러싸고 심각하게 대립하자 양국에서는 이를 극복하려는 여러 움직임이 정부와 민간 차원에서 다각적으로 전개되었다. 먼저 정부 차원의 시도를 살펴보자.

일본 정부는 전후 50년을 맞아 '평화우호교류계획'을 입안·추진했다. 그 핵심은 역사를 직시하기 위해 역사연구를 지원하고, 지적 교류와 청소년 교류 등을 통해 상호이해를 촉진한다는 것이다. 1995년부터 10년간 1천억 엔 상당을 투입하는 신규사업이었다. 역사 문제와 관련된 사업은 전자였는데, 일본이 보유하고 있는 동아시아 근대사와 관련된 자료를 웹사이트상에 탑재해 누구나 쉽게 접근할 수 있도록 개방하는 사업이었다. '아시아역사자료센터'의 설립이 그것이다. 또 한국과 일본 정부가 합의해 '한일 역사연구 촉진에 관한 공동위원회'를 설치하여 포럼을 개최했다.

그런데 한국과 일본은 2001년을 전후하여 역사 교과서 기술을 둘러싸고 다시 첨예하게 대립하게 된다. 일본에서 한국사를 폄하하는 내용이 담긴 중학교 '새 역사 교과서'가 문부과학성의 검정에 통과했기 때문이다. 김대중 대통령과 고이즈미 수상은 2001년 10월 15일 정상회담에서 갈등을 수습하는 방안으로 '한일역사공동연구위원회' 등의 설치에 합의했다. 역사사실과 역사인식에 관한 상호이해를 촉진하기 위해 한일관계사에 관한 공동연구회를 설립하고, 공동연구의 성과를 널리 알려 한일 양국의 젊은이들이 미래지향적 우호협력관계를 구축할 수 있는 토양을 마련한다는 것이었다. 이와 더불어 1997년부터 3년간 활동했던 '한일 역사연구 촉진에 관한 공동위원회'의 제언을 받아들여, 2001년에 '한일역사가회의'를 설치하고, 매년 회의를 개최하여 연구자 상호 교류와 협력을 넓혀 나갔다.

제1기 '한일역사공동연구위원회'(2003~2005)는 양국에서 각각 11명의 위원이 위촉되어 3년여 동안 활동했다. 제1기 위원회의 목적은 다음과 같았다. 한일관계사의 쟁점 분야에 대해 공동으로 연구·조사함으로써 학설 및 인식에서 공통점을 추출하고 차이점을 파악한다. 그리고 그 결과는 교과서 편수에 참고할 수 있도록 한다. 한국과 일본이 정부의 공식 지원을 받아 처음 시도한 공동연구는 팽팽한 긴장과 대립 속에서 진행되었다. 위원들은 고대, 중근세, 근현대의 분과로 나뉘어 19개의 공동연구 주제에 대해 분과별로 2달에 한 번꼴로 만나 발표와 토론을 거듭했다. 제1기 위원회는 처음 시도되었다는 점을 감안하면 연구의 양과 질에서 기대 이상의 성과를 거두었다. 논문과 토론은 6권의 책으로 묶여 출간되었다.

2005년은 한일조약이 체결되어 현대의 한일관계가 구축된 지 40주년이 되는 해였다. 반면에 근대의 불행한 한일관계를 본격적으로 초래한 '을사조약'이 체결된 지 100년이 되는 해이기도 했다. 아니나 다를까, 한국과 일본은 역사인식을 둘러싸고 다시 충돌했다. 일본의 중학교 역사 교과서에서 '위안부' 기술이 삭제되고, 시마네현이 '다케시마의 날'을 제정하는 등 한국인을 자극하는 사건이 잇달아 일어났다. 한국 정부는 일본 정부에 강력히 항의했다. '역사전쟁'이라 불릴 정도로 악화된 한일 간의 충돌은 민간 교류에도 영향을 미칠 정도로 심각했다. 이에 노무현 대통령과 고이즈미 수상은 정상회담(2005. 6. 20)에서 제2기 '한일역사공동연구위원회'를 설치하여 운영하기로 합의했다.

　제2기 '한일역사공동연구위원회'(2007~2009)는 제1기의 3분과 외에 '교과
서위원회'를 설치하여 교과서의 제도와 편찬 등에 대해 연구하도록 했다.
위원은 각각 17명으로, 24개의 공동주제를 선정하여 발표와 토론을 거듭
했다. 제2기 위원회의 목표는 역사인식의 공통점을 도출하고 차이점을
파악하여 상호이해와 인식심화에 기여한다는 것이었다. 제2기 위원회는
제1기보다 더 많은 연구성과를 공표하고 막을 내렸다. 그렇지만 그 성과
를 일반인에게 널리 알리는 데는 이르지 못해 결국 연구자 중심의 활동으
로 끝났다는 비판을 받았다. 특히 위원회의 운영을 둘러싸고 양국 위원의
충돌이 잦아 연구자 사이의 교류협력도 기대에 미치지 못했다.

민간의 역사대화와 연대활동

　한국과 일본의 역사갈등은 역설적으로 민간 부문에서 한일 간의 역사
대화를 촉진하고 연대활동을 모색하는 계기가 되었다. 한일의 역사대화
는 크게 두 단계로 구분할 수 있다. 제1단계는 1976년부터 2000년까지다.
한일수호조규 체결 백 년을 맞아 시작된 두 나라 역사학자의 대화는 1982
년 일본 역사 교과서의 한일관계사 왜곡사건을 거쳐 1990년대에 들어 일
본군 '위안부' 문제, '무라야마 담화' 발표 등을 계기로 점차 활발해졌다.

　과거 적대관계에 있던 한일이 처음 시도한 제1단계의 역사대화는 서로
역사인식을 탐색하고 이해하기 위한 준비회의의 성격이 강했다. 여기에
는 주로 양국의 연구자와 교육자 등이 참가했다. 한국과 일본의 매스컴은
얼마나 격렬하게 토론하는가에 관심을 가지고 흥미롭게 지켜봤다. 제1단

계 역사대화의 성과로 다음 몇 가지를 들 수 있다.

① 근대 한일관계사를 둘러싼 양국 간의 인식의 편차를 명확히 부각시키는 한편, 이를 접근시키기 위한 방안을 진지하게 모색했다.

② 양국의 역사 교과서 제도와 내용에 대한 이해를 깊게 하고, 이에 대한 분석의 방법을 터득하는 데 도움을 주었다.

③ '가해'와 '피해'의 역사를 서로 분명히 아는 것이 새로운 한일관계의 구축에 꼭 필요한 과제임을 일반인들에게 어필하는 데 기여했다.

④ 양국의 역사연구자, 역사교육자 사이의 이해가 깊어져 공동연구를 지속할 수 있는 인맥이 구축되었다.

⑤ 국민 또는 민족에 따라 다른 역사해석을 도마에 올려놓고 토론함으로써 역사인식을 심화시켰다.

⑥ 협의활동이 매스컴이나 서적 등을 통해 일반인들에게 알려짐으로써 역사대화의 중요성과 필요성에 대한 공감대가 형성되었다.

⑦ 한국의 근대사에 관련된 일본의 역사 교과서 서술을 개선하는 데 도움을 주었다.

⑧ 공동연구 내지는 협의활동에 대한 노하우를 축적할 수 있었다.

그런데 2001년 일본에서 '새 역사 교과서'가 등장한 것을 계기로 한일의 역사대화는 참가자의 범위와 규모가 대폭 확장되었다. 일본에서 고조되고 있는 네오 내셔널리즘에 대한 우려가 한일 양국뿐만 아니라 관련국가 사이에서 그만큼 확산되었기 때문이다. 그리하여 2001년부터 현재까지 제2단계의 역사대화라고 불릴 수 있는 각종 역사대화가 활발하게 이루어지고 있다. 여기에 참석하는 이들 중에는 한일은 물론 북한, 중국, 독일, 미국의 연구자·교육자도 많다. 역사대화의 장소도 한국과 일본뿐만 아니라 중국, 동남아시아, 독일, 미국 등으로 확산되었다. 각 나라의 유명한 학회 또는 기관이 역사대화를 주관하고, 각종 재단이 이를 후원했다. 역사대화와 역사인식의 개선을 하나의 시민운동으로 표방하는 NGO단체도 활발하게 활약했다. 역사화해와 평화공영이 밀접하게 관련되어 있다는 점을 시민사회도 자각했기 때문이다. 제2단계의 역사대화가 거둔 성과로는 다음과 같은 것을 들 수 있다.

① 한국의 역사교육과 한국사 교과서에 대해 철저히 비판하고 대안을 모색했다. 종래에 일본의 역사교육과 역사 교과서가 화제의 중심이었던 점과 비교하면 괄목할 만한 변화라고 볼 수 있다.

② 일본의 '역사왜곡'의 성격을 근본적으로 재검토하고, 이에 대한 공동대응의 태세를 갖추었다. 국제연대의 모색이 그것이다.

③ 한국·일본·중국 등 동아시아의 역사인식을 평화공존의 방향으로 이끌어가려고 노력했다. 그리고 역사인식의 공유를 위한 시민연대가 출범했다.

④ 한국·일본·중국 등 동아시아 삼국이 유럽·미국 등 서양 여러 나라의 역사인식·역시 교과서 문제 처리 경험에서 교훈을 얻으려는 자세를 취했다.

⑤ 한국과 일본이 갈등을 빚고 있는 역사인식과 역사 교과서 문제의 성격을 세계적 시야에서 파악하려는 움직임이 나타났다. 국제이해와 평화공영을 지향하는 외국의 유력 재단이 이런 시도를 선도한 것은 뜻깊은 일이었다.

⑥ 한국과 일본이 함께 역사교재를 개발하거나 서로 수업사례를 교환함으로써 역사인식의 지평을 넓히고 상호이해를 증진시키려는 작업이 활발해졌다.

역사교재의 공동제작과 활용

한국과 일본이 중심이 되어 개발한 역사공통교재는 역사대화의 중요성과일 뿐만 아니라 역사화해로 나아가는 공동작업이 될 수 있다는 점에서 특히 주목할 만하다. 현재까지 한일 양국에서 각각의 언어로 출판되어 활용되고 있는 역사공통교재로는 다음과 같은 것이 있다.

먼저 한국의 서울시립대학교와 일본의 도쿄학예대학 교수와 대학원생 등이 함께 만든 『한일교류의 역사－선사에서 현대까지』이다. 이들(각각 20여 명)은 1997년부터 매년 2번씩 역사연구와 역사 교과서에 관한 심포지엄을 개최해왔다. 2000년까지는 양측이 고등학교 자국사 교과서의 한일관계사(선사~현대) 내용을 철저히 검토했다. 검토 기준은 양국의 역사연구성과가 얼마나 객관적으로 공평하게 교과서에 반영되어 있는지 비교해보는 것이었다. 그 결과를 바탕으로 2001년부터 한일 공용 역사교재 집필과 수정작업에 돌입했다. 교재 수준은 고등학교 1~2학년 학생에 맞췄다. 10년 여의 작업 끝에 2007년 3월 1일 『한일교류의 역사－선사에서 현대까지』가 양국에서 동시출간되었다. 이 책은 어느 한 시대만 대상으로 한 것이 아니라 고대부터 현대까지 망라한 통사라는 점에서 다른 어느 공통교재보다도 사용하기 좋다. 또 양국이 완전히 합의한 내용을 기술함으로써 역사인식의 공유를 시도했다는 점에서도 특별한 의미를 지니고 있다.

한국의 전국교원노동조합 대구지부와 일본의 히로시마교직원조합이 한일공통역사교재제작팀을 만들어 간행한 『한일공통역사교재 조선통신사—도요토미 히데요시의 조선침략에서 우호의 조선통신사로』를 둘러싼 활동도 있었다. 이 책은 2005년 4월에 한국과 일본에서 동시출간되었다. 이들은 2002년 2월부터 2005년 2월까지 7차의 '한일 역사부교재 만들기 세미나'를 개최했다. 작업팀의 의도에 따르면, 이 책은 '도요토미 히데요시의 조선침략과 우호 친선의 조선통신사'를 주제로 채택함으로써 학생들이 한국과 일본의 깊은 역사관계를 배우고 평화와 우호를 더욱 강고하게 만드는 자세를 배양하기 위해서 편찬되었다.

『마주보는 한일사』는 한일역사교육교류모임(한국)과 일한역사교육교류회(일본)의 협동작업물이다. 이들은 2002년부터 한국과 일본을 오가며 역사공통교재의 개발을 추진했다. 그 결과 2006년에 『마주보는 한일사』라는 공통교재가 양국에서 출간되었다. 이 역사교재는 학생이 직접 사용하는 것이라기보다는 교사가 교재연구를 위해 이용하는 핸드북 성격을 띠고 있다. 책의 내용은 고대부터 현대까지의 한일관계사를 주축으로 하되, 양국의 문화를 이해할 수 있는 몇 가지 주제를 집중적으로 다루었다. 한국사와 일본사의 주요 테마를 포괄하고, 한국 속의 일본 문화와 일본 속의 한국 문화 등도 다루었다. 전근대사에 관련된 18개 주제를 기술했다.

한국의 '역사인식과 동아시아평화포럼'과 일본·중국의 합작활동 결과 만들어진 『미래를 여는 역사—동아시아 3국의 근현대사』도 있다. 이들은 '한중일공동역사부교재특별위원회'를 만들어 2002년 3월부터 2005년 4월까지 11차례의 회합을 가졌다. 그리고 2005년 5월 26일 한국·일본·중국에서 함께 사용할 수 있는 역사부교재 『미래를 여는 역사—동아시아 3국

최초의 한중일 공동역사교재 『미래를 여는 역사』
한국과 일본이 중심이 되어 개발한 역사공통교재는 역사대화의 중요 성과일 뿐만 아니라 동아시아 평화와 역사화해로 나아가는 공동작업이 될 수 있다는 점에서 주목할 만한 가치가 있다. 공동작업으로 공통교재를 제작하고 활용하는 것은 역사갈등이 심한 한일 사이에서 양국민의 상호이해를 촉진하고 역사인식의 틈을 좁힐 수 있는 많지 않은 방법 중의 하나이다.

의 근현대사』를 간행했다. 교재가 다루는 주요내용은 동아시아 근현대사의 침략과 저항, 협력과 갈등, 전쟁과 평화의 측면이다. 독자는 중학생 정도로 설정했으나, 부교재라는 개념에 얽매이지 않고 일반인도 읽을 수 있는 책이 되도록 구성했다. 이 모임을 계승한 '한중일3국공동역사편찬위원회'는 후속사업으로 2012년『한중일이 함께 쓴 동아시아 근현대사 1, 2』를 간행했다. 이 책은 통사와 분류사의 체제를 함께 원용하고 있다.

한일여성공동역사교재편찬위원회는『여성의 눈으로 본 한일 근대사』(2005)를 출간했다. 이 책은 일제침략과 식민지 지배, 전시동원, 남북한 분단과 6·25전쟁, 민주화운동과 여성운동 등의 과정에서 한국과 일본의 여성이 어떤 처지에 놓여 있었고, 어떻게 대응해왔는지를 기술했다.

끝으로 하나 추가할 것은 한일주교교류회韓日主敎交流會가 역사학자에게 부탁하여 한국과 일본에서 함께 읽을 수 있는 한국사와 한일관계사의 개설서를 출간한 일이다.『한국과 일본에서 함께 읽는 열린 한국사—공동의 역사인식을 향하여』(2004)가 그것이다. 이 책을 만든 취지는 가톨릭의 '사랑'의 정신을 한일의 화해에 적용하는 데 있다. 이 책의 저자들은 한국인과 일본인이 이 책을 통해 한국사와 한일관계사의 개략적 흐름을 새롭게 인식함으로써 미래로 열린 역사인식을 공유하고 평화와 사랑을 함께 나누는 가까운 이웃으로 변신할 것을 기대한다고 밝혔다. 2012년에는 개정신판으로『젊은이에게 전하는 열린 한국사—한·일 공동의 역사인식을 향하여』가 출간되었다.

한국과 일본 등의 역사공통교재 공동제작을 위해 한국의 동북아역사재단, 일본과 중국의 학술지원기관 등이 후원한 사실도 기억할 필요가 있다. 이는 각 나라가 역사인식을 둘러싸고 갈등과 대립을 되풀이하고 있지만, 그것을 극복하고 화해와 공영을 향해 함께 나아가려는 운동 역시 왕성하다는 사실을 보여주는 징표이다.

한때 적대적이던 국가들이 공동작업을 통해 공용의 역사교재를 편찬하는 데는 많은 용기와 노력, 인내와 정성이 필요하다. 한국과 일본에서는 벌써 다섯 종류의 공용교재가 출간되어 읽히고 있다. 물론 이런 작업이 두 나라에 미치는 영향이 아주 크지는 않을 것이다. 두 나라 모두 정부의 강력한 통제를 받는 역사 교과서가 학교교육에 사용되고 있기 때문이다.

그렇다 해도 공동작업으로 공통교재를 제작하고 활용하는 것은 역사갈등이 심한 현재의 동북아시아, 특히 한일 사이에서 양국민의 상호이해를 촉진하고 역사인식의 틈을 좁힐 수 있는 많지 않은 방법 중의 하나가 될 것임에 틀림이 없다. 박근혜 대통령이 아시아 패러독스를 극복하고 평화협력을 실현하는 방법의 하나로서 동북아 공동의 역사 교과서 발간을 제안한 것도, 이를 통해서라도 갈등과 불신의 근원인 역사 문제의 벽을 허물고 싶다는 바람 때문일 것이다(2013. 11).

그동안 한국과 일본은 자국 역사를 미화하고 정당화하는 데 급급했다. 이런 상황에서 양국이 평화공영을 향해 공동의 역사인식을 만들어가려고 씨름하는 것은 무척 바람직한 일이다. 계속하는 것은 힘이 된다. 혼자 가는 길은 쓸쓸하고 지치기 쉽지만, 함께 가는 길은 즐겁고 신명이 난다. 성공과 실패를 예단하기보다 역사화해를 향해 나아가는 대장정 그 자체가 한일 양국의 미래에 희망이 될 수 있다. 한일 양국의 더 많은 사람들이 공생공영을 향한 역사대화의 오딧세이에 나서기를 바라마지 않는다.

07

글을 맺으며_

미래와 세계를 향한
한일관계의 재구축을
바라며

현대 한일관계의 단계별 특성

1945년 일본의 패전과 한국의 해방으로 두 나라가 분리 독립한 지 70년, 1965년 한일조약의 체결로 두 나라가 국교를 재개한 지 어언 50년의 세월이 흘렀다. 이 기간 동안 한국과 일본은 변화무쌍한 국내외 정세의 변동 속에서 우여곡절로 점철되고 복잡다단하게 얽힌 관계를 맺어왔다. 그 궤적은 본문에서 자세하게 다뤘기 때문에 더 이상 부연할 필요는 없을 것이다. 다만 현대의 한일관계도 이제 체계적·종합적으로 정리할 필요성이 높은 역사기술의 중요한 분야가 되었다는 점을 강조해두고 싶다.

세계사와의 연쇄 속에서 한국과 일본의 국내외 정세를 종합적으로 시야에 넣고 지난 70년의 현대 한일관계사를 총괄하면 어떤 모습을 그릴 수 있을까? 아마도 한일관계의 성격과 특징은 대체로 다음과 같이 몇 단계를 거쳐 변화해왔다고 할 수 있을 것이다.

제1기(1945~1965)는 한국과 일본이 식민지 지배로 야기된 '과거사'를 정리하고 국교를 재개하기 위해 노력한 시기이다. 미국을 중심으로 한 연합국은 일본과 샌프란시스코 강화조약을 체결하여 아시아-태평양전쟁의 처리를 마무리했다. 한국과 일본은 그 틀 속에서 14년에 걸쳐 마라톤회담을 전개했다. 이른바 '한일회담'이다. '한일회담'은 역사인식과 손해배상 등을 둘러싼 견해 차이를 좁히지 못한 채 난항을 거듭했다. 한국에서는 자유당, 민주당, 공화당으로 정부가 교체되고 일본에서는 자민당 1당 집권체제가 구축되었다. 한반도에서 6·25전쟁이 일어나는 등 냉전의 분위기가 세계를 휩쓸었다. 한국과 일본은 미국의 압도적 영향 아래서 자유민주주의와 자본주의체제로의 문명전환을 이룩했다.

제2기(1966~1979)는 한국과 일본이 수직적·비대칭적 관계를 맺은 시기이다. 한국과 일본은 한일조약을 체결하여 일단 '과거사'를 정리하고 대등한 국가로서 국교를 재개했다. 한국은 '청구권자금'과 연계해 일본의 자본과 기술을 도입하고 경제개발에 박차를 가했다. 그 과정에서 한국은 신흥공업국가의 선두로 부상하고, 외국으로부터 '한강의 기적'이라는 찬사를 받았다. 반면 경제 면에서는 일본과 수직적 분업관계, 정치 면에서는 비대칭적 유착관계에 놓이게 되었다. 이를 뒷받침한 것이 한국의 개발독재·권위주의, 일본의 자민당 1당 우위 정치체제였다. 일본과 미국이 중국과 수교하는 등 동아시아의 국제정세가 요동쳤지만, 남북한 대결이나 베트남전쟁 등에서 보듯이 세계는 아직 냉전의 분위기에 젖어 있었다.

제3기(1980~1997)는 한국과 일본이 수직적 관계에서 벗어나 상대적 수평화 단계로 진입한 시기이다. 한국이 일본에서 소재와 설비를 도입해 수출하는 무역구조는 여전했지만, 자본과 기술에서 일본 의존도는 현저히 낮아졌다. 세계무대에서 일본 기업과 시장을 다투는 한국 기업이 늘어났다. 세계가 냉전을 탈피함으로써 한국과 일본의 반공연대도 약화되었다. 때마침 한국에서는 정치의 민주화와 사회의 다원화가 괄목할 만하게 진전되었다. 한국에서는 권위주의 시대에 억눌렸던 반일 내셔널리즘이 때때로 분출하고, 일본을 극복하자는 움직임이 일어났다. 일본에서는 자민당 1당 중심체제가 무너지고 자민당 위주의 연립정부가 출현하여 역사인식 등을 둘러싸고 전진과 후퇴를 반복했다. 일본의 국력이 답보하는 반면 중국의 세력이 강대해져 동아시아 국제정세의 대변동이 시작되었다.

제4기(1998~현재)는 한국과 일본이 상대적 균등화로 이행하기 시작한 시기이다. 1990년대 초까지만 해도 일본의 12분의 1에 불과했던 한국의 국내총생산액은 2012년 현재 5분의 1 정도로 그 격차를 상당히 축소시켰다. 한국의 대일 무역의존도는 1965년 수출 25.5% 수입 37.8%였는데, 2012년에는 수출 7.1%, 수입 12.4%로 현저히 약화되었다. 한국 기업이 세계시장에서 일본 기업을 제치거나, 한일합작으로 세계시장에 진출하는 사례도 등장했다. 스포츠와 예술 등에서도 그런 경우가 많아졌다. 한류와 일류 붐에서 보듯이 두 나라 국민의 생활과 의식이 많이 비슷해졌다. 여야의 정권교체를 경험하면서 한국에는 민주주의가 뿌리를 내리고 시민운동이 확산되었다. 일본에서는 한때 야당인 민주당으로 정부가 교체되었지만, 국민의 지지를 상실해 자민당 독주의 보수정치로 회귀했다. 그리하여 역사인식과 영토 문제 등을 둘러싸고 한국과 일본, 일본과 중국이 노골적으로 대립하는 상황이 빈번해졌다. 또한 미국이 동아시아를 중시하는 태도로 돌아섬으로써 중국과 경합 또는 마찰하는 정세가 조성되었다.

한일관계의 위상 변화와 내셔널리즘의 충돌

한국과 일본이 현재 직면해 있는 갈등과 대립을 장기적·거시적 관점에서 보면 100년 전, 70년 전, 50년 전에 형성된 두 나라 관계의 성격과 위상이 변화하는 과정에서 겪을 수밖에 없는 통과의례임을 알 수 있다. 100년 전에 일본의 식민지로 전락했던 한국은 끈질긴 독립운동 끝에 70년 전

해방을 이룩하고, 우여곡절 끝에 50년 전 일본과 국교를 재개했으며, 절치부심 끝에 현재 제한된 분야에서나마 일본과 대등한 지위에 올라섰다.

한국 속담에 '고래싸움에 새우등 터진다'는 말이 있다. 이 속담에 빗댄 나의 '돌고래 사관'에 따르면, 100년 전 한국은 열강의 고래싸움에 휩쓸려 나라를 상실한 새우의 신세에 불과했다. 100년이 지난 오늘날에도 한반도 주변의 국제정세는 열강의 고래싸움과 비슷한 모습을 보이고 있다. 그런데 100년 전과 한 가지 전혀 다른 점이 있다. 한국은 이제 고래싸움에 등터지는 새우의 처지에서 벗어났다. 2010년대의 한국은 열강의 고래싸움 속에서 이리저리 헤엄쳐 다니면서 자신의 생존을 유지해갈 수 있는 돌고래 정도로는 성장했다고 본다. 거기에다 남북통일이 된다면 한국은 더욱 커져, 고래는 몰라도 밍크고래 정도는 될 것이다. 한국의 위상이 그만큼 달라진 것이다.

그런데 일본은 지난 20여 년 동안 정치혼미 등으로 내외 문제의 극복이 늦어져 국력신장이 답보상태에 머물렀다. 반면에 중국이 경제·군사 등의 모든 면에서 일취월장하여 강대국으로 부상했다. 그리하여 지난 100여 년 동안 동아시아에서 압도적 우위를 보였던 일본의 영향력은 상대적으로 저하되는 현상이 나타났다. 국제질서가 이렇게 재편되는 와중에 한국과 일본의 관계도 종래의 일방적인 종속·의존의 관계에서 벗어나 상대적인 경쟁·경합의 관계로 바뀌었다. 오랫동안 멍에로 작용했던 식민지 대 제국의 수직적·비대칭적 관계는 역사 속으로 사라지고, 파트너 대 파트너로서 수평적·대칭적인 관계가 나타난 것이다.

그렇지만 한국과 비교하면 일본은 여러 면에서 여전히 강대국이다. 육지만 따져도 국토면적이 남한의 4배이고, 배타적 경제수역을 포함하면 몇 십 배나 된다. 인구도 세 배나 되고, 국내총생산은 5배 이상이다. 첨단 과학기술이나 문화예술, 사회안전망이나 인프라 등에서 일본은 한국보다 훨씬 앞선 일류국가이다. 한국과 일본의 정치가와 여론주도층, 나아가 일반대중은 먼저 한국과 일본의 현재의 처지를 정확히 이해할 필요가 있다. 그러면서도 또한 지난 100년 동안 한일관계의 성격과 위상이 크게 바뀌었다는 사실도 분명히 인식해야 한다. 뒤늦은 감이 있지만, 장기적·거시적 관점에서 한일관계의 역사와 현실을 제대로 파악하고 그때그때의 현안에 적절히 대응해왔더라면 한국과 일본은 쓸데없는 충돌과 대립을 상당부분 줄일 수 있었을 것이다.

한일관계의 변화는 당연히 역사관과 세계관의 변화를 수반하게 마련이다. 특히 1990년대 이후 한국에서는 정치와 사회의 민주화가 정착됨으로써 권위주의체제에서 억눌려 있던 민족주의적 에너지가 일본을 향해 분출하는 현상이 나타났다. 반면에 일본에서는 한때 여유로움과 유연함을 보였던 정치와 사회가 보수 쪽으로 기울어 역사인식과 '과거사' 처리에서 퇴행적인 움직임이 확산되었다. 그리하여 한국과 일본은 야스쿠니신사 참배, 일본군 '위안부', 역사 교과서 기술, 독도 영유권 등의 문제를 둘러싸고 연례행사처럼 공방을 벌이는 상황을 맞았다.

중국과 북한을 대하는 태도에서도 한국과 일본은 차이를 보이고 있다. 중국은 한국에게 최대 교역국이자 북한에 영향력을 행사할 수 있는 거대 강국이다. 그렇기 때문에 한국은 저자세라는 비판을 감수하면서라도 중국에 접근할 수밖에 없다. 그런데 일본은 동아시아에서 중국의 영향력이 확대되는 것을 경계하면서 한국이 중국 쪽으로 기우는 게 아닌가 의심의 눈초리를 보내고 있다. 한국과 일본은 지정학적·생태학적인 면에서 그 위치가 서로 다르다. 아시아대륙과 중국이 한국과 일본에 끼친 서로 다른 영향은 두 나라의 역사와 문화의 특색에도 잘 반영되어 있다. 그리고 오늘날 생존전략을 모색하는 데도 일정 부분 영향을 미치고 있다. 양국은 그런 차이를 서로 인정하고, 그것을 오히려 서로에게 도움이 되는 보완제로 활용할 필요가 있다.

1990년대 이전에는 한국과 일본 사이에 이견이나 충돌이 발생하면 양국의 유력 정치인이나 재계 리더들이 전면 또는 막후에서 교섭하고 타결하는 메커니즘이 작동했다. 그러나 세월이 흐르면서 '1965년 체제'를 구축했던 세대는 한국과 일본의 각 분야에서 물러났고, 그에 따라 양국 사이의 마찰과 대립이 확대되지 않도록 조정·관리하던 시스템도 약화 또는 붕괴되었다. 한국과 일본이 서로 한 수 접어주고 대했던 특수관계의 유풍은 거의 사라지고, 다른 나라를 대하듯 하는 보통관계의 모습이 자리를 잡았다. 만시지탄의 감이 없지 않지만, 한일 양국이 필연적으로 도래하는 세대교체를 직시하고 후속세대를 양성하여 서로에게 이익이 될 수 있는 식견과 경험을 전수했다면 한일관계는 좀 더 안정되었을지도 모른다.

미래와 세계를 향한 한일관계의 새로운 비전

한국과 일본은 잦은 마찰과 갈등에도 불구하고 세계 수준에서 본다면 국교재개 이래 50년 동안 절차탁마하면서 밀도 짙은 우호협력과 상호의 존관계를 이룩했다. 두 나라는 민주주의, 시장경제, 법치주의, 인권옹호 등 글로벌한 가치를 공유하는 동질의 국가를 만들어냈다. 그리고 각각 미국의 동맹국으로서 동아시아의 안전과 평화를 담보하는 지렛대로서 기능해왔다. 또 국민의 생활양식과 문화 수준에서도 한국과 일본은 선진성과 보편성을 공유하고 있다. 국민 속에 침투한 한류와 일류가 그것을 상징적으로 보여주는 증거이다. 따라서 한국과 일본이 서로의 성취를 긍정적으로 평가하고 좀 더 적극적으로 공생의 방법을 모색한다면 세계의 문명발전에 함께 기여할 길이 열릴 것이다.

한일관계의 과거와 현재를 정확하게 이해하고 미래와 비전에 대해 확고한 신념을 갖는다면 역사인식과 '과거사' 처리 등의 문제를 둘러싼 갈등과 대립도 해결할 수 있을 것이다. 양국 국민은 먼저 역사인식과 '과거사' 처리의 책임을 다음 세대에 미루기보다는 지금 세대가 해결하겠다는 분위기를 형성해야 한다. 그리고 양국의 정치가와 여론주도층은 인류가 지향해온 보편적 가치의 기준에서 한일관계의 역사를 이해하고 해석하는 식견을 가져야 한다. 나아가 자신들이 솔선하여 역사 문제를 해결하겠다는 의지를 보여야 한다. 이를 위해서는 양국이 힘을 합쳐 국민을 납득시키고 선도할 수 있는 전략과 방법을 마련할 필요가 있다. 한일 양국은 충분하지는 않지만 이미 역사인식과 '과거사' 처리 문제를 다뤄온 경험, 노하우, 실적을 많이 축적하고 있다. 그 노력과 성과, 한계와 결함 등을 면밀히 검토하고 평가함으로써 보완과 개선, 극복과 해결의 지혜를 얻을 수 있을 것이다.

한일 사이에 역사 문제가 중요하기는 하지만 이것이 양국관계의 모든 부문을 좌지우지하는 유일무이한 사안이라고는 볼 수 없다. 그 밖에도 한 국과 일본이 함께 고민하고 모색하며 협력해야 할 현안은 많다. 다만 역 사 문제의 해결은 두 나라 국민들의 정서와 감정, 애국심과 정체성 등과 결부된 복잡하고 미묘한 사정을 포함하고 있기 때문에 더 많은 노력과 시 간, 배려와 결단이 필요하다. 2015년이면 한일 국교재개 50주년을 맞는 다. 모처럼 맞이하는 역사의 마디를 계기로 한국과 일본이 두 나라뿐만 아니라 세계를 향해 공동의 미래비전을 제시하고, 그런 가운데 역사인식 과 '과거사' 처리에 대해 포괄적 해결을 도모하는 것도 하나의 방법이 될 것이다.

끝으로 머리말에서 소개한 저명한 문명사가 재레드 다이몬드의 논문 「일본인의 뿌리」의 마지막 구절을 인용하면서 이 책을 마무리하겠다.

역사는 한일 양 국민들에게 상호불신과 증오의 여지를 제공해주고 있다. 그 때문에 그들이 역사적으로 얼마나 밀접한 관계에 있었는지를 증명하는 결론 을 반가워하지 않을 것이다. 마치 아랍인과 유대인처럼 한국인과 일본인은 핏줄이 이어져 있지만, 서로 오랜 전통적인 상호 적대적 감정을 떨치지 못하 고 있다. 하지만 그런 대립과 갈등은 상호간에 파괴적일 뿐 이로울 건 아무 것도 없다. 분명히 한일 양국 국민들은 유년기를 함께 지낸 '쌍둥이 형제'와 같다. 이제 동아시아의 정치적 미래는 그들 사이의 오랜 유대를 성공적으로 재발견하는가에 따라 크게 좌우될 것이다.

부록

1910년
9월 30일　조선총독부 설치, 토지조사사업
　　　　　방침 수립

1911년
8월 23일　교육칙어에 의거한 한국인 교육
　　　　　개시

1914년
7월 28일　제1차 세계대전 발발

1918년
7월 22일　일본에서 쌀값 앙등으로 인해 쌀
　　　　　소동 발발

1919년
2월 8일　　도쿄에서 2·8 독립선언 발표
3월 1일　　한국에서 3·1 독립운동 발발
4월 13일　상하이 대한민국임시정부 수립
11월 10일　김원봉 등 만주에서 의열단 조직

1920년
6월 7일　　대한독립군 북간도 봉오동에서
　　　　　일본군 격파
10월 21일　김좌진 북간도 청산리전투 승리
12월　　　조선총독부 산미증식계획 실시

1922년
9월　　　　야나기 무네요시 경복궁 광화문
　　　　　철거 비판문을 잡지 『개조』에 발
　　　　　표

1923년
9월 1일　　일본에서 관동대지진 직후 재일
　　　　　한인 학살사건 발발

1926년
6월 10일　순종황제 장례식을 계기로 6·10
　　　　　만세운동 발발
10월 1일　조선총독부 신청사 낙성식 거행

1927년
2월 15일　신간회 결성
5월 27일　근우회 결성

1929년
1월 13일　원산총파업 결행
11월 3일　광주 항일학생운동 발발

1931년
9월 18일　중국 봉천 교외에서 일본군 열차
　　　　　폭발(유조호 사건)

1932년
1월 8일　　이봉창 도쿄 사쿠라다몬에서 일
　　　　　본 천황 행렬에 폭탄 투척
4월 29일　윤봉길 상하이의 천황탄생축하
　　　　　행사장에 폭탄 투척

1936년
8월 25일　『동아일보』 손기정 선수의 일장
　　　　　기 삭제 사진 게재

1937년

6월 4일   김일성 부대 함남 보천보에서 주재소 등을 공격

6월 19일   조선에서 〈황국 신민의 서사〉 제창 개시

7월 7일   중일전쟁 시작

1938년

4월 3일   한국에서 육군특별지원병 모집

1940년

2월 11일   창씨개명 실시

1940년

9월 17일   대한민국임시정부 중경에서 한국광복군 창설

1941년

12월 8일   일본이 아시아-태평양전쟁 시작

12월 10일   임정 일본에 선전포고

1942년

10월 1일   조선총독부 조선어학회 회원을 치안유지법 위반으로 검거

1944년

4월 1일   한국에서 징병제 실시, 징병검사 시작

8월 10일   한국에서 여운형 등이 비밀결사 건국동맹 결성

1945년

8월 6일   히로시마에 원자폭탄 투하

8월 8일   소련 대일 선전포고, 북한 지역으로 진격

8월 9일   미국 나가사키에 원자폭탄 투하

8월 14일   일본 연합국에 항복 통보

8월 15일   일본 천황 무조건 항복 선언, 한국 해방

8월 24일   우키시마마루 교토 마이즈루 앞바다에서 침몰

9월 2일   일본 정부 항복문서에 조인

11월   재일교포 466,825명 귀국

1946년

1월 1일   일본 천황의 인간 선언

10월 3일   도쿄에서 재일본조선인거류민단 결성

11월 3일   일본 신헌법 공포(1947. 5. 시행)

1947년

5월 2일   일본 외국인등록령 공포, 조선인 등록 의무화

1948년

8월 15일   대한민국 정부 수립

9월 9일   조선민주주의인민공화국 정부 수립

10월 19일   이승만 대통령 맥아더 초청으로 일본 방문, 한일 양국 무역재개 공식 발표

1949년
1월 4일   주일대한민국대표부 설치

1950년
6월 25일   6·25전쟁 발발

1951년
10월 21일   한일회담 예비회담 시작

1952년
1월 18일   이승만 대통령 '인접 해양에 대
한 주권선언' 발표, 평화선(이승
만라인) 공포
2월 15일   도쿄에서 제1차 한일회담 본회의
개최
4월 28일   샌프란시스코 강화조약 발효, 일
본 주권 회복, 일본 출입국 관리
체제 정비(지문날인제도 개시)

1953년
4월 15일   도쿄에서 제2차 한일회담 개최
6월 26일   일본인 독도에 불법 상륙
7월 27일   휴전협정 조인
10월 6일   제3차 한일회담개최, 구보타 간
이치로 일본대표 망언 파문

1954년
1월 18일   독도에 영토표시 설치

1955년
11월 15일   일본에서 자유당과 민주당 합당,

자유민주당 결성(55년체제 성립)
3월   하토야마 수상 북한과의 관계개
선 의사표명
5월   아시아제국회의 일본대표단 북
한 방문
8월 17일   한국 정부 한국인 대일왕래 금지

1956년
12월 18일   유엔총회 일본의 유엔 가입 가결

1958년
4월 15일   제4차 한일회담 본회의 개최

1959년
12월 14일   재일한인 북한으로 가는 집단귀
국 개시

1960년
4월 26일   이승만 대통령 4·19혁명으로 대
통령직 사임 발표
6월 20일   미일 신안전보장조약 체결
12월 27일   일본 이케다 내각 성립, 국민소
득배가계획 결정

1961년
5월 6일   일본 국회의원 방한친선단 방문
5월 16일   박정희 세력 군사쿠데타로 정권
장악
10월 20일   제6차 한일회담 개최
11월 11일   박정희 일본 방문
12월 26일   일본 외무성 독도 영유권 주장

1962년
11월 12일 한일조약 교섭 일환으로 김종필
중앙정보부장, 오히라 외상 회담

1964년
10월 9일 도쿄올림픽 개최

1965년
6월 22일 한일조약 체결

1967년
8월 3일 일본 공해대책기본법 제정

1968년
10월 일본 하기시와 한국 울산시 자매
도시 결연(한일 간에 최초)

1970년
6월 일본에서 미일안보조약 자동연
장 반대운동(70년 안보투쟁)
6월 17일 한일 정기여객선 부관페리호 취
항

1972년
5월 2일 한일의원간친회 결성, 이후 한일
의원연맹으로 확대(1975)
5월 15일 미국 오키나와를 일본에 반환
7월 4일 한국과 북한 7·4 남북공동성명
발표
10월 17일 한국에서 10월유신 발포, 국회
해산 및 비상계엄령 선포

1973년
7월 3일 포항종합제철소 준공
10월 일본과 한국에서 오일쇼크 발생

1974년
6월 19일 일본에서 재일한국인 박종석 취
직차별재판에 승소
8월 15일 박정희 대통령 저격사건(문세광
사건) 발발

1976년
6월 7일 한국에서 한미군사연습 팀스피
리트 개시

1978년
11월 28일 일본에서 '미일방위협력을 위한
방침'(가이드 라인) 결정

1979년
10월 26일 박정희 대통령 암살사건

1980년
5월 18일 광주민주항쟁 발발
11월 28일 한일 간 해저케이블 개통

1982년
6월 25일 일본의 역사교과서 왜곡 판명
11월 일본 교과서 검정에서 '근린제국
조항' 신설

1983년
1월 11일   나카소네 수상 한국 방문

1984년
9월 6일   전두환 대통령 일본 방문

1987년
6월 10일   한국에서 6월항쟁 발발

1988년
9월 17일   서울올림픽 개최

1990년
5월 24일   노태우 대통령 일본 방문

1991년
1월 9일   가이후 도시유키 일본 수상 방한
8월 14일   일본군 '위안부' 처음으로 실명 증언
9월 17일   한국과 북한 유엔 동시가입

1993년
8월 4일   일본군 '위안부' 문제에 대해 '고노 담화' 발표
8월 10일   일본에서 비자민당 연립내각 탄생, 55년체제 붕괴

1994년
3월 24일   김영삼 대통령 일본 방문
7월 23일   무라야마 도미이치 일본 수상 방한

1995년
8월 15일   무라야마 수상 과거 식민지 지배에 대해 사죄('무라야마 담화') 발표

1996년
5월 31일   2002월드컵 한일 공동개최 결정

1998년
10월 7일   김대중 대통령 일본 국빈 방문, '21세기를 향한 새로운 한일 파트너십' 공동선언

1999년
8월 13일   일본에서 지문날인제도 폐지

2000년
6월 13일   김대중·김정일 남북한 정상회담

2001년
3월 30일   일본 '새로운 역사 교과서를 만드는 모임' 교과서 검정 통과

2002년
5월 31일   한일 2002월드컵 공동 개최
9월 17일   고이즈미 수상 북한 방문, 북일 정상회담 개최, '평양선언' 발표

2003년
6월 6일   노무현 대통령 일본 국빈 방문

2006년

10월 9일 아베 수상 방한, 노무현 대통령과 정상회담, 북핵실험에 대한 입장 발표

2007년

2월 26일 한국인 강제연행 피해자 유족 야스쿠니신사를 상대로 합사 철회 및 손해배상 요구하며 도쿄지방 재판소에 제소

3월 1일 노무현 대통령 일본의 역사인식을 비판하는 3·1절 특별담화 발표

3월 26일 워싱턴포스트 종군 '위안부' 문제와 납치 문제를 결부시킨 사설 게재, 아베 수상은 '전혀 별개의 것'이라고 반론

5월 2일 '친일 및 반민족행위자 재산조사위원회' 이완용 등 친일파 9명 자손으로부터 재산 36억 원 몰수조치 발표

7월 19일 제15회 한일방위실무자회담 개최, 한국 국방부 일본 방위백서가 독도를 일본 영토로 표기한 데 대해 항의

9월 26일 후쿠다 야스오 수상 취임, 후쿠다 내각 발족

10월 2일 제2차 남북정상회담 개최

10월 26일 과거사진상규명위원회 김대중 납치사건 조사결과 발표, 일본 정부의 사과요구 비판

11월 20일 싱가폴에서 한중일 정상회담 개최(노무현 대통령, 원자바오 중국 국무원 총리, 후쿠다 야스오 수상)

2008년

2월 25일 이명박 당선인 17대 대통령 취임, 후쿠다 야스오 수상과 한일 정상회담, 셔틀외교 재개에 합의

4월 8일 한국 정부 일본 외무성이 2008년 2월 독도 영유권 주장한 데 대해 외교라인 통해 항의했음을 밝힘

4월 21일 이명박 대통령 일본에서 후쿠다 야스오 수상과 정상회담

7월 14일 일본 중학교 사회 교과서의 새 학습지도요령 해설서 독도를 분쟁 지역으로 기술

7월 15일 권철현 주일대사 독도 문제에 항의하는 뜻으로 일시 귀국

7월 17일 한국 여야당 의원 '독도영유권선포특별법' 발의

7월 29일 한승수 국무총리 독도 방문

9월 24일 후쿠다 내각 총사직, 아소 다로 수상 지명

10월 2일 아소 수상 중의원 본회의에서 '전후 50주년 무라야마 담화' 계승 표명

10월 5일 아소 수상 종군 '위안부' 문제에 구 일본군 관여 인정한 '고노 담화' 답습 표명

11월 7일 한미일 국방관계자 6년 만에 안

보대화 개최(워싱턴), 정례화 합의

11월 21일 강제징용 희생자 한국인 유골 59주 반환, 충남 천안 '망향의 언덕'에서 추도식 개최

11월 22일 한미일 정상회담 개최(이명박 대통령, 부시 대통령, 아소 다로 수상)

12월 13일 후쿠오카에서 한중일 정상회담 개최(이명박 대통령, 원자바오 총리, 아소 다로 수상)

12월 19일 한일역사공동위원회 도쿄에서 합동 심포지엄 개최

2009년

1월 12일 한일정상회담 개최, 한국 방문한 아소 다로 수상과 이명박 대통령 한일 신시대 공동연구 프로젝트 발족 합의

2월 23일 한일 신시대 공동연구 프로젝트 참가자들 도쿄에서 발족 총회

2월 26일 헌법재판소 독도를 한일 양국의 중간수역에 포함시킨 한일어업협정에 대해 합헌 판정

3월 13일 일본 정부 북한 로켓발사를 대포동 2호 발사시험이라 규정, 일본 영역에 낙하할 시 미사일 방어시스템 작동시켜 요격하겠다 선언

4월 5일 북한 일본 동쪽 태평양을 향해 인공위성 발사실험 실시, 한미일은 유엔 안보리 결의 위반이라고 북한 비난

4월 10일 한중일 정상회담 개최(태국 파타야), 3국 간 협력과 북한 미사일 문제 등과 관련된 의견 교환

6월 28일 한일정상회담 개최(이명박 대통령, 아소 다로 일본 수상)

9월 16일 아소 내각 총사직, 하토야마 내각 발족

10월 9일 하토야마 유키오 일본 수상 방한, 한일정상회담 개최

2010년

2월 3일 정운찬 총리, 국회에서 일본 천황의 방한을 위해서는 천황의 과거반성이 필요하다고 발언

2월 25일 일제강점하강제동원진상규명위원회 1939~41년 남양군도에 한국인 노무자 5천 명 이상 강제동원·희생된 사실 발표

2월 28일 일제강점하강제동원진상규명위원회 식민지 시기 미쓰비시의 최다 강제동원 사실 등 조사결과 발표

3월 15일 한국 외교통상부 일본군 '위안부', 사할린 잔류 한인, 원폭 피해자 문제와 관련된 개인청구권은 유효하다는 입장 재확인

3월 17일 일본 외무성 한일청구권협정에 의해 개인의 청구권 문제는 '완전하고도 최종적으로' 해결되었다는 입장 표명

| 3월 23일 | 한일역사공동위원회 최종보고서 발표 |
| 4월 6일 | 일본 외무성 외교청서를 통해 독도 영유권 주장 |

2011년

| 8월 30일 | 한국 헌법재판소 일본군 '위안부' 피해 및 피폭 문제가 한일청구권협정에 의해 법적으로 해결되었는지 해석상의 분쟁이 발생하고 있음에도 한일청구권협정 제3조에 의거하여 분쟁 해결을 하지 않는 부작위는 위헌이라고 판시 |
| 12월 17일 | 이명박 대통령과 노다 수상 교토에서 정상회담, 일본군 '위안부' 문제 해결을 둘러싸고 설전 |

2012년

5월 5일	서울시 마포구에 전쟁과여성인권박물관 개관
5월 24일	한국 대법원 한일청구권협정에도 불구하고 개인청구권은 소멸되지 않았다고 판시
6월 29일	한국 정부 한일군사정보포괄보호협정 체결 연기 결정
8월 10일	이명박 대통령 독도 방문, 노다 수상 유감 표명
8월 11일	일본 정부 독도 영유권 문제를 국제사법재판소에 제소 검토 표명

8월 14일	이명박 대통령 '일본 천황이 방한하고 싶으면 식민지 지배에 대해 사과해야 한다'는 취지의 발언
8월 15일	노다 수상 이명박 대통령의 발언에 대해 '이해하기 어렵다'는 견해 표명
8월 17일	노다 수상, 이명박 대통령의 독도 방문에 유감을 표하는 친서 발송, 한국 정부는 접수 거부 표명
8월 3일	한국 정부 독도 영유권 문제를 국제사법재판소에 제소하자는 일본 정부의 제안을 거부
12월 26일	제2차 아베 신조 내각 발족

2013년

| 2월 25일 | 박근혜 정부 출범 |

참고문헌

단행본

강덕상 외, 『근현대 한일관계와 재일동포』, 서울대학교출판부, 1999.
강영심 외, 『1910년대 국외항일운동 II』, 독립기념관 한국독립운동사 연구소, 2008.
강재언 외, 『재일 한국 조선인 − 역사와 전망』, 소화, 2000.
곽상경 외, 『포항제철과 국민경제』, 수정당, 1992.
국민대학교 일본학연구소, 『박정희 시대 한일관계의 재조명』, 선인, 2001.
국민대학교 일본학연구소, 『의제로 본 한일회담』, 선인, 2010.
굿소사이어티 엮음, 『대한민국 60년 성찰과 전망』, 지식산업사, 2008.
김광열 외, 『일본 한인의 역사』 (상), 국사편찬위원회, 2009.
김광열 외, 『재일조선인 그들은 누구인가』, 삼인, 2003.
김광열, 『한인의 일본이주사 연구』, 논형, 2010.
김기선, 『한일회담반대운동』, 민주화운동기념사업회, 2005.
김낙년, 『일제하 한국경제』, 도서출판 해남, 2003.
김대래 외, 『한국경제사 강의』, 신지서원, 2002.
김상준·윤대엽, 『韓日經濟協會 30年史 − 韓日經濟交流의 발자취』, 웃고문화사, 2013.
김성보, 『북한의 역사』 1, 역사비평사, 2011.
김영작·이원덕 엮음, 『일본은 한국에게 무엇인가』, 한울아카데미, 2006.
김영희, 『한국 독립운동의 역사 6. 1930년대 일제의 민족분열통치 강화』, 한국독립운동사연구
　　　소, 2009.
김인걸 외, 『한국현대사강의』, 돌베개, 1999.
김인덕, 『강제연행사 연구』, 경인문화사, 2002.
김인덕, 『일본 지역 독립운동사 연구』, 국가보훈처 보훈연수원, 1998.
김인덕·김도형, 『1920년대 이후 일본 동남아 지역 민족운동』, 독립기념관 한국독립운동사연구
　　　소, 2008.
김인호, 『공존을 위한 한국현대사』, 국학자료원, 2008.
나가노 신이치로, 『상호의존의 한일경제관계』, 이른아침, 2009.
노기영 외, 『일본 한인의 역사』 (하), 국사편찬위원회, 2010.
다나카 히로시 외, 『기억과 망각』, 삼인, 2000.
도노무라 마사루 지음, 신유원·김인덕 옮김, 『재일조선인사회의 역사학적 연구』, 논형, 2010.
도시환 외, 『한일협정 50년사의 재조명 1. 한일협정의 국제법적 문제점에 대한 재조명』, 동북

아역사재단, 2012.

도시환 외, 『한일협정 50년사의 재조명 2. 한일협정체제와 '식민지' 책임의 재조명』, 동북아역
　　사재단, 2012.

박진희, 『한일회담 – 제1공화국의 대일정책과 한일회담 전개과정』, 선인, 2008.

빅터 D. 차 지음, 김일영·문순보 옮김, 『적대적 제휴 – 한국, 미국, 일본의 삼각안보체제』, 문학
　　과지성사, 2004.

서갑경, 『철강왕 박태준』, 한언, 2011.

서경석, 『역사의 증인 재일조선인』, 반비, 2012.

서민교, 『한국 독립운동의 역사 4. 1910년대 일제의 무단통치』, 한국독립운동사연구소, 2009.

송복 외, 『청암 박태준 연구총서』, 도서출판 아시아, 2012.

신우용, 『한미일 삼각동맹』, 양서각, 2007.

야스다 고이치 지음, 김현욱 옮김, 『거리로 나온 넷우익 – 그들은 어떻게 행동하는 보수가 되었
　　는가』, 후마니타스, 2013.

역사 교과서 재일 코리언의 역사 작성위원회 엮음, 신주수·이봉숙 옮김, 『재일한국인의 역사』,
　　역사넷, 2007.

역사교과서연구회·역사교육연구회, 『한일역사공통교재 한일교류의 역사 – 선사부터 현대까
　　지』, 혜안, 2007.

오오타 오사무, 『한일교섭 – 청구권문제 연구』, 선인, 2008.

외교부, 『2012 일본개황』, 2012.

운노 후쿠주 지음, 정재정 옮김, 『한국병합사연구』, 논형, 2008.

6·3동지회, 『6·3학생운동사』, 역사비평사, 2001.

이대근 외, 『새로운 한국경제발전사 – 조선 후기에서 20세기 고도성장까지』, 나남출판, 2005.

이대근, 『해방 후 1950년대 경제 – 공업화의 사적배경연구』, 삼성경제연구소, 2002.

이대환, 『세계 최고의 철강인 박태준』, 현암사, 2004.

이도성, 『실록 박정희와 한일회담 – 5·16에서 조인까지』, 한송, 2005.

이명화, 『한국 독립운동의 역사 5. 1920년대 일제의 민족분열통치』, 한국독립운동사연구소,
　　2009.

이어령, 『한·일 문화의 동질성과 이질성』, 신구미디어, 1993.

이영훈, 『대한민국 이야기』, 기파랑, 2007.

이원덕, 『한일 과거사 처리의 원점 – 일본의 전후처리외교와 한일회담』, 서울대학교출판부,
　　1996.

이원순 외, 『젊은이에게 전하는 열린 한국사－한일 공동의 역사인식을 향하여』, 솔출판사, 2012.

이원순 외, 『한국과 일본에서 함께 읽는 열린 한국사－공동의 역사인식을 향하여』, 솔출판사, 2004.

이인호 외, 『대한민국 건국의 재인식』, 기파랑, 2009.

이창훈·이원덕 엮음, 『한국 근현대 정치와 일본 Ⅱ. 해방 후』, 선인, 2010.

이태진·이상찬, 『조약으로 본 한국병합－불법성의 증거들』, 동북아역사재단, 2010.

임영태, 『대한민국50년사 2. 유신정부에서 국민의 정부 탄생까지』, 들녘, 1998.

장달중·오코노기 외, 『전후 한일관계의 전개』, 아연출판부, 2008.

장박진, 『식민지 관계 청산은 왜 이루어질 수 없었는가－한일회담이라는 역설』, 논형, 2009.

재레드 다이아몬드 지음, 김진준 옮김, 『총, 균, 쇠』, 문학사상사, 2012.

재일코리안변호사협회, 『일본 재판에 나타난 재일코리안』, 한국학술정보(주), 2010.

전국역사교사모임·일본역사교육자협의회, 『마주보는 한일사』 1·2, 사계절, 2006.

전진성, 『삶은 계속되어야 한다－원폭 2세 환우 김형률 평전』, 휴머니스트, 2008.

정근식 외, 『식민지 유산, 국가 형성, 한국 민주주의』 1·2, 책세상, 2013.

정재정, 『교토에서 본 한일통사』, 효형, 2007.

정재정, 『일본의 논리－전환기의 역사교육과 한국인식』, 현음사, 1998.

정재정, 『일제침략과 한국철도(1892~1945)』, 서울대학교출판부, 1999.

제2기 한일역사공동연구위원회, 『제2기 한일역사공동연구보고서』 7권, 2010.

조동걸, 『한국 독립운동의 역사 1. 한국 독립운동의 이념과 방략』, 한국독립운동사연구소, 2009.

조맹수, 『한국은 조국 일본은 모국』, 높은오름, 1995.

조셉 인너스·애비 드레스 지음, 김원석 옮김, 『세계는 믿지 않았다－포항제철이 길을 밝히다』, 에드텍, 1993.

주영하 외, 『일본 한류, 한국과 일본에서 보다』, 한국학중앙연구원, 2007.

청암대학교 재일코리안연구소, 『재일코리안 디아스포라의 형성－이주와 정주를 중심으로』, 선인, 2013.

최덕수 외, 『조약으로 본 한국 근대사』, 열린책들, 2010.

최덕수, 『개항과 조일관계』, 고려대학교출판부, 2004.

최문형, 『국제관계로 본 러일전쟁과 일본의 한국병합』, 지식산업사, 2004.

최문형, 『한국을 둘러싼 제국주의 열강의 각축』, 지식산업사, 2001.

최영호, 『한일관계의 흐름 2010』, 논형, 2011.
최영호, 『현대한일관계사』, 국학자료원, 2002.
최장집, 『동아시아와 한일교류』, 아연출판부, 2008.
테사 모리스 스즈키 지음, 박정진 옮김, 『봉인된 디아스포라 – 재일조선인의 '북한행 엑서더스'
　　를 다시 생각한다』, 제이앤씨, 2011.
테사 모리스 스즈키 지음, 한철호 옮김, 『북한행 엑서더스 – 그들은 왜 '북송선'을 타야만 했는
　　가?』, 책과함께, 2008.
포스코 35년사 편찬위원회, 『포스코35년사(자료편)』, 포스코, 2004.
포스코 35년사 편찬위원회, 『포스코35년사』, 포스코, 2004.
하야시 에이다이, 『일제의 조선인 노동 강제수탈사』, 비봉출판사, 1982.
하우봉, 『한국과 일본 – 상호인식의 역사와 미래』, 살림, 2005.
한국경제60년사 편찬위원회, 『한국경제60년사(대외경제편)』, 한국개발연구원, 2011.
한국문화관광연구원, 『2013. 08 관광동향분석』, 2013.
한국사연구회·한일관계사학회, 『일본 역사서의 왜곡과 진실』, 경인문화사, 2008.
한국사회연구소, 『한국경제론 – 80년대 한국자본주의의 구조』, 백산서당, 1991.
한덕수, 『주체적 해외교포운동의 사상과 실천』 미래사, 1986.
한일공통역사교재 제작팀, 『조선통신사 – 한일공통역사교재』, 한길사, 2005.
한일관계사연구논집 편찬위원회, 『해방 후 한일관계의 쟁점과 전망』, 경인문화사, 2005.
한일관계사연구논집 편찬위원회, 『일제 식민지배와 강제동원』, 경인문화사, 2010.
한일관계사연구논집 편찬위원회, 『한일역사의 쟁점』 1·2, 경인문화사, 2010.
한일문화교류기금, 『한국 사람 일본 사람의 생각과 삶』, 경인출판사, 2005.
한일민족문제학회, 『재일조선인 그들은 누구인가』, 삼인, 2003.
한일여성공동역사교재편찬위원회, 『여성의 눈으로 본 한일 근현대사』, 도서출판한울, 2005.
한중일 3국 공동역사편찬위원회, 『미래를 여는 역사 – 한중일이 함께 만든 동아시아 3국의 근
　　현대사』, 한겨레신문사, 2005.
한중일 3국 공동역사편찬위원회, 『한중일이 함께 쓴 동아시아 근현대사』 1·2, 휴머니스트,
　　2012.
한표욱, 『이승만과 한미외교』, 중앙일보사, 1996.
허수열, 『개발 없는 개발 – 일제하 조선 경제 개발의 현상과 본질』, 은행나무, 2005.
현대송 엮음, 『한국과 일본의 역사인식』, 나남, 2008.
호사카 유지·세종대 독도종합연구소, 『대한민국 독도』, 성안당, 2010.

홍성찬 외,『해방후 사회경제의 변동과 일상생활』, 혜안, 2009.

연구논문

강여린,「1959년 재일조선인 북한 송환과 미국−북송에 대한 미국의 입장변화 연구」, 서울대학교 외교학과 석사학위논문, 2013.

강창일,「일제의 조선지배정책−식민지 유산 문제와 관련하여」,『역사와 현실』, 1994.

구라타 히데야,「한국의 국방산업 육성과 한미일 관계−'한국조항' 후의 안전보장관계의 재조정」,『한일공동연구총서』, 고려대학교 아세아문화연구소, 2008.

국상하,「한일회담 문화재 반환 협상 연구」,『한국독립운동사연구』25, 2005.

권태억,「1910년대 일제 식민통치의 기조」,『한국사연구』124, 2004.

김경일,「북한과 일본 관계의 전개과정에 대한 분석」,『일본어문학』Vol. 38, 일본어문학회, 2007.

김광열,「전후 일본의 재일조선인 법적지위에 대한 정책−1991년 '특별영주'제도를 중심으로」,『한일민족문제연구』제6권, 한일민족문제학회, 2004.

김남균,「미국의 일본 경제정책에 끼친 한국전쟁의 영향」,『미국사연구』8권, 1998.

김민석,「박정희 정권의 한일어업회담」,『한국근현대사연구』제53집, 한국근현대사학회, 2010.

김민영,「강제동원 피해자에 대한 조사 및 인원추정」,『2003년도 일제하 피강제동원자 등 실태조사연구보고서』, 한국정신문화연구원, 2003.

김상준,「기억의 정치학−야스쿠니 vs 히로시마」,『한국정치학회보』39집 5호, 2009.

김성종,「사할린 한인동포 귀환과 정착의 정책과제」,『한국동북아논총』제40집, 한국동북아학회, 2006.

김승은,「재한 원폭 피해자 문제에 대한 한일 양국의 인식과 교섭태도(1965~1980)」,『아세아연구』제55권 2호, 고려대학교 아세아문제연구소, 2012.

김영욱,「이병철의 일본 모방과 추월에 관한 시론」,『아세아연구』제55권 2호, 고려대학교 아세아문제연구소, 2012.

김완순 방호열,「일본의 산업구조와 한일무역」,『경영논총』31-1, 1988.

김원철,「한국의 대일무역역조 요인 분석과 개선방안에 관한 연구」,『經院論叢』9, 단국대학교, 1989.

金仁德,「1948年 한신(阪神)敎育鬪爭과 在日朝鮮人 歷史敎育−在日本朝鮮人聯盟의 民

族教育運動 戰術과 關聯하여」, 『韓日民族問題硏究』 第15號, 韓日民族問題學會, 2008.

김인덕, 「재일본조선인연맹 조직 발전에 대한 연구」, 『한국민족운동사연구』 48, 한국민족운동사학회, 2006.

김인덕, 「해방 후 조련과 재일조선인의 귀환정책」, 『한국독립운동사연구』 제20호, 한국독립운동사연구소, 2003.

김인덕, 「해방 후 조련과 재일조선인의 귀환정책」, 『한국독립운동사연구』 제20집, 2003.

김인성, 「사할린 한인의 한국으로의 재이주와 정착분석-제도 및 운용실태 중심으로」, 『재외한인연구』 제24호, 재외한인학회, 2011.

김종걸, 「한국의 공업화 구도와 한일 경제관계」, 『韓日輕商論集』 32, 2005.

김주현, 「무역역조 현황과 시정대책」, 『經營論叢』 18-1, 1984.

김창록, 「한일 과거청산의 법적 구조」, 『法史學硏究』 第47號, 한국법사학회, 2013.

김태기, 「GHQ의 반공정책과 재일한인의 민족교육」, 『일본비평』 창간호, 서울대학교 일본연구소, 2009.

김필동, 「한일 문화교류와 아시아 아이덴티티」, 『일본학보』 제84집, 2010.

김필동, 「한일 문화교류의 의의와 전망」, 『일본학보』 제64집, 2005.

김학수, 「한일 간의 무역역조와 개선방안」, 『經濟學論究』 6, 1983.

김현각, 「대일무역역조와 시정방안」, 『貿易論叢』 3, 1987.

김현선, 「재일의 귀화와 아이덴티티-일본 국적 코리안 사례를 중심으로」, 『사회와 역사』 제91집, 한국사회사학회, 2011.

김홍수, 「1920년대 민족독립운동의 諸樣相-학생운동을 중심으로」, 『아시아문화』 15, 2000.

김희수, 「대일 무역역조의 원인과 대책」, 『지역사회연구』 3, 1996.

남기정, 「한일회담 시기 한일 양국의 국제사회 인식-어업 및 평화선을 둘러싼 국제법 논쟁을 중심으로」, 『세계정치』 29권 2호, 서울대학교 국제문제연구소, 2008.

도노무라 마사루, 「한일회담과 재일조선인-법적지위와 처우 문제를 중심으로」, 『역사문제연구』 제14호, 한국역사연구회, 2005.

도시환, 「1920년 '한일병합조약' 체결의 역사적 진실규명과 국제법적 조명」, 『국제법학논총』 55, 2010.

류미나, 「'한일회담 외교문서'로 본 한일 간 문화재 반환 교섭」, 『일본역사문화연구』 제30집, 일본사학회, 2009.

류상영, 「정책이념과 발전전략에서 본 한일 경제관계의 정치경제」, 김영작·이원덕 엮음, 『일본은 한국에게 무엇인가』, 한울, 2006.

문옥표, 「일본 한인동포의 이주사와 생활문화」, 『일본 관서 지역 한인동포의 생활문화』, 국립
    민속박물관, 2002.

박배근, 「시제법적 관점에서 본 한국병합관련 '조약'의 효력」, 『국제법학논총』 54, 2009.

박배근, 「한일기본관계조약의 국제법적 문제점에 관한 재검토」, 『국제법평론』 제34호, 2011.

박정진, 「북한의 대일접근과 재일조선인 '북송(귀국) 문제'」, 『북한연구학회보』 15-1, 2011.

박태균, 「한일회담 시기 청구권 문제의 기원과 미국의 역할」, 『韓國史硏究』 131, 한국사연구
    회, 2005.

박태균, 「반일을 통한 또 다른 일본 되기」, 『일본비평』 제3호, 서울대학교 일본연구소, 2010.

박희진, 「한일 양국의 한일협정 반대운동 논리」, 『일본어문학』 Vol. 38, 일본어문학회, 2007.

배준호 김종걸, 「일본 경제의 변화와 한일 경제관계 전망」, 『經濟學硏究』 12, 2003.

사카모토 시게키, 「일한 간 제 조약의 문제－국제법학의 관점에서」, 『한일역사공동연구보고
    서』 4, 2005.

서민교, 「일본의 전쟁기억과 평화기념관」, 『일본의 전쟁기억과 평화기념관』 1, 동북아역사재
    단, 2008.

서영희, 「일본 학계의 병합사 연구와 역사 교과서 서술에 대한 비판적 검토」, 『역사문화연구』
    42, 2012.

서중석, 「일제의 조선강점과 한국의 독립운동」, 『한일역사공동보고서』, 2005.

성기중, 「재일본 대한민국민단의 과제 및 해결방향」, 『영남국제정치학회보』, 제10집 1호, 동아
    시아국제정치학회, 2007.

성재호, 「조약법을 통해 본 1920년 병합조약의 무효」, 『동북아역사논총』 29, 2010.

손기섭, 「한일 안보경협 외교의 정책결정－1981~1983년 일본의 대한국 정부차관」, 『한국정치
    논총』 제49집 1호, 한국국제정치학회, 2009.

손승철, 「일본 역사 교과서 왜곡의 사적 전개와 대응」, 『한일관계사연구』 40집, 2011.

송성수, 「포항제철 초창기의 기술습득」, 『한국과학사학회지』 28-2, 2006.

송성수, 『한국 철강산업의 기술능력 발전과정』, 서울대학교 과학사 및 과학철학 협동과정 박사
    학위논문, 2002.

신주백, 「일본의 역사왜곡에 대한 한국사회의 대응, 1965~2001－새로운 희망을 찾아서」, 『한
    국근현대사연구』 17, 한국근현대사학회, 2001.

쓰카모토 다카시, 「일한기본관계조약을 둘러싼 논의」, 『한일역사공동연구보고서』 제6권, 2005.

安成日, 「일본의 한반도정책과 한일국교정상화에 대하여」, 『역사와 교육』 제12집, 2011.

안은성, 「대일무역역조 개선방안에 관한 연구」, 『貿易研究』 10, 1992.

양기웅, 「박정희 정권과 비공식 한일관계」, 이창훈 이원덕 엮음, 『한국 근현대 정치와 일본 Ⅱ. 해방 후』, 선인, 2010.

여성구, 「해방 후 재일한인의 미귀환 사례와 성격」, 『한국근현대사연구』 제38집, 한국근현대사학회, 2006.

요시자와 후미토시, 「일본에서의 한일조약 반대운동」, 『한일민족문제연구』 Vol. 3, 한국민족문제학회, 2002.

유병용, 「한일협정과 한일관계의 개선방향」, 『한일역사공동연구보고서』 제6권, 2005.

윤경로, 「1910년대 국내 독립운동사 연구의 동향과 과제」, 『한국민족운동사연구』 62, 2010.

이성, 『한일회담에서의 재일조선인의 법적지위 교섭(1951~1965년)』, 성균관대학교 박사학위논문, 2013.

이성, 「재일코리안의 현황과 미래」, 『인문과학논총』 제52집, 건국대학교 인문과학연구소, 2011.

이신철, 「한일 역사갈등 극복을 위한 국가 간 역사대화의 성과와 한계－한일역사공동연구위원회의 활동을 중심으로」, 『동북아역사논총』 25호, 2009.

이연식, 「1950~1960년대 재일한국인 북송 문제의 재고」, 『전농사론』 7, 2001.

이영진, 「전후 일본과 애도의 정치－전쟁체험의 의의와 그 한계」, 『일본연구논총』 37, 2013.

이완범, 「김대중 납치사건과 박정희 저격사건」, 『역사비평』 80, 역사문제연구소, 2007.

이원덕, 「한일관계 '65년체제'의 기본성격 및 문제점－북·일 수교에의 함의」, 『국제지역연구』 9권 4호, 2000.

이정주, 「한일 지방자치단체 문화교류의 실증분석을 통한 문화교류 증진방안에 관한 연구」, 『한국정책분석평가학회보』 제14권 제3호, 2004.

이정환, 「박정희 저격사건의 한일관계－국제구조의 제약과 국내정치의 영향」, 『일본연구논총』 제37호, 현대일본학회, 2013.

이종석, 「북에서 본 한일협정과 '조일회담'」, 『기억과 전망』 Vol. 16, 민주화운동기념사업회, 1995.

이지원, 「역사적 관점에서 본 한일 문화교류의 성격과 상호관계의 변화」, 『한림일본학』, 2010.

이현진, 「1950년대 후반 북송 문제에 대한 한 미 일의 인식과 대응」, 『일본연구』 44, 2010.

이현진, 『제1공화국 미국의 대한경제원조정책 연구』, 이화여대 박사학위논문, 2005.

이현진, 「한일국교정상화 이후 경제협력 논의구조의 변화양상－정 재계 경제협력회의의 위상과 역할을 중심으로」, 『한국민족운동사연구』 74, 한국민족운동사학회, 2013.

이현진,「한일회담과 청구권 문제의 해결방식-경제협력 방식으로의 전환과정과 미국의 역할을 중심으로」,『동북아역사논총』 22호, 동북아역사재단, 2008.

임천석,「최근의 한일 경제협력 실태와 향후 추진방향」,『한일공동연구총서』, 2000.

장박진,「식민지 관계청산을 둘러싼 북일회담(평양선언까지)의 교섭과정 분석-한일회담의 경험에 입각하면서」,『국제지역연구』 제19권 2호, 서울대학교 국제학연구소, 2010.

장박진,「한일회담에서의 기본관계조약 형성과정 분석-제2조 '구조약 무효조항' 및 제3조 '유일합법성 조항'을 중심으로」,『국제지역연구』 17권 2호, 2008.

전진호,「6자회담과 북일교섭을 둘러싼 한일 간의 협력과 갈등」,『한일군사문화연구』 제4권, 한일군사문화학회, 2006.

정대성,「제2공화국 對日 외교의 전개과정 연구-장면 민주당 정부의 재평가와 관련하여」,『한국민족운동사연구』 34, 한국민족운동사학회, 2003.

정영신,「동아시아 분단체제와 안보분업구조의 형성-동아시아의 전후 국가형성 연구를 위한 하나의 접근」,『사회와 역사』 제94집, 한국사회사학회, 2012.

정용욱,「일본인의 '전후'와 재일조선인관」,『사회와 역사』 제94집, 한국사회사학회, 2012.

정재정,「역사에서 본 한일관계와 문명전환」,『역사교육』 128, 역사교육연구회, 2013.

정재정,「한일 역사 교과서 문제의 사적 전개-역사 교과서 연구와 역사 교과서 대화에 초점을 맞추어」,『한일관계사연구』 33집, 2009.

정재정,「한일관계의 위기와 극복을 위한 오디세이-영토와 역사를 둘러싼 갈등을 중심으로」,『영토해양연구』 5, 동북아역사재단, 2013.

정재정,「일제의 한국강점 역사적 성격」,『한국사연구』 114, 2001.

정진성,「재일한국인 뉴커머 형성과정과 집주지역의 특징-오쿠보 코리아타운을 중심으로」,『사회와 역사』 제90집, 한국사회사학회, 2011.

진희관,「재일동포의 '북송' 문제」,『역사비평』 61, 2002.

蔡永國,「해방 후 재일한인의 지위와 귀환」,『한국근현대사연구』 제25집, 한국근현대사학회, 2003.

최상오,「한국에서 수출지향공업화정책의 형성과정」,『경영사학』 제25집 제3호, 한국경영사학회, 2010.

최영만,『한일 정부 간 경제협력의 특징과 변화과정에 대한 연구-차관협력 중심으로』, 동아대학교 국제학 박사학위논문, 2011.

최영호,「재일교포사회의 형성과 민족정체성 변화의 역사」,『韓國史研究』 140, 2008.

최영호,「재일조선인 한국인 사회의 '본국' 로컬리티」,『로컬리티 인문학』 창간호, 부산대학교 한국민족문화연구소, 2009.

최영호, 「한반도 신탁통치 문제의 로컬리티 – 해방 직후 재일조선인 사회를 중심으로」, 『한국 민족운동사연구』 70, 한국민족운동사학회, 2012.

테사 모리스 스즈키, 「북송사업과 탈냉전기 인권정치」, 『창작과 비평』 129, 2005.

하야시 나츠오, 「대중문화 교류에서 나타난 현대 한일관계 – 한국의 '일본 대중문화 개방정책' 과 일본에서의 '한류' 현상」, 장달중 오코노기 외, 『전후 한일관계의 전개』, 아연출판 부, 2008.

한국은행, 「한국사변 특수와 일본경제」, 『세계경제』 6호, 1954.

한석정, 「박정희, 혹은 만주국판 하이 모더니즘의 확산」, 『세계경제』 6호, 1954.

허남정, 『박태준 리더십에 대한 재고찰 – 일본 문화적 속성의 발현과 그 변용』, 한양대학교 국제학대학원 박사학위논문, 2013.

홍석조, 「사할린 잔류 한인 귀환에 관련된 제문제점 및 대책」, 『통일한국』 제49집, 평화문제연 구소, 1988.

홍순호, 「이승만 정권의 대일정책과 재일동포 북송문제」, 『북한연구』 2 , 1999.

홍인선, 「第2次 世界大戰 直後, GHQ의 在日朝鮮人政策」, 『한일민족문제연구소』 창간호, 한일민족문제학회, 2001.

황선익, 「연합군총사령부(GHQ/SCAP)의 재일한인 귀환 정책」, 『한국근현대사연구』 제64집, 한국근현대사학회, 2013.

황은영, 「재일한인 북송에 대한 한국의 인식과 대응」, 동국대학교 석사학위논문, 2012.

인터넷 사이트

공익재단법인 일한문화교류기금 http://www.jkcf.or.jp
국가기록원 나라사랑기록관 http://contents.archives.go.kr
국립국제교육원 http://www.niied.go.kr
나라지표 http://www.index.go.kr
대한무역투자진흥공사(KOTRA) www.kotra.or.kr
대한민국 외교부 http://www.mofa.go.kr
일본 총무성 통계국 http://www.stat.go.jp
재외동포재단 http://www.okf.or.kr

재일대한기독교회 http://kccj.jp
재일본대한민국민단 http://www.mindan.org
재일본한국인연합회 http://www.haninhe.com
재일특권을 용납하지 않는 시민모임 http://www.zaitokukai.info
재일한인역사자료관 http://j-koreans.org
주대한민국일본국대사관 http://www.kr.emb-japan.go.jp

■ 찾아보기